AF752890

Selbstregulierung im Lichte der Privatisierung der Strafverfolgung
– zugleich ein Beitrag zum Sanktionssystem der Weltbankgruppe

Frankfurter kriminalwissenschaftliche Studien

Herausgegeben von
Prof. Dr. Peter-Alexis Albrecht
Prof. Dr. Beatrice Brunhöber
Prof. Dr. Christoph Burchard
Prof. Dr. Dirk Fabricius
Prof. Dr. Klaus Günther
Prof. Dr. Winfried Hassemer †
Prof. Dr. Herbert Jäger †
Prof. Dr. Matthias Jahn
Prof. Dr. Walter Kargl
Prof. Dr. Klaus Lüderssen †
Prof. Dr. Wolfgang Naucke
Prof. Dr. Ulfrid Neumann
Prof. Dr. Cornelius Prittwitz
Prof. Dr. Ernst Amadeus Wolff †

Bd./Vol. 168

Zu Qualitätssicherung und Peer Review der vorliegenden Publikation

Die Qualität der in dieser Reihe erscheinenden Arbeiten wird vor der Publikation durch Herausgeber der Reihe geprüft.

Notes on the quality assurance and peer review of this publication

Prior to publication, the quality of the work published in this series is reviewed by editors of the series.

Laura Harandt

Selbstregulierung im Lichte der Privatisierung der Strafverfolgung – zugleich ein Beitrag zum Sanktionssystem der Weltbankgruppe

PETER LANG

Bibliografische Information der Deutschen Nationalbibliothek
Die Deutsche Nationalbibliothek verzeichnet diese Publikation in der Deutschen Nationalbibliografie; detaillierte bibliografische Daten sind im Internet über http://dnb.d-nb.de abrufbar.

Zugl.: Frankfurt (Main), Univ., Diss., 2021

Gedruckt auf alterungsbeständigem, säurefreiem Papier.

D 30
ISSN 0170-6918
ISBN 978-3-631-86265-0 (Print)
E-ISBN 978-3-631-87114-0 (E-Book)
E-ISBN 978-3-631-87115-7 (EPUB)
DOI 10.3726/b19324

© Peter Lang GmbH
Internationaler Verlag der Wissenschaften
Berlin 2021
Alle Rechte vorbehalten.

Peter Lang – Berlin · Bern · Bruxelles · New York · Oxford · Warszawa · Wien

Das Werk einschließlich aller seiner Teile ist urheberrechtlich geschützt. Jede Verwertung außerhalb der engen Grenzen des Urheberrechtsgesetzes ist ohne Zustimmung des Verlages unzulässig und strafbar. Das gilt insbesondere für Vervielfältigungen, Übersetzungen, Mikroverfilmungen und die Einspeicherung und Verarbeitung in elektronischen Systemen.

Diese Publikation wurde begutachtet.

www.peterlang.com

Vorwort

Die vorliegende Arbeit wurde im Sommersemester 2021 vom Fachbereich Rechtswissenschaft der Goethe-Universität Frankfurt am Main als Dissertation angenommen. Die ausgewertete Rechtsprechung und Literatur wurde bis Februar 2019 berücksichtigt.

Ich danke meinem Erstgutachter *Prof. Dr. Jürgen Taschke* sehr für die angenehme Betreuung dieser Arbeit, bei der er mir größtmöglichen wissenschaftlichen Freiraum ließ und mir jederzeit mit Rat zur Seite stand. Die langjährige Zusammenarbeit mit ihm, die weit vor der Betreuung dieser Arbeit begann und über ihre Erstellung hinausreichte, hat meine Begeisterung für das Strafrecht früh und nachhaltig geweckt, mein kritisches Strafrechtsverständnis maßgeblich geprägt und mich eine interdisziplinäre Denkweise gelehrt. *Prof. Dr. Klaus Günther* danke ich für die Erstellung des Zweitgutachtens. Dem Institut für Kriminalwissenschaften und Rechtsphilosophie der Goethe-Universität Frankfurt am Main gebührt mein Dank für die Aufnahme meiner Arbeit in diese Schriftenreihe.

Von Herzen danke ich darüber hinaus den zahlreichen Lehrern, die mich nicht nur während der Erstellung dieser Arbeit sondern auch auf meinem sonstigen Lebensweg gefordert, unterstützt, geprägt und begleitet haben. Eine Aufzählung würde diese Seiten sprengen; ich bin mir jedoch sicher, dass die Angesprochenen wissen, dass sie gemeint sind.

Ein großer Dank gebührt außerdem meinem Mann, *Alexander Wüst*, der mich stets liebevoll ermutigt meinen Ideen nachzugehen, meine Horizonte erweitert und Abenteuerlust weckt.

Diese Arbeit ist meinen Eltern, *Dr. Gabriele Harandt* und *Dr. Peter Schweigert* gewidmet, denen ich für ihren bedingungslosen Rückhalt gar nicht genug danken kann. Ohne ihr unbeirrbares Vertrauen in mich wäre (nicht nur, aber auch) meine juristische Ausbildung und das Erstellen dieser Arbeit nicht möglich gewesen. Schließlich möchte ich mich bei meiner gesamten Familie für ihre liebevolle Unterstützung und großherzige Art bedanken.

Inhaltsverzeichnis

Abkürzungsverzeichnis

ADB	Asian Development Bank
AfDB	African Development Bank
CoST	Construction Sector Transparency Initiative
CMS	Compliance-Management-System
EBRD	European Bank for Reconstruction and Development
EMRK	Europäische Menschenrechtskonvention
EGMR	Europäischer Gerichtshof für Menschenrechte
EITI	Extractive Industries Transparency Initiative
FSA	Freiwillige Selbstkontrolle für die Arzneimittelindustrie e.V.
IBRD	International Bank for Reconstruction and Development
ICC	International Chamber of Commerce
ICO	Integrity Compliance Office
ICSID	International Centre for Settlement of Investment Disputes
IDA	International Development Association
IDB	Inter-American Development Bank
IFC	International Finance Corporation
INT	Integrity Vice Presidency
IWF	Internationaler Währungsfonds
MIGA	Multilateral Investment Guarantee Agency
NRA	Negotiated Resolution Agreement
OECD	Organisation for Economic Co-Operation and Development
OSD	Office of Suspension and Debarment
OLAF	Europäisches Amt für Betrugsbekämpfung
PRG	Partial Risk Guarantees
SAE	Statement of Accusations and Evidence
SDO	Suspension and Debarment Officer
StAR	Stolen Asset Recovery Initiative
TI CPI	Transparency International Corruption Perceptions Index
UNCITRAL	United Nation Commission on International Trade Law
VN	Vereinte Nationen
VDP	Voluntary Disclosure Programm
WBG	Weltbankgruppe

A. Einleitung – Privatisierung im Strafrecht[1]

Das moderne Strafrecht befindet sich in vielen Bereichen in tiefgreifendem Wandel. Insbesondere im Bereich des Wirtschaftsstrafrechts haben die letzten Jahrzehnte gezeigt, dass gesellschaftliche und technische Entwicklungen[2] fortlaufend neue Probleme aufwerfen, derer man – vermeintlich – nur mit neuen Strafgesetzen[3] oder der Ausweitung des Anwendungsbereichs bestehender Normen habhaft werden kann.[4] Hinzu tritt, dass die Zahl zu beachtender internationaler Vorgaben stetig steigt[5] und zunehmend auch außerstrafrechtliche Sanktionen drohen.[6] Diese „Komplexität und

---

1 *Saliger*, FS Schmidt, S. 215; *Theile*, JuS 2017, S. 913 (914).

2 So hat etwa die rasante Digitalisierung der letzten Jahre Phänomene wie Cyber-Crime hervorgebracht. Aber auch alltägliche Produkte werden technisch immer komplexer, wie sich beispielhaft im Diesel-Skandal anhand der technischen Feinheiten der sogenannten Abschaltautomatik und der diese steuernden Software zeigt. Vgl. hierzu exemplarisch „Das Bauteil, das VW ins Wanken bringt", Welt vom 27.09.2015; „So funktionierte die Schummelsoftware von VW", Welt vom 29.12.2015; „Wie Daimlers Abschaltvorrichtungen Abgase sauber tricksen", Handelsblatt vom 16.8.2018. Diese technische Entwicklung und Großskandale wie der "Diesel-Skandal" führen dazu, dass Unternehmen ihre Compliance-Management-Systeme auch in technischer Hinsicht verstärkt ausbauen werden, vgl. *Grützner/Boerger/Momsen*, CCZ 2018, S. 50 (59). So hat wurde etwa das Compliance-Management-System von Daimler 2017 um den Punkt technical Compliance Management System erweitert, vgl. Daimler Nachhaltigkeitsreport 2017, S. 81.

3 So schon *Lüderssen*, Die Krise des öffentlichen Strafanspruchs, S. 9. Vergleiche zur Entwicklung umfassend *Dannecker/Bülte* in: Wabnitz/Janovsky, Handbuch Wirtschafts- und Steuerstrafrecht, 1. Kap. Teil D Rn. 56 ff. Siehe auch zu „Pönalisierungstendenzen" *Ufer* in: Flohr/Wauschkuhn, Vertriebsrecht, Dritter Teil Rn. 2, 6 ff.

4 *Ufer* in: Flohr/Wauschkuhn, Vertriebsrecht, Dritter Teil Rn. 7 ff. zur Ausdehnung von § 263 StGB im Bereich des Internets und in Bezug auf die Finanzkrise (strafrechtliche Verantwortlichkeit von Bankberatern und der Managementebene von Bankinstituten).

5 Beispielhaft seien hier der FCPA (siehe hierzu umfassend *Rübenstahl*, NZWiSt 2012, S. 401; *Spehl/Grützner*, CCZ 2013, S. 198), der UK Bribery Act (hierzu aktuell *Hugger/Pasewaldt*, RIW 2018, S. 115) und das Loi Sapin 2 (siehe hierzu *Schumacher/Saby*, CCZ 2017, S. 68) genannt. Siehe auch *Rotsch* in: ders., Criminal Compliance, § 1 Rn. 15.

6 *Ufer* in: Flohr/Wauschkuhn, Vertriebsrecht, Dritter Teil Rn. 14. Ein solches außerstrafrechtliches Sanktionsmodell ist insbesondere das in dieser Arbeit behandelte

Kompliziertheit“[7] des Wirtschaftsstrafrechts hat zu einer zunehmenden Privatisierung des Strafrechts, u.a. durch die Etablierung von „Compliance-Maßnahmen“,[8] geführt, um den unübersichtlichen Anforderungen gerecht werden zu können.[9] Dies zeigt, dass zunehmend Private in die Aufklärung und Verfolgung strafrechtlicher Sachverhalte drängen, sodass der Staat nicht mehr als alleiniger „in den entscheidenden Fragen zuständige[r] Moralunternehmer“[10] tätig wird.

Der Begriff der Privatisierung hat dabei eine schillernde und vielgestaltige Rolle, auch und weil eine genaue Definition nicht möglich ist.[11] Grundsätzlich meint Privatisierung eine Bewegung weg von staatlichen hin zu privaten Strukturen.[12] Um nur ein paar der insoweit relevanten Themen zu nennen, sei auf die Diskussionen rund um private Kriminalitätsprävention durch Sicherheitsdienste und *Criminal Compliance*,[13] Alternativen zur Verfolgung strafrechtlicher Sachverhalte und deren Bestrafung durch staatliche Justiz, die Privatisierung von

---

Sanktionssystem der Weltbankgruppe, welches sich ähnlich mittlerweile bei sämtlichen großen Entwicklungsbanken findet, vgl. hierzu E.VI.

7 *Rotsch* in: ders., Criminal Compliance, § 1 Rn. 8.

8 Zum Begriff „Compliance“ siehe *Bock*, ZIS 2009, 68; *ders.*, Criminal Compliance, S. 19; *Rotsch* in: ders., Criminal Compliance, § 1 Rn. 5 f., 8; *Hauschka*, NJW 2004, S. 257. Es wird auch davon gesprochen, dass es eine Tendenz gibt, „das Strafrecht in Unternehmen zu tragen“, vgl. *Warneke*, NStZ 2010, S. 312.

9 *Berndt* in: ders./Theile, Unternehmensstrafrecht, Teil 5 Rn. 640; *Hauschka*, NJW 2004, S. 257 f.; *Schulz*, BB 2017, S. 1475.

10 Vgl. *Lüderssen*, Die Krise des öffentlichen Strafanspruchs, S. 57. Siehe auch *Theile*, JuS 2017, S. 913 (914), der von einer „etatistischen Tradition des Strafrechts“ spricht.

11 *Saliger*, FS Schmidt, S. 215 (217); *Brüning*, StV 2008, S. 100 (102), die dort auf die verschiedenen Formen eingeht.

12 *Behringer*, CB 2018, S. 257; *Brüning*, StV 2008, S. 100 (102); *Saliger*, FS Schmidt, S. 215 (218). Zur Frage, inwiefern eine Auslagerung im Bereich der Kriminalprävention (Compliance) verfassungsrechtlich zulässig ist, vgl. *Wessing*, FS Volk, S. 867 (877 f.). Rotsch spricht von einem Bruch mit dem traditionellen Strafrechtsverständnis im Sinne eines Subordinationsverhältnisses zwischen Staat und Bürger aufgrund der fortschreitenden Kooperation von Staat und Wirtschaft im Bereich Compliance, vgl. *ebd.* in: Rotsch, Criminal Compliance, § 1 Rn. 28.

13 *Greeve*, StraFo 2013, S. 89; *Saliger*, FS Schmidt, S. 215, 219; vgl. auch *Majtan*, The George Washington International Law Review, Vol. 45, No. 2 (2013), S. 291 (297).

Ermittlungsverfahren[14] sowie die Teilprivatisierung der Unterbringung Strafgefangener[15] verwiesen.[16]

Es ist zu beobachten, dass die Aufklärung und Verfolgung strafrechtlicher Sachverhalte zunehmend auf nichtstaatliche Akteure ausgelagert wird.[17] Dies ist teilweise gesetzgeberisch motiviert, resultiert aber auch aus einem Bedürfnis Privater nach mehr Rechtssicherheit und sachgerechteren Entscheidungen in vor allem speziellen und komplexen Wirtschaftsbereichen.[18] Schon seit Jahren nimmt diese Bewegung, auch „Privatisierung der Strafverfolgung"[19] tituliert, ihren Lauf. Sie begann mit der Integration Privater in Gesetzgebung und Ermittlungsverfahren.[20] Insbesondere

---

14 *Beukelmann*, NJW-Spezial 2008, S. 280; *Brunhöber*, GA 2010, S. 571; *Brüning*, StV 2008, S. 100.

15 *Beukelmann*, NJW-Spezial 2008, S. 280.

16 *Saliger*, FS Schmidt, S. 215.

17 *Kuhlen*, FS Hassemer, S. 875; *Saliger*, FS Schmidt, S. 215, 222; *Wessing*, FS Volk, S. 867; vgl. auch *Gruner* in: Pontell/Geis, International Handbook of White-Collar and Corporate Crime, S. 279 f., 290 ff., der von Unternehmen als *„public trustee for law enforcement within the firm"* spricht.

18 Siehe hierzu im Folgenden unter C. Auch außerhalb des Strafrechts nimmt das Bedürfnis an Selbstregulierung zu. Aufgrund der „rasanten technischen Entwicklung" sieht es etwa der Verein Selbstregulierung als notwendig an, dass in der digitalen Wirtschaft durch die Bundesregierung ordnungspolitische Eckpunkte gesetzt werden, die „verstärkt auf ein System regulierter Selbstregulierung" hinwirken, um „einen effektiven Verbraucher- und Datenschutz in der Informationsgesellschaft" zu gewährleisten (vgl. das Positionspapier des Selbstregulierung Informationswirtschaft e.V., Chancen und Voraussetzungen effektiver Selbst- und Ko-Regulierung zur Förderung des Verbraucherschutzes und des Datenschutzes in der digitalen Welt, S. 3). Siehe ebd., S. 6 f., Ausführungen zu Beispiele erfolgreicher regulierter Selbstregulierung (dort: Ko-Regulierung) im In- und Ausland im Bereich des Verbraucherschutzes und Umweltrechts. Der Koalitionsvertrag 2018 (S. 131) macht sich zum Auftrag Selbstregulation im Bereich von Social Media weiterzuentwickeln, was durch Vorschriften im Netzwerkdurchsetzungsgesetz motiviert werden soll.

19 Vgl. *Taschke*, NZWiSt 2012, S. 9, 89. *Kölbel* spricht auch von einem „Deliktsvorsorge- und Deliktsabwicklungsmarkt", vgl. ebd., MSchrKrim 2008, S. 22 (33).

20 *Kuhlen*, FS Hassemer, S. 875; *Behringer*, CB 2018, S. 257 (261); *Saliger*, FS Schmidt, S. 215 (222); so kann auch auf wichtiges Expertenwissen zurückgegriffen werden, vgl. *Rönnau*, FS Schmidt, S. 237 (239). Zur Entstehung des Deutschen Corporate Governance Kodex (dem rechtliche Wirkungen aus § 161 AktG zukommen) aus der Initiative des Bundesministeriums der Justiz und der inhaltlichen Erarbeitung durch eine Kommission aus Vertretern der Privatwirtschaft, *Sieber*, FS Tiedemann, S. 449 (459).

die Unterstützung nationaler Verfolgungsorgane durch sogenannte *Internal Investigations*, die durch den Normadressaten selbst und ohne explizite Rechtsgrundlage durchgeführt werden, wird immer alltäglicher.[21] Diese finden vor allem in größeren Wirtschaftsstrafverfahren und innerhalb großer Unternehmen, die eigene Abteilungen zur Aufklärung von Unregelmäßigkeiten etabliert haben, auch außerhalb laufender Verfahren statt. Die in diesen Konstellationen auftretenden Sachverhalte sind meist komplex und die Aufklärung von Fehlverhalten entsprechend aufwändig. Seitens der Staatsanwaltschaften wird – insbesondere wegen der dort vorherrschenden Ressourcenknappheit – diese Form der „Unterstützung" gern angenommen.[22]

Insgesamt ist zu konstatieren, dass bei komplexen Sachverhalten des Wirtschaftsstrafrechts eine Kontrolle, Überwachung und Verfolgung durch den Staat nicht mehr in umfassendem Maße gewährleistet werden kann und damit eine Verlagerung dieser Aufgaben auf Unternehmen einhergeht.[23] Dies wird verstärkt durch die Effekte einer international verzweigten Wirtschaft, die komplexe Produktionsabläufe und Verantwortlichkeitsstrukturen mit sich bringt.[24]

Die Verfolgung von Wirtschaftsstraftaten erfährt durch diese Entwicklung erneut drastische Veränderungen. Dabei liegt der Beginn der staatlichen Aufklärung und Sanktionierung von Straftaten durch Unternehmen noch gar nicht so lange zurück. Erst ab den 1990er Jahren, mit Verfahren wie dem Contergan-Komplex,[25] der Lederspray-Entscheidung,[26] dem Urteil zum „Nationalen Verteidigungsrat"[27] sowie der Bundesverfassungsgerichtsentscheidung zur Beihilfe von Bankmitarbeitern zur Steuerhinterziehung von Bankkunden,[28] kam dieser Teilbereich des Strafrechts in den Fokus von Strafverfolgungsbehörden und Gerichten. Diese Bewegung hin zur verstärkten Verfolgung von Straftaten durch Unternehmen erfährt durch die beschriebenen Privatisierungstendenzen der letzten Jahre mithin erneut eine Kehrtwende. Diese bedeutet allerdings keine Abwendung von der Verfolgung von

21 *Saliger*, FS Schmidt, S. 215 (216); *Brunhöber*, GA 2010, S. 571; vgl. auch *Theile*, JuS 2017, S. 913 (914).

22 Vgl. *Taschke*, NZWiSt 2012, S. 9; *Greeve*, StraFo 2013, S. 89.

23 *Wessing*, FS Volk, S. 867; *Rotsch* in: ders., Criminal Compliance, § 1 Rn. 68; vgl. auch *Behringer*, CB 2018, S. 257 und 261.

24 *Wessing*, FS Volk, S. 867.

25 LG Aachen 18.12.70 – 4 KMs 1/68, 15–115/67 = JZ 1971, S. 507; *Taschke*, NZWiSt 2012, S. 9 (11); *ders.*, FS Wessing, 2015, S. 123 (126).

26 BGH 6.7.1990 – 2 StR 549/89 = NStZ 1990, S. 587.

27 BGH 26.7.1994 – 5 StR 98/94 = NJW 1994, S. 2703.

28 BVerfG 23.3.1994 – 2 BvR 396/94 = NStZ 1994, S. 349; siehe hierzu auch *Taschke*, NZWiSt 2012, S. 41 (43).

Wirtschaftsstraftaten, sondern eine Verlagerung der Anstrengungen vom Staat hin zu Privatakteuren.

B. Gegenstand und Gang der Untersuchung

Privatisierungsbestrebungen im Strafrecht haben verschiedene neue Formen von selbstregulierten Verfahren und Systemen hervorgebracht. In Teil C. werden die Grundlagen der Privatisierung im Strafrecht und die nationale Diskussion hierzu dargestellt. Es werden die vordergründig diskutierten Formen – regulierte Selbstregulierung (C.I.) und die „reine" Selbstregulierung (C.II.) – untersucht, anhand von Beispielen verdeutlicht und die Vorteile von Selbstregulierung (C.III.) beschrieben. Sodann wird der Blick auf die internationale Entwicklung im Bereich Selbstregulierung (C.IV.) gelenkt und das Sanktionssystem der Weltbankgruppe als Beispiel internationaler privatisierter Strafverfolgung herangezogen.

Da sich die Arbeit mit der Frage auseinandersetzt, ob das Sanktionssystem der WBG eine gelungene Form internationaler Privatisierung der Strafverfolgung ist und für nationale Selbstregulierungsprojekte fruchtbar gemacht werden könnte, wird im Folgenden grundlegend die WBG und ihr System – zunächst ohne Bezug zum Thema Selbstregulierung – beschrieben. Die Breite dieses Abschnitts der Arbeit resultiert daraus, dass zur Erörterung dieser Fragestellungen die einzelnen Facetten genau beleuchtet werden müssen, um eruieren zu können, welche Aspekte übertragungswürdig und –fähig sind. Außerdem soll insbesondere der Teil zum Sanktionssystem eine Art Gebrauchsanweisung für künftige Privatisierungsvorhaben darstellen. Hierfür bedarf es ebenfalls eines grundlegenden Verständnisses der Hintergründe der WBG und des Sanktionssystems selbst.

In den Teilen D.I. bis D.VI. werden daher die einzelnen Institutionen, die die WBG ausmachen, im Hinblick auf ihren historischen Hintergrund, ihre Ziele, ihre Finanzierung und die jeweils angebotenen Dienstleistungen beleuchtet. Die Geschichte und Arbeit der Institutionen der WBG zu verstehen ist notwendig, um den Hintergrund, aus welchem das Sanktionssystem hervorgegangen ist, zu beleuchten. Dies wiederum erklärt die Eigenheiten des Systems.

Sodann erfolgt unter D.VII. eine Einordnung der WBG in das Gefüge des Internationalen Währungsfonds und der Vereinten Nationen. Im Teil D.VIII. wird dargestellt, dass die WBG wegen Bestimmungen in den grundlegenden Regelwerken ihrer Institutionen verpflichtet ist, Investitionsschutz zu betreiben. Eine, wenn nicht gar die wichtigste Maßnahme, die die WBG zum Schutz der von ihr investierten Gelder implementiert hat, ist dabei das Sanktionssystem.

Das Sanktionssystem wird sodann in Teil E. grundlegend beschrieben. Dieser Teil spaltet sich zum einen in eine Darstellung der Entwicklung des Regimes (E.I.), eine kurze Beschreibung der (geringen) Unterschiede zwischen den Sanktionssystemen der einzelnen Institutionen der WBG (E.II.), die Erläuterung des Sinns und der Notwendigkeit des Sanktionssystems (E.III.), wie die Individuen und Unternehmen dem Regime unterworfen werden (E.IV.), wer Adressat des Systems ist (E.V.) sowie wie das System rechtlich einzuordnen ist (E.VI.). Zum anderen werden die Organe des Sanktionssystems samt ihrer Funktionen und Kompetenzen beschrieben (E.VII.), die fünf von der WBG festgesetzten Sanktionstatbestände (E.VIII.) detailliert erläutert und der Umgang der WBG mit Regelungslücken dargelegt (E.VIII.9.).

Sodann erfolgt die Betrachtung der prozessualen Seite des Sanktionsverfahrens (E.IX.). Die einzelnen Verfahrensschritte – im Wesentlichen das Ermittlungsverfahren (E.IX.1.), die erste Stufe der Entscheidung über eine Sanktion durch den *Suspension and Debarment Officer* (E.IX.2.) und die zweite Stufe, eine gegebenenfalls zu treffende Entscheidung durch das *Sanctions Board* (E.IX.3.) sowie die Möglichkeit, in Vergleichsverhandlungen einzutreten (E.IX.4.) – werden skizziert. Dem schließt sich unter E.IX.5. eine detaillierte Beschreibung der verschiedenen Sanktionsformen, möglichen ausschlaggebenden Aspekten bei der Sanktionierung und der Fernwirkungen von Sanktionen an.

Nach dieser umfassenden Erläuterung des Sanktionssystems werden unter E.X. verschiedene Aspekte aufgegriffen, die verbessert werden könnten, um die Rechtsstaatlichkeit des Verfahrens zu steigern und die Entwicklungsarbeit der WBG effizienter zu gestalten.

Sodann wird erörtert, wie das Sanktionssystem der WBG technisch in die zu Anfang skizzierten Formen von Selbstregulierung einzuordnen ist (F.) Abschließend wird der Frage nachgegangen, ob das Sanktionssystem als Modellverfahren für weitere Privatisierungsbestrebungen sinnvoll dienen kann und dies anhand aktueller Beispiele größerer wirtschaftsstrafrechtlicher „Skandale" beispielhaft untersucht (F.III.). Die Arbeit schließt mit einem Fazit (G.).

C. Selbstregulierung

Die Verlagerung der Verfolgung von Straftaten auf Private erfolgt durch verschiedene Formen und Ausprägungen von selbstregulatorischen Systemen. Diese unterscheiden sich vor allem darin, wie viel Spielraum dem ermittelnden und entscheidenden nichtstaatlichen Akteur zur Verfügung steht. Die Grundformen – regulierte Selbstregulierung und die „reine" Selbstregulierung – werden im Folgenden skizziert und anhand von Beispielen veranschaulicht.

I. Regulierte Selbstregulierung

Eine Form der Auslagerung von Aufgaben der Strafrechtspflege (vor allem) in speziellen Kriminalitätsbereichen auf nichtstaatliche Akteure, ohne dass diese im Auftrag des Staates tätig würden, wird als regulierte Selbstregulierung bezeichnet.[29] Hier werden nichtstaatliche Stellen gleichsam aufgrund eines hoheitlichen Stimulus, bspw. wegen der Vorgaben von Strafgesetzen, und nicht etwa aus eigener Motivation heraus tätig.[30] Sie verständigen sich auf einen Durchführungsmodus, der gesetzliche Zielvorgaben erfüllt.[31] Mithin werden originär staatliche Aufgaben auf nichtstaatliche Institutionen übertragen, wobei die ordnungsgemäße Erfüllung dieser Aufgaben in letzter Instanz staatlicher Kontrolle unterliegt.[32] Formen regulierter Selbstregulierung fördern mithin die Normbeachtung, ohne „sanktionszuweisende Operationen im Rechtssystem", also etwa Strafverfahren, zu ersetzen.[33]

Das omnipräsente Thema Compliance ist eine wichtige Ausprägung im Bereich der präventiven regulierten Selbstregulierung.[34] Dieses ist Ausdruck der engen Verknüpfung von staatlich bewirktem Druck zur Selbstkontrolle bei

---

29 *Kuhlen*, FS Hassemer, S. 875; *Ullrich*, MMR 2005, S. 743.

30 *Sieber*, FS Tiedemann, S. 449 (460); *Kölbel*, ZStW 2013, S. 499 (501); *Achenbach*, StV 2008, S. 324 (327); *Greeve*, StraFo 2013, S. 89 (90); *Theile*, JuS 2017, S. 913 (914).

31 Vgl. *Oppermann/Classen/Nettesheim*, Europarecht, § 9 Rn. 136.

32 *Ullrich*, MMR 2005, S. 743; vgl. auch *Achenbach*, StV 2008, S. 324 (327; *Theile*, JuS 2017, S. 913 (914). Siehe zum funktionalen Zusammenwirken von privaten und staatlichen Regulierungssystemen „als Subsystemen des Rechtssystems" *Sieber*, FS Tiedemann, S. 449 (461 f.).

33 *Kölbel*, MSchrKrim 2008, S. 22 (33).

34 *Theile*, JuS 2017, S. 913 (914); *ders.*, wistra 2012, S. 285 (290); *Sieber*, FS Tiedemann, S. 449; *Rönnau*, FS Schmidt, S. 237 (244); *Wessing*, FS Volk, S. 867.

gleichzeitiger Überwachung durch den Staat.[35] Dieser zieht sich aus der Kontrolle der Einhaltung von Gesetzen Stück für Stück zurück und drängt zunehmend[36] auf die Etablierung von funktionierenden[37] Compliance-Management-Systemen, mithin auf eine unternehmensinterne Prävention von Straftaten.[38] Die Frage, ob Unternehmen zur Einrichtung solcher CMS verpflichtet sind, ist jedenfalls für mittlere bis große Unternehmen zu bejahen und daher mittlerweile nur noch ein akademischer Streit.[39]

Die rechtlichen Anforderungen, die an eine gute Unternehmensführung gestellt werden, fließen ein in Programme wie „Compliance-Management-Systeme", „Risk Management" und „Value Management", „Corporate Governance" und führen zur Formulierung von „Codes of Conduct" und Programmen zur „Corporate Social Responsibility".[40] Solche „Corporate Codes" sind letztlich eigenständige Unternehmensverfassungen, die selbststeuernde Systeme begründen und wiederum die Einhaltung staatlicher Vorgaben gewährleisten sollen.[41]

Der Diskussion liegt der Umstand zugrunde, dass sich die Anforderungen an Art und Umfang der zu implementierenden Maßnahmen stetig steigern, sodass seitens des Regulierten ein zunehmend höherer Aufwand zu betreiben ist.[42] Dies

35 *Kölbel*, ZStW 2013, S. 499 (501); *Bussmann*, MSchrKrim 2003, S. 89 (103).

36 *Greeve*, StraFo 2013, S. 89.

37 Siehe zur Thematik Compliance-Management-Systeme als nicht ernst gemeinter und nur vorgehaltener „Scheinprogramme" sowie Vorschläge zu nicht korrumpierbaren Systemen, *Sieber*, FS Tiedemann, S. 449 (477 f.).

38 *Wessing*, FS Volk, S. 867 (880).

39 Vgl. *Rotsch* in: Achenbach/Ransiek/Rönnau, Handbuch Wirtschaftsstrafrecht, 1. Teil 4. Kap. Rn. 50; siehe auch *Bock*, ZIS 2009, S. 68 (70). Eine Compliance-Pflicht erkennen an: *Hauschka/Moosmayer/Lösler* in: *dies.*, Corporate Compliance,§ 1 Rn. 31; *Rieder* in: Inderst/Bannenberg/Poppe, Compliance, Kap. 2 Rn. 29; *Rotsch* in: ders., Criminal Compliance, § 1 Rn. 20; MüKoGmbHG/*Fleischer*, § 43 GmbHG Rn. 142; krit. dagegen: *Hölters* in: ders., AktG, § 93 AktG Rn. 92; vgl. auch *Niesler* in: Graf/Jäger/Wittig, Wirtschafts- und Steuerstrafrecht, § 130 OWiG Rn. 12 m.w.N.; *von Dietze/Dannenfeldt* in: Piltz, MAH Internationales Wirtschaftsrecht § 16 Rn. 16 m.w.N.

40 *Sieber*, FS Tiedemann, S. 449 (451). Teil dieser Programme sind allerdings auch zahlreiche Aspekte, die keine gesetzlichen Anforderungen, sondern bspw. Ziele und (soziale) Werte widerspiegeln, die in „Business" und „Integrity Codes" oder „Corporate Social Responsibility Vorgaben" festgeschrieben werden, siehe hierzu *ebd.*

41 Vgl. *Sieber*, FS Tiedemann, S. 449 (451, 458, 460).

42 *Hauschka*, NJW 2004, S. 257 f.; *Berndt* in: ders./Theile, Unternehmensstrafrecht, Teil 5 Rn. 640; *Michalke*, StV 2011, S. 245 (246); *Wessing*, FS Volk, S. 867 (880 ff.) mit Beispielen im KWG, GWG, BImSchG, etc.

ist unlängst durch die Umsetzung der 4. EU-Geldwäscherichtlinie[43] in deutsches Recht[44] spürbar geworden. Diese bürdet den nach dem novellierten GWG Verpflichteten[45] verschiedene Prüfungs-, Dokumentations- und Anzeigepflichten auf, um die Verfolgung von Geldwäscheverstößen und Terrorismusfinanzierung zu erleichtern.[46] Dies umfasst unter anderem die Bestellung eines Geldwäschebeauftragten auf Führungsebene, ein angemessenes Risikomanagement und die Durchführung einer Risikoanalyse durch die Verpflichteten.[47] Letztlich bedeutet dies einen erheblichen Aufwand[48] für die Verpflichteten.[49] Die zu implementierenden Maßnahmen sollen nicht nur die Aufklärung von Geldwäschefällen erleichtern, sondern auch aufgrund der geschaffenen Transparenz bereits im Vorhinein die Begehung entsprechender Taten erschweren und unattraktiv machen.[50] In diese Richtung zielt auch die Verpflichtung zur Etablierung von Stellen zur Bekämpfung von Fehlverhalten im Gesundheitswesen, die jede Kassenärztliche Vereinigung nach § 197a SGB V einzurichten hat. Deren Aufgabe ist es, Hinweisen in Bezug auf Abrechnungsbetrug nachzugehen, § 81a SGB V.[51]

---

43 Richtlinie (EU) 2015/849 des Europäischen Parlaments und des Rates vom 20.5.2015 zur Verhinderung der Nutzung des Finanzsystems zum Zwecke der Geldwäsche und der Terrorismusfinanzierung, zur Änderung der Verordnung (EU) Nr. 648/2012 des Europäischen Parlaments und des Rates und zur Aufhebung der Richtlinie 2005/60/EG des Europäischen Parlaments und des Rates und der Richtlinie 2006/70/EG der Kommission; es werden bereits weitere umfangreiche Änderungen auf Europaebene diskutiert, weitere umfangreiche Änderungen müssen aufgrund der 5. EU-Geldwäscherichtlinie bis zum 10.01.2020 in nationales Recht umgesetzt werden, vgl. *Bülte*, NZWiSt 2017, 276.

44 Geltung seit dem 26.6.2017.

45 Vgl. zum erweiterten Anwendungsbereich seit Umsetzung der vierten EU-Geldwäscherichtlinie *Glos/Hildner/Glasow*, CCZ 2017, S. 83 (84); vgl. auch *Behringer*, CB 2018, S. 257 (258).

46 *Saliger*, FS Schmidt, S. 215 (221); *Brunhöber*, GA 2010, S. 571.

47 Dies folgt aus den neu gefassten §§ 5, 6 GWG. Vgl. hierzu auch *Glos/Hildner/Glasow*, CCZ 2017, S. 83 (84 f.).

48 BT-Drs. 18/11555, S. 2 ff.

49 Vgl. *Behringer*, CB 2018, S. 257 (258).

50 *Saliger*, FS Schmidt, S. 215 (221); vgl. auch *Theile*, wistra 2012, S. 285 (290) bzgl. der strafverfolgenden Aufgaben, die das WpHG, bspw. in § 23 WpHG (Anzeige von Verdachtsfällen), auf Private auslagert.

51 *Saliger*, FS Schmidt, S. 215 (221).

Die soeben skizzierten Beispiele sind Formen von (regulierter) Selbstregulierung.[52] Geläufiger ist mittlerweile der Begriff der Compliance und Corporate Governance.[53] Hinter diesen Begriffen verbirgt sich letztlich nichts anderes als die Etablierung von Systemen,[54] die die Wahrung (strafrechtlicher) Verhaltensgebote und – im Falle von Verstößen – Aufklärung gewährleisten sollen.[55] In diesen Bereichen erfolgt – ebenso wie auf staatlicher Ebene – in unterschiedlicher Ausprägung Normsetzung, Beaufsichtigung und Sanktionierung.[56] In der Regel werden Organisationsstrukturen und Kontrollprozesse unabhängig durch Private aufgesetzt. Die Festlegung „substanzieller Normen"[57] bleibt allerdings in der Regel aus, da staatliche Vorgaben insoweit als maßgeblich erachtet werden.

Bei CMS handelt es sich um von der Wirtschaft selbständig etablierte und auf die Bedürfnisse der jeweiligen Institution angepasste Programme.[58] CMS reduzieren unternehmensspezifische Risiken und schützen Investments.[59] Ohne den Zwang, gesetzliche Vorgaben einhalten zu müssen, würden solche Programme jedoch nicht existieren.[60] Auf diese Art und Weise wird die Kontrolle wirtschaftlicher Akteure zu einem großen Teil auf dieselbigen verlagert bzw. Kriminalprävention, Aufklärung[61] und Rechtsdurchsetzung privatisiert.[62] Dies führt zu einer

---

52 *Kölbel*, ZStW 2013, S. 499; *Sieber*, FS Tiedemann, S. 449 (460); *Wessing*, FS Volk, S. 867 (880); *Rönnau*, FS Schmidt, S. 237 (244).

53 *Kuhlen*, FS Hassemer, S. 875 (876); vgl. auch *Kölbel*, MSchrKrim 2008, S. 22.

54 Siehe zu deren Ausgestaltungsformen umfassend *Wendt* in: Hauschka/Moosmayer/Lösler, Corporate Compliance, 3. Aufl. 2016, ab § 9.

55 Vgl. *Hauschka/Moosmayer/Lösler* in: dies., Corporate Compliance, 3. Aufl. 2016, § 1 Rn. 2; *Rotsch* in: ders., Criminal Compliance, § 1 Rn. 9 f.; *Niesler* in: Graf/Jäger/Wittig, Wirtschafts- und Steuerstrafrecht, § 130 OWiG Rn. 6 ff.; *Koch* in Hüffer/ders., AktG, § 76 AktG Rn. 18; *Kölbel*, ZStW 2013, S. 499 f. (525).

56 *Kuhlen*, FS Hassemer, S. 875 (886).

57 *Kölbel*, ZStW 2013, S. 499 (508); *Rönnau*, FS Schmidt, S. 237 (238).

58 *Kölbel*, ZStW 2013, S. 499 (501); vgl. auch *Taschke*, NZWist 2012, S. 89 ff. mit einer Aufzeichnung des gesetzlichen Rahmens (Deutschland mit FCPA), der Unternehmen verpflichtet, Verdachtsmomenten auf den Grund zu gehen.

59 *Taschke*, NZWist 2012, S. 89 (94).

60 *Kölbel*, ZStW 2013, S. 499 (501); vgl. auch *Taschke*, NZWiSt 2012, S. 89 ff. (insbes. 94).

61 Die Aufklärung dient nicht nur dem Allgemeininteresse an der Verfolgung von Straftaten oder den Verletzten, sondern dem taktischen bzw. straf- und ordnungswidrigkeitenzumessungsrechtlichen, letztlich ökonomischen Vorteil, den eine Aufarbeitung und Kooperation mit den Behörden mit sich bringt, vgl. *Kölbel*, ZStW 2013, S. 499 (504, 510).

62 *Baer*, Boston College Law Review, Vol. 50, Iss. 4, No. 4 (2009), S. 949 (955); *Kölbel*, ZStW 2013, S. 499 (501 f., 507).

staatlich motivierten und instrumentalisierten Selbstregulierung der betroffenen Unternehmen.[63]

Formen regulierter Selbstregulierung durch CMS profitieren von dem Engagement seitens Privater, die ein Unternehmen besser kennen, ein hohes Niveau an Expertise aufweisen und regelmäßigere Prüfungen durchführen können als dies externen (staatlichen) Akteuren möglich wäre.[64] Wichtige Informationen, die für eine Strafverfolgung durch die öffentliche Hand oft schwer oder gar nicht zugänglich sind, eröffnen sich dem Management eines Unternehmens häufig schon im Rahmen seiner täglichen Arbeit.[65] Dies erleichtert es solchen Leitungspersonen, Verstößen schneller und effektiver Einhalt zu gebieten.[66] Letztlich steigt durch die Implementierung von CMS nicht nur die Qualität der Verfolgung von Straftaten, sondern auch die Wahrscheinlichkeit ihrer Aufdeckung.[67]

II. (Reine) Selbstregulierung

Von einer solchen Unterstützung von Kriminalprävention und Strafverfolgung durch regulierte Selbstregulierung sind gänzlich selbstregulierte Bereiche abzugrenzen.[68] Sie sind insbesondere von einer selbständigen Festsetzung von Verhaltensvorgaben geprägt, deren Durchsetzung von Privaten vorgenommen wird.[69] Folglich handeln nichtstaatliche Akteure eigenverantwortlich in einem von der öffentlichen Hand umsteckten Rahmen. Sofern sie diesen nicht verlassen, werden ihre Entscheidungen gebilligt und von weiteren, staatlich motivierten

---

63 *Kölbel*, ZStW 2013, S. 499 (503, 510); *Theile*, ZIS 2008, S. 406 (413); *ders.*, wistra 2012, S. 285 (290); *Gruner* in: Pontell/Geis, International Handbook of White-Collar and Corporate Crime, S. 279 (283). Siehe zum Thema Compliance mit Fokus auf Haftungsvermeidung *ebd.* S. 499 (503 f.).

64 *Baer*, Boston College Law Review, Vol. 50, Iss. 4, No. 4 (2009), S. 949 (959); *Kölbel*, ZStW 2013, S. 499 (519); *Wessing*, FS Volk, S. 867.

65 *Gruner* in: Pontell/Geis, International Handbook of White-Collar and Corporate Crime, S. 279 (291).

66 *Sieber*, FS Tiedemann, S. 449 (476); *Gruner* in: Pontell/Geis, International Handbook of White-Collar and Corporate Crime, S. 279 (291).

67 *Baer*, Boston College Law Review, Vol. 50, Iss. 4, No. 4 (2009), S. 949 (960).

68 Vgl. zum Thema freie Selbstregulierung/Regulierte Selbstregulierung/Koregulierung *Di Fabio*, VVDStRL 56 (1997), S. 235 (239 ff.) sowie die Studie von *Schulz/Held*, Regulierte Selbstregulierung als Form modernen Regierens.

69 *Sieber*, FS Tiedemann, S. 449 (460); *Rauch*, CCZ 2011, S. 175 (176).

Verfahren und Steuerungsmitteln abgesehen.[70] Selbstregulierung zieht mithin Deregulierung nach sich.[71] Formen der Selbstregulierung finden sich insbesondere bei hoch komplexen und spezialisierten Themenbereichen, mit deren Bewältigung der Staat oftmals überfordert ist.[72]

Ein Beispiel für Selbstregulierung findet sich im deutschen Raum unter anderem im Bereich der technischen Risiken. In diesem Feld fiel es der öffentlichen Hand schon lange schwer abzustecken, in welchem Maße solche Risiken erlaubt sind.[73] Mittlerweile ist dieses Gebiet Gegenstand privater Normsetzung, welche die Strafjustiz bei der Frage nach der Verletzung von Sorgfaltspflichten heranzieht.[74] Auch im Sport erfolgt eine Bewertung von Regelverstößen und deren Sanktionierung vor allem im Rahmen der nichtstaatlichen Sportgerichtsbarkeit.[75] In der Versicherungsbranche existieren Wettbewerbsrichtlinien, welche konkretisieren, was für Versicherungsunternehmen und -vermittler als wettbewerbsrechtlich konformes Handeln angesehen wird.[76] Im Finanzmarktrecht findet sich etwa im Bereich Börsenrecht Selbstregulierung durch den Erlass eigener Börsenordnungen.[77] Schließlich wird auch der Deutsche Corporate Governance Kodex als Selbstregulierungsinstrument angesehen.[78]

Ein besonders eindrucksvolles Beispiel auf dem Gebiet der (gesetzlich motivierten) Selbstregulierung findet sich in der pharmazeutischen Industrie durch den Verein Freiwillige Selbstkontrolle für die Arzneimittelindustrie e.V.[79] Der FSA kontrolliert die Zusammenarbeit zwischen pharmazeutischen

---

70 *Taschke/Schoop* in: Rotsch, Criminal Compliance, § 21 Rn. 11; *Kuhlen*, FS Hassemer, S. 875; *Dieners* in: ders., Handbuch Compliance im Gesundheitswesen, Kap. 13 A. III. Rn. 5; *Oppermann/Classen/Nettesheim*, Europarecht, § 9 Rn. 136.

71 *Rauch*, CCZ 2011, S. 175 (176).

72 *Theile*, wistra 2012, S. 285 (289, 290 dort auch Fn. 56); *Kuhlen*, FS Hassemer, S. 875; *krit. Kölbel*, MSchrKrim 2008, S. 22 (33 ff.).

73 *Kuhlen*, FS Hassemer, S. 875.

74 Ebd.

75 Ebd.

76 *Hauschka/Moosmayer/Lösler* in: *dies.*, Corporate Compliance ,§ 49 Rn. 62.

77 *Lehmann* in MüKo BGB, Band 12 Teil 12 Rn. 95.

78 *Kirschbaum/Wittmann*, JuS 2005, 1062.

79 *Theile*, wistra 2012, S. 285 (290); *Kuhlen*, FS Hassemer, S. 875 (876, 881); *Köbel* in: Duttge, Tatort Gesundheitsmarkt, S. 87 (98). Siehe zu dem Sanktionsverfahren des FSA umfassend *Dieners* in: ders., Handbuch Compliance im Gesundheitswesen, Kap. 11. Vgl. zum ähnlichen System der freiwilligen Selbstkontrolle im Bereich von Rundfunk und Telemedien *Sieber*, FS Tiedemann, S. 449 (462); *Held* in: Beck RundfunkR, JMStV § 19 Rn. 1 ff.

Unternehmen mit Ärzten, Apothekern und sonstigen Angehörigen der medizinischen Fachkreise sowie Organisationen der Patientenselbsthilfe in präventiver und repressiver Hinsicht.[80] Dadurch soll einer unlauteren Einflussnahme auf Ärzte und Patientenorganisationen ein Riegel vorgeschoben werden.[81]

Der Verein ist eine Kooperation von Pharmaunternehmen, medizinischen Institutionen (Kliniken etc.) und medizinisch-wissenschaftlichen Fachgesellschaften.[82] Der FSA überprüft die Einhaltung und sanktioniert gegebenenfalls Verstöße gegen den von ihm verabschiedeten und für seine Mitglieder verbindlichen FSA-Kodex Fachkreise.[83] Jenes erfolgt im Rahmen einer speziell zu diesem Zweck geschaffenen Schiedsstelle[84] samt eigener Verfahrensordnung.[85] Der FSA-Kodex normiert, welche Formen der (grundsätzlich erwünschten) Kooperation zwischen seinen Mitgliedern aus Industrie, Praxis und Forschung als straflos oder strafbar eingeordnet werden.[86] Damit beschränkte man sich zur Regelung dieser problematischen Konstellationen (anders als bei CMS) nicht nur auf einen Vollzugs- und Regulierungsteil, sondern entwickelte eigene Normen, anhand derer das System zwischen erlaubten und nicht erlaubten Kooperationsformen unterscheidet. Den gesetzlichen Rahmen bilden hierbei §§ 331 ff. StGB sowie die in verschiedenen Gesetzen normierten berufsrechtlichen Vorschriften, ohne jedoch klare Linien vorzugeben, welche Formen der Zusammenarbeit in der Pharmaindustrie erlaubt oder verboten sind.[87] Die hieraus resultierenden

---

80 https://www.fsa-pharma.de/der-fsa/; vgl. auch *Dieners* in: ders., Handbuch Compliance im Gesundheitswesen, Kap. 11, Rn. 1 ff.

81 https://www.fsa-pharma.de/der-fsa/.

82 *Dieners* in: ders., Handbuch Compliance im Gesundheitswesen, Kap. 11, Rn. 1; *Kuhlen*, FS Hassemer, S. 875 (876).

83 *Kuhlen*, FS Hassemer, S. 875 (876).; abrufbar unter https://www.fsa-pharma.de/verhaltenskodizes/fachkreise/.

84 https://www.fsa-pharma.de/schiedsstelle/spruchkoerper-1-und-2-instanz/; siehe zur Schiedsstelle auch umfassend *Dieners* in: ders., Handbuch Compliance im Gesundheitswesen, Kap. 13.

85 https://www.fsa-pharma.de/schiedsstelle/verfahrensordnung/; siehe hierzu auch die Kommentierung bei *Dieners* in: ders., Handbuch Compliance im Gesundheitswesen, Kap. 11, Rn. 13 ff.

86 *Dieners* in: ders., Handbuch Compliance im Gesundheitswesen, Kap. 11, Rn. 3; Kuhlen, FS Hassemer, S. 875 (876).

87 Siehe hierzu näher *Dieners* in: ders., Handbuch Compliance im Gesundheitswesen, Kap. 11, Rn. 6 ff.; *Kuhlen*, FS Hassemer, S. 875 (876 ff.).

immensen Unsicherheiten führten zu einem gesteigerten Bedürfnis nach einem System wie dem FSA.[88]

Die Vorgaben des FSA sind nicht nur detaillierter und greifbarer als die gesetzlichen Vorgaben, sondern gehen über das gesetzlich vorgegebene Maß hinaus.[89] Im Wirkungsfeld des FSA bewegt man sich in einem überaus komplexen rechtlichen Rahmen, der von Spezialisten besser abgedeckt werden kann, als dies auf staatlicher Seite durch Generalisten erfolgen könnte.[90] Jene übernehmen in ihrer Rolle als Spruchkörper des FSA die Bestimmung strafbaren Verhaltens in diesem speziellen Teilgebiet.[91] Das Verfahren wird sowohl wegen seiner Zügigkeit und Spezialisierung aber auch wegen seines schlichtenden Charakters als staatlichen Verfahren überlegen angesehen.[92]

Derlei Beispiele belegen Verschiebungen vom staatlichen auf den privaten Bereich im Kontext strafrechtlich relevanter Sachverhalte.[93] Sie zeigen, dass in hoch spezialisierten Gebieten ein höheres Niveau an Rechts- und Orientierungssicherheit herrscht, wenn sie unter der Leitung von Experten mit langjähriger Praxiserfahrung in einem bestimmten Bereich stehen und in gefestigtem, quasi-gerichtlichem Rahmen über sanktionswürdiges Verhalten entschieden wird.[94] Aufgrund ihrer Spezifiziertheit schaffen solche Institutionen eine ausdifferenzierte Entwicklung des Rechts, an die die staatliche (jedenfalls in solchen spezifischen Teilbereichen) nicht heranreicht.[95] Sanktionen solcher nichtstaatlicher Stellen tangieren die Betroffenen nicht weniger als staatliche Repressalien.

---

88 *Kuhlen*, FS Hassemer, S. 875 (876).

89 *Dieners* in: ders., Handbuch Compliance im Gesundheitswesen, Kap. 11, Rn. 6. Eine strengere Normierung durch nichtstaatliche Akteure ist keine Seltenheit, schließlich wird hierdurch der gesetzliche Rahmen mit größerer Sicherheit gewahrt und eine Unternehmensführung erleichtert, vgl. *Berndt/Hoppler*, BB 2005, S. 2623 (2627); *Theile*, ZIS 2008, S. 406 (409); *Rönnau*, FS Schmidt, S. 238 (248 m.w.N.). Vgl. auch *Theile*, JuS 2017, S. 913 (916), der von „Aufschaukelungsprozessen" spricht, die „Verhaltensanforderungen ins Unermessliche" steigern.

90 *Kuhlen*, FS Hassemer, S. 875 (876).

91 *Köbel* in: Duttge, Tatort Gesundheitsmarkt, S. 87 (99); *Kuhlen*, FS Hassemer, S. 875 (885).

92 *Dieners* in: ders., Handbuch Compliance im Gesundheitswesen, Kap. 13, Rn. 5.

93 *Kuhlen*, FS Hassemer, S. 875 f.

94 Vgl. *Theile*, wistra 2012, S. 285 (290), der aber auch von der Gefahr teilweise ausufernder überobligatorischer Ausdehnung der Strafbarkeit durch Kodizes Privater spricht. Siehe zum Problem der Wahrung des Bestimmtheitsgrundsatzes *Kuhlen*, FS Hassemer, S. 875; *Theile*, wistra 2012, S. 285 (288).

95 *Kuhlen*, FS Hassemer, S. 875 (886).

Sanktionen aus dem nahen Umfeld werden von den Betroffenen in der Regel als härter empfunden als allgemeine Kriminalstrafen.[96]

III. Zwischenfazit - Vorteile von Systemen der regulierten und reinen Selbstregulierung

Die vorstehenden Erörterungen führen zu dem Schluss, dass bei pflichtbewusst aufgesetzten und funktionsfähigen Mechanismen im Bereich der regulierten und reinen Selbstregulierung die Verfolgung und Sanktionierung strafrechtsrelevanter Sachverhalte oftmals effektiver, sachgerechter und mit einer mindestens gleich großen Wirkung[97] erfolgen kann. In komplexen Fällen erscheint diese Art der spezialisierten Strafverfolgung staatlichen Verfahren mithin vorzugswürdig.

Regulierte Selbstregulierung und reine Selbstregulierung schaffen neue Steuerungsformen in einer zunehmend komplexen Wirtschaftswelt.[98] Sie sind autonome Systeme, die zum Teil als „Recht ohne Staat" definiert werden.[99] Solche von den Begrenzungen staatlicher Systeme losgelöste, selbstreflexive Steuerungsformen zeigen ihre Vorteile insbesondere dadurch, dass sie effizient und spezialisiert[100] sind sowie grenzüberschreitend Wirksamkeit entfalten.[101] Diesem Thema wird sich der folgende Abschnitt widmen.

IV. Privatisierung der Strafverfolgung auf internationaler Ebene

Die Verlagerung von originär staatlichen Aufgaben in Form von Normsetzung und Sanktionierung auf nichtstaatliche Institutionen erfolgt nicht nur in national

96 *Bussmann*, MSchrKrim 2003, S. 89 (102).

97 In der Literatur wird den Systemen der Selbstregulierung eine hohe Selbststeuerungskraft und Effektivität zugeschrieben, da sie eine „'weiche' Verhaltensbeeinflussung" verursachen, vgl. *Sieber*, FS Tiedemann, S. 449 (475) m.w.N.

98 *Sieber*, FS Tiedemann, S. 449 (460).

99 Ebd.

100 Regulierte Selbstregulierung und reine Selbstregulierung bieten eine „schnelle und flexible Möglichkeit", um auf aktuelle Problemstellungen zu reagieren, vgl. Positionspapier des Selbstregulierung Informationswirtschaft e.V., Chancen und Voraussetzungen effektiver Selbst- und Ko-Regulierung zur Förderung des Verbraucherschutzes und des Datenschutzes in der digitalen Welt, S. 4.

101 *Sieber*, FS Tiedemann, S. 449 (460).

begrenzten, sondern auch in überstaatlichen Systemen.[102] Im grenzüberschreitenden Kontext hat sich eine Regulationsbandbreite entwickelt, die von dem in national beschränkten Systemen herrschenden Modell von Normvorgabe und Kontrolle der Normwahrung in hierarchischer Hinsicht abweicht.[103] In international ausgerichteten Systemen agieren Private und öffentliche Dritte als Normgeber[104] und sind oftmals involviert, wenn es um die Durchsetzung dieser Normen geht.[105]

Selbstregulierung kommt auf internationaler Ebene eine große Bedeutung zu, da es im grenzüberschreitenden Kontext an einem international gültigen rechtlichen Korsett (abgesehen vom Völkerstrafgesetzbuch) fehlt,[106] dass eine effektive Strafverfolgung durch grenzüberschreitend tätige Strafverfolgungsbehörden ermöglichen würde. Zwar gibt es vereinzelt grenzüberschreitend gültige Normen und tätige Strafverfolgungsorgane wie beispielsweise *OLAF*, das Europäische Amt für Betrugsbekämpfung, welches Betrug, Korruption und andere rechtswidrige Handlungen, die die finanziellen Interessen der EU beeinträchtigen, zu bekämpfen sucht[107] oder das Projekt der Einrichtung einer Europäischen

---

102 *Bussmann*, MSchrKrim 2003, S. 89; *Vesting*, JURA 2001, S. 299 (304); *Kölbel*, ZStW 2013, S. 499 (507 m.w.N., siehe auch 508 Fn. 39 zum Thema autonomer Selbstregulierung transnationaler Unternehmen im Bereich Umwelt- und Arbeitsschutz aufgrund Fehlens staatlicher Regelungen); siehe zu der Problematik von Normsetzung durch Private im Hinblick auf ihre Legitimität *Saliger*, FS Schmidt, S. 237 (241); *Rönnau*, FS Schmidt, S. 237 (239); vgl. zur Legitimation von Unternehmen im Wege der Selbstbindung durch Unternehmensrichtlinien und der aus der Referenz an das Strafrecht resultierenden Legitimität *Theile*, ZIS 2008, S. 406 (418); siehe zu Globalisierung und "Verrechtlichung von Soft Law" *Schulz*, BB 2017, S. 1475 (1482).

103 *Kölbel*, ZStW 2013, S. 499 (507 m.w.N.); vgl. auch *Eicker*, Die Prozeduralisierung des Strafrechts, S. 230 ff.

104 Normgebung kann auch im Rahmen von CMS erfolgen, etwa bei der Formulierung sog. *Codes of Conduct* oder *Codes of Ethics*. Allerdings sind diese in aller Regel durch nationale strafrechtliche Vorschriften motiviert und sind damit kein Ausdruck einer autonomen Normsetzung, auch wenn sie im Einzelfall deutlich über das gesetzlich geforderte Maß hinausgehen, vgl. *Kölbel*, ZStW 2013, S. 499 (508 f.); *Theile*, JuS 2017, S. 913 (914 f.), dort auch zur Frage der Problematik der Rechtssetzung durch Private vor dem Hintergrund des Bestimmtheitsgebots (Art. 103 II GG, § 1 StGB) und der Frage nach der Legitimität; *ders.*, ZIS 2008, S. 406 (413).

105 *Kölbel*, ZStW 2013, S. 499 (507).

106 *Spießhofer*, NZG 2018, S. 441 (443).

107 *Nelles/Ahlbrecht* in: Volk, MAH Verteidigung in Wirtschafts- und Steuerstrafsachen, § 16 Rn. 94.

Staatsanwaltschaft, die grenzübergreifend gegen Großkriminalität zu Lasten des EU-Haushalts vorgehen wird.[108] Der Geltungsbereich der entsprechenden Normen und Einheiten sind allerdings in letzter Konsequenz territorial – wie etwa das EU-Recht und die europäische Behörde *OLAF* auf die Union, die Europäische Staatsanwaltschaft gar nur auf die teilnehmenden Mitgliedsstaaten[109] – beschränkt und agieren nicht in einem globalen Kontext.[110]

Umfassend global gültige staatliche Normen und tätige Strafverfolgungseinheiten existieren mithin nicht.[111] Dies erschwert die Aufklärung und Verfolgung internationaler Delinquenz. Daher existiert ein Vakuum,[112] welches es zu füllen gilt. Selbstregulierung bedeutet folglich auf internationaler Ebene primär das selbständige Etablieren und Festsetzen von Standards und nicht das Befolgen festgesetzter staatlicher Normbefehle.

Im Bereich von Wirtschaftsstraftaten wie Korruption und Betrug haben internationale Entwicklungsbanken Systeme etabliert, mit denen entsprechende Unregelmäßigkeiten im Zusammenhang mit von ihnen finanzierten Projekten ermittelt, sich als ungeeignet erwiesene Vertragspartner von weiteren Projekten ausgeschlossen und auf eine *Blacklist* gesetzt werden können.[113] Mit dieser neuen Form der Verfolgung von internationaler Wirtschaftskriminalität haben sie eine ähnliche Rolle eingenommen wie etwa das *US Department of Justice* oder das *UK Serious Fraud Office*, die schon seit längerem auf internationaler Ebene Betrug und Korruption bekämpfen.[114]

Insbesondere die WBG hat ein besonders ausdifferenziertes System zur Sanktion von Verstößen gegen ihre Interessen etabliert, um den Schutz getätigter Investitionen zu gewährleisten. Das Regelwerk legt detailliert fest, welche Verhaltensformen von der WBG als sanktionswürdig angesehen werden.[115] Das

---

108 https://ec.europa.eu/anti-fraud/policy/european_public_prosecutor_de.

109 Bislang nehmen nur 20 der 28 Mitgliedsstaaten der EU an dem Programm teil, wobei die Niederlande im Mai 2018 signalisiert hat, sich ebenfalls anschließen zu wollen, vgl. https://ec.europa.eu/anti-fraud/policy/european_public_prosecutor_de.

110 *Nelles/Ahlbrecht* in: Volk, MAH Verteidigung in Wirtschafts- und Steuerstrafsachen, § 16 Rn. 95; vgl. auch *Silberzahn*, JA 2016, S. 205 (2016).

111 Vgl. *Spießhofer*, NZG 2018, S. 441 zur „Insuffizienz des Völkerrechts" in Bezug auf *Compliance* und *Corporate Social Responsibility*.

112 Vgl. *Jenks*, International Organization, Vol 19, No. 2 (Spring 1965), S. 163 (164) bzgl. der Rolle der VN.

113 *Querée*, Challenging supranational regulators through an independent arbitral mechanism: the World Bank Sanctions Board, Young ICCA Blog, 19.5.2015.

114 Ebd.

115 Siehe hierzu oben E.VIII.

Sanktionssystem der WBG ist damit ein wichtiges Beispiel dezidierter Normsetzung im Kontext privatisierter Strafverfolgung durch einen nichtstaatlichen Akteur.

Dieses Regime hat global gesehen eine hohe Relevanz, da die Mitgliedsstaaten der einzelnen Institutionen, die zusammen die WBG bilden, nahezu alle Staaten der Welt ausmachen.[116] Dadurch sind die Organe des Systems befähigt, in all diesen Ländern zu ermitteln. Das Sanktionssystem ist damit in der Breite seines Wirkungsgrades einzigartig.

116 *Dann* in: Hoffmann-Riem, Innovationen im Recht, S. 147 (151). Dies gilt insbesondere für die beiden Hauptinstitutionen *IBRD* (siehe hierzu unten D.II.1.) und *IDA* (hierzu unten D.III.1.).

D. Grundlagen der Arbeit

Die Frage, ob das Sanktionssystem der WBG nicht nur einen breiten Wirkungsgrad hat, sondern auch ein gelungenes Beispiel internationaler privater Strafverfolgung ist, kann nicht ohne den nötigen Überblick über die hinter dem System stehenden Institutionen der WBG und die sie treibenden Hintergründe erfolgen.

Jede der Institutionen wurde ins Leben gerufen, um einen eigenen Ansatz bei der Bekämpfung von Armut zu verfolgen. So mögen sich teilweise nur geringe strukturelle Verschiedenheiten zwischen den Organisationen finden, allerdings unterscheiden sich die Zielsetzungen teils erheblich, was sich auch in der Arbeitsweise der einzelnen Organisationen niederschlägt.[117]

Im Folgenden wird zunächst das Gesamtgefüge WBG und ihre fünf Institutionen mit ihren historischen Hintergründen, Zielen und Arbeitsweise beschrieben. Hieraus lässt sich ableiten, wie es dazu kam, dass das Sanktionssystem etabliert wurde und warum dieses für das Funktionieren der WBG wichtig ist.

Sodann erfolgt eine rechtliche Einordnung der Organisation WBG und eine Beschreibung deren institutioneller Struktur. Im Anschluss daran wird das Thema Investitionsschutz skizziert.

I. Die WBG

Vier der fünf Institutionen, die die WBG bilden, verfügen über ein besonderes Sanktionssystem *(Sanctions Procedures)*, mit dem sie ihre Investitionen zu schützen suchen.[118] Um dessen Sinn und Zweck besser zu verstehen, ist es von Relevanz, die Hintergründe dieser Institutionen zu beleuchten. Der Vollständigkeit halber werden alle fünf Institutionen einer Betrachtung unterzogen.

Der Begriff Weltbank steht synonym für zwei Organisationen, die operativ und organisatorisch stark verwoben sind.[119] Dies ist zum einen die *International Bank for Reconstruction and Development* sowie zum anderen die *International Development Association.*

Mit dem Begriff der Weltbank nicht zu verwechseln ist die WBG. Diese umfasst fünf Organisationen: *IBRD, IDA, International Finance Corporation*

117 *The World Bank*, A Guide to the World Bank, S. 12.

118 Vgl. *The World Bank*, OSD Report 2007-2015, S. i.

119 *Dann*, Entwicklungsverwaltungsrecht, S. 157; *Canni*, Public Contract Law Journal, Vol. 40, No.1 (Fall 2010), S. 147 (150); *Richter*, CB 2015, S. 291 (292).

(IFC), Multilateral Investment Guarantee Agency und das *International Centre for Settlement of Investment Disputes.*[120] Dabei weist jede Organisation einen eigenen Ansatz auf, mit dem sie zur Entwicklungsarbeit der WBG beiträgt.[121] Insgesamt verfolgen die Institutionen das übergeordnete Ziel der Armutsbekämpfung.[122]

Die WBG hatte im Geschäftsjahr 2017 ein Geschäftsvolumen in Höhe von insgesamt ca. 59 Milliarden US-Dollar.[123] Sie ist damit einer der größten Geldgeber für Entwicklungsprojekte in Schwellen- und Entwicklungsländern[124] und die größte internationale Entwicklungsbank der Welt.[125] Zusätzlich zu finanziellen Förderungen unterstützt die WBG ihre Kunden auch mit einem umfassenden Angebot an Know How.[126]

II. IBRD

1. Historischer Hintergrund

Vom 01. bis zum 22. Juli 1944 wurden die Abkommen, die Grundlage für die Gründung der *IBRD* sowie des IWF waren, von 44 Vertragsstaaten auf der *Bretton Woods Monetary Conference* in Bretton Woods, New Hampshire, USA, verhandelt.[127] Ein Jahr später, am 27. Dezember 1945, wurde das zuvor ausgehandelte

---

120 *Richter*, CB 2015, S. 291 (292).

121 *The World Bank*, A Guide to the World Bank, S. 10.

122 Ebd.

123 http://www.worldbank.org/en/news/press-release/2017/07/18/nearly-59-billion-in-world-bank-group-support-to-developing-countries-in-fiscal-year-2017.

124 *The World Bank*, A Guide to the World Bank, S. 3.

125 *Canni*, Public Contract Law Journal, Vol. 40, No.1 (Fall 2010), S. 147 (150).

126 Aufgrund ihrer langjährigen Erfahrung in internationaler Entwicklungshilfe verfügt die WBG über große Datenmengen und Wissen, wie der Einsatz von Fördermitteln möglichst erfolgreich verlaufen kann. Außerdem wird ein immenses Netzwerk bereitgestellt. In dessen Rahmen kommt es zum Austausch und zu Kooperationen zwischen nationalen und internationalen Entscheidungsträgern. Auch mit Politikberatung, technischer Assistenz, Schulungen, etc. unterstützt die WBG ihre Klienten. *The World Bank Group*, Annual Update INT FY17, S. 15; http://www.worldbank.org/en/about/what-we-do; *Engelhardt*, Dealing with fragile states, S. 137; siehe auch *Clemens/Kremer*, The Journal of Economic Perspectives, Vol. 30, No. 1 (Winter 2016), S. 53 (59).

127 An dieser Verhandlung nahmen Australien, Ägypten, Äthiopien, Belgien, Bolivien, Brasilien, Chile, China, Costa Rica, die Dominikanische Republik, Ecuador, El Salvador, Frankreich, Griechenland, Guatemala, Haiti, Honduras, Indien, der Irak, Island, das ehemalige Jugoslawien, Kanada, Kolumbien, Kuba, die Republik Liberia, Luxemburg, Mexiko, die Niederlande, Neuseeland, Nicaragua, Norwegen, Panama,

Übereinkommen *(Articles of Agreement)* von 28 Staaten unterzeichnet.[128] Im Laufe der Zeit schlossen sich diesem Übereinkommen kontinuierlich weitere Staaten an, sodass die *IBRD* heute 189 Staaten, mithin nahezu jedes Land der Welt, [129] zu ihren Mitgliedern zählt.[130]

Die *IBRD* wurde ursprünglich gegründet, um europäische Staaten im Rahmen des Wiederaufbaus nach dem zweiten Weltkrieg zu unterstützen.[131] Erster Kreditnehmer mit einem Kreditvolumen von 500 Millionen US-Dollar im Jahre 1946 war Frankreich.[132]

Nachdem andere Akteure, insbesondere die U.S.-Regierung, durch die Gewährung finanzieller Beihilfen[133] den Wiederaufbau in Europa übernommen hatten, veränderte sich der Fokus der *IBRD*.[134] Da sich ihr ursprüngliches Aufgabenfeld stark verkleinert hatte, nahm sie sich neuer Aufgaben an.

Im Laufe der 50er und 60er Jahre konzentrierte sich die Bank zunehmend auf Länder in Lateinamerika, Afrika und Asien.[135] Dort begann sie substantielle Infrastrukturprojekte, wie beispielweise den Bau von Dämmen, Stromnetzen, Bewässerungssystemen und Straßen, zu fördern.[136] Neben der Gewährung von Finanzhilfen förderte die Weltbank ihre Mitgliedsländer auch bei der operativen Durchführung von Infrastrukturprojekten, um den Einsatz der Darlehen so effizient wie möglich zu gestalten.[137]

In den 1970er Jahren verlagerte sich der Fokus der Bank erneut. Da bereits einige erfolgreiche Infrastrukturprojekte verwirklicht worden waren, bildete nunmehr die Bekämpfung von Armut das Hauptziel der Arbeit der *IBRD*.[138]

Paraguay, Peru, die Philippinen, Polen, Südafrika, die Tschechoslowakei, die ehemalige UdSSR, die USA, Uruguay und Venezuela teil, vgl. *World Bank Group*, World Bank Group Archivists' Chronology 1944-2013, S. 1.

128 *World Bank Group*, World Bank Group Archivists' Chronology 1944-2013, S. 2; *Blough*, International Organisation, Vol. 22, No. 1 (Winter 1968), S. 152.

129 Vgl. http://www.worldbank.org/en/about/leadership/members.

130 http://www.worldbank.org/en/about/leadership.

131 http://www.worldbank.org/en/about/archives/history; *World Bank Group*, World Bank Group Archivists' Chronology 1944-2013, S. 2; *Blough*, International Organisation, Vol. 22, No. 1 (Winter 1968), S. 152.

132 *World Bank Group*, World Bank Group Archivists' Chronology 1944-2013, S. 11.

133 *World Bank Group*, World Bank Group Archivists' Chronology 1944-2013, S. 2.

134 http://www.worldbank.org/en/about/archives/history.

135 Ebd.

136 Ebd.

137 Ebd.

138 Ebd.

Um dieses zu verwirklichen, konzentrierte man sich nicht mehr allein auf Infrastrukturprojekte, sondern orientierte sich vorwiegend an den Bedürfnissen der jeweiligen Bevölkerung.[139] So wurden Projekte mit Bezug zur Effizienzsteigerung in der Nahrungsmittelproduktion, der Entwicklung ländlicher und städtischer Gegenden sowie Projekte zur Förderung von Gesundheit und Bekämpfung von Mangelernährung vorangetrieben.[140] Die Weltbank arbeitete außerdem mit Regierungen an der Etablierung von gesellschaftlichen Kerninstitutionen, um diesen Projekten langfristig zu Erfolg zu verhelfen.[141]

Auch im folgenden Jahrzehnt, den 1980er Jahren, wandelte sich der Fokus der Projekte der Weltbank. Zusätzlich zu den bislang geförderten Unternehmungen wurden soziale Aspekte zunehmend wichtiger.[142] Es wurden Projekte zur Förderung von Bildung, Kommunikation, Good Governance, also einer verantwortungsvollen Regierungsführung, sowie zur Erhaltung von Kulturgütern ins Leben gerufen.[143]

In den 1990er Jahren wurde der Bank im Kontext mit einem Staudamm-Projekt in Indien vorgeworfen, dass diese ihre eigenen Richtlinien nicht einhalten würde.[144] Externe Gutachter und Gutachterinnen prangerten Defizite in der Qualitätskontrolle und dem Verhalten von Mitarbeiterinnen und Mitarbeitern der Weltbank an.[145] Kritisiert wurde, dass keine umfassende Umweltverträglichkeitsstudie durchgeführt worden war.[146] Es kamen außerdem Bedenken hinsichtlich der Sicherheit des Damms auf.[147] Zusätzlich fehlte eine Lösung für die Umsiedelung und Kompensierung der von der Errichtung des Staudamms betroffenen Bevölkerung.[148] Diese öffentlichen Vorwürfe wurden zum Anlass

139 http://www.worldbank.org/en/about/archives/history.

140 Ebd.

141 Ebd.

142 Ebd.

143 http://www.worldbank.org/en/about/archives/history; vgl. auch *Thomas*, International Affairs, Vol. 83, No. 4 (2007), S. 729 (730) der die Bank als "Governance Bank" beschreibt; *Dann* in: Hoffmann-Riem, Innovationen im Recht, S. 147 (149).

144 http://www.worldbank.org/en/about/archives/history; *Dann*, Entwicklungsverwaltungsrecht, S. 165.

145 *Dann*, Entwicklungsverwaltungsrecht, S. 165.

146 http://www.nytimes.com/1993/03/31/world/india-cancels-dam-loan-from-world-bank.html.

147 http://lnweb90.worldbank.org/oed/oeddoclib.nsf/DocUNIDViewForJavaSearch/12A795722EA20F6E852567F5005D8933.

148 Ebd.

genommen, erstmalig interne Ermittlungen anzustrengen, um mit den gefundenen Ergebnissen angemessen auf diese Kritik reagieren zu können.[149] Diese Bestrebungen stellen den Ausgangspunkt für ein Umdenken im Rahmen der Arbeitsweise der Weltbank dar, die ab diesem Augenblick die Befolgung ihrer Regeln (auch nach innen) stärker zu kontrollieren begann.[150] Dies führte zu einer Implementierung zahlreicher interner Regeln für *IBRD*-Angestellte[151] und letztlich auch der Schaffung des extern wirkenden Sanktionssystems.

2. Ziele

Die Zwecksetzung der *IBRD* ergibt sich aus Art. I (i) *IBRD Articles of Agreement*:

> *„To assist in the reconstruction and development of territories of members by facilitating the investment of capital for productive purposes, including the restoration of economies destroyed or disrupted by war, the reconversion of productive facilities to peacetime needs and the encouragement of the development of productive facilities and resources in less developed countries."*

Maßgebend ist hierbei ein weiterer Entwicklungsbegriff, der die Förderung sowohl sozialer als auch politischer und kultureller Zwecke vereint.[152] Gerade jedoch die Unterstützung politischer Projekte kann im Einzelfall mit dem sogenannten Einmischungsverbot, das aus Art. IV. Sect. 10 *IBRD Articles of Agreement* resultiert, kollidieren, beziehungsweise auch an diesem scheitern. Hierzu heißt es:

> *„The Association and its officers shall not interfere in the political affairs of any member; nor shall they be influenced in their decisions by the political character of the member or members concerned. Only economic considerations shall be relevant to their decisions, and these considerations shall be weighed impartially in order to achieve the purposes stated in this Agreement."*

Dieser scheinbare Widerspruch zwischen den Aufgaben der *IBRD* und dem Einmischungsverbot resultiert aus dem mittlerweile erweiterten Förderungsportfolio. So war die Tätigkeit der *IBRD* zu Anfang, wie sich anhand von Art. I (i) *IBRD Articles of Agreement* ablesen lässt, primär als Wirtschaftsförderung gedacht.[153]

---

149 http://www.worldbank.org/en/about/archives/history.

150 Vgl. *World Bank Group*, World Bank Group Archivists' Chronology 1944-2013, S. 331 f.

151 Vgl. hierzu *Dann*, Entwicklungsverwaltungsrecht, S. 165 ff.

152 *Dann*, Entwicklungsverwaltungsrecht, S. 169.

153 *Dann*, Entwicklungsverwaltungsrecht, S. 169.

Vor dem Hintergrund der politischen Gegebenheiten in der Gründungsphase der *IBRD* war eine stärkere politische Ausrichtung letztlich nicht möglich.[154] Die *IBRD* sollte apolitisch agieren und so versteht sie ihr Mandat auch heute noch primär als Auftreten als Bank, die wirtschaftlichen Grundsätzen verpflichtet ist.[155] Dennoch hat die *IBRD* im Laufe der Jahre ihr Aufgabenfeld durch ein weites Verständnis von wirtschaftlicher Entwicklung ausgedehnt, um die Bekämpfung von Armut nachhaltig zu gestalten.[156]

3. Finanzierung

Die *IBRD* beschafft den Hauptteil ihrer Mittel auf den internationalen Finanzmärkten und ist damit weitgehend unabhängig von ihren Mitgliedern.[157] Hierbei hilft ihr, dass sie seit dem Jahre 1959 AAA-gerated ist.[158] Die Mittel, die die Bank von ihren Eigentümern[159] seit ihrer Gründung im Jahre 1946 erhalten hat, belaufen sich auf etwa 14 Milliarden US-Dollar.[160] Die *IBRD* generiert ihren Umsatz mehrheitlich aus Investitionen ihres Eigenkapitals und aus den Erträgen der Kreditvergabe.[161] Insgesamt hat die Bank bis heute ein Kreditvolumen von etwa 500 Milliarden US-Dollar vergeben.[162] Das Investitionsvolumen im Geschäftsjahr 2017 betrug 22,6 Milliarden US-Dollar.[163] Die *IBRD* ist in Bezug auf das Wirtschaftsvolumen der zahlenmäßig wichtigste Arm der WBG. Sie ist für mehr als die Hälfte der jährlich durch die Gruppe verliehenen Gelder

---

154 *Thomas*, International Affairs, Vol. 83, No. 4 (2007), S. 729 (730 ff.); *Dann*, Entwicklungsverwaltungsrecht, S. 169.

155 *Dann*, Entwicklungsverwaltungsrecht, S. 169 f.

156 *Dann*, Entwicklungsverwaltungsrecht, S. 349. *Spießhofer* bezeichnet das Phänomen der schleichenden Kompetenzausweitung von Internationalen Organisationen als „*Mission Creep*", *ebd.*, NZG 2018, S. 441 (443).

157 http://www.worldbank.org/en/who-we-are/ibrd; http://ida.worldbank.org/about/how-does-ida-work.

158 http://www.worldbank.org/en/who-we-are/ibrd. Die hinter der *IBRD* stehenden Mitgliedsstaaten haften, sofern eine Anleihe nicht mehr zurückgezahlt werden kann, vgl. http://treasury.worldbank.org/cmd/pdf/Moodys_IBRD_Report_2017.pdf.

159 Eigentümer der *IBRD* sind ihre Mitgliedsstaaten.

160 http://www.worldbank.org/en/who-we-are/ibrd.

161 Ebd.

162 Ebd.

163 http://www.worldbank.org/en/news/press-release/2017/07/18/nearly-59-billion-in-world-bank-group-support-to-developing-countries-in-fiscal-year-2017; http://www.worldbank.org/en/about/annual-report/roles-resources#IBRD.

verantwortlich.[164] Allerdings ist sie aufgrund dieser marktwirtschaftlichen Ausrichtung auch gezwungen, auf wirtschaftlichere Art und Weise als die anderen Institutionen der Gruppe zu operieren.[165]

4. Dienstleistungen

Die *IBRD* erbringt ihre Finanzdienstleistungen ausschließlich gegenüber Staaten. Mit ihrem Geschäftsmodell adressiert sie vor allem Entwicklungsländer mit mittlerem Einkommen[166] und kreditwürdige Staaten mit niedrigen Einkommen.[167]

Im Gegensatz zu „normalen“ Banken steht auch bei der vergleichsweise wirtschaftlich operierenden *IBRD* der Entwicklungsgedanke als wichtigstes Handlungsmotiv im Vordergrund. Sie vergibt Kredite zu günstigen Konditionen und längeren Laufzeiten als normale Banken und achtet darauf, dass die von ihr geförderten Projekte nachhaltig sind.[168] So bringt die *IBRD* beispielsweise gezielt Gelder für langfristige Vorhaben im Bereich Human- und Sozialentwicklung, welche Banken eher selten fördern, auf.[169] Außerdem unterstützt die *IBRD* ihre Kreditnehmer in Fällen von finanziellen Krisen, um negative Auswirkungen auf arme Bevölkerungsschichten zu verhindern.[170] Die *IBRD* koppelt die Vergabe finanzieller Mittel ferner an die Implementierung von Programmen, wie die Einführung von Anti-Korruptions-Richtlinien und institutionellen Reformen, um über einen Kredit hinaus auf ihre Kreditnehmer einzuwirken.[171] Außerdem bemüht sich die *IBRD* darum, ein positives Investitionsklima zu schaffen, um Entwicklungsmärkte für private Kapitalgeber attraktiv zu machen.[172] Letztlich

---

164 *The World Bank*, A Guide to the World Bank, S. 67.

165 http://www.worldbank.org/en/who-we-are/ibrd; http://ida.worldbank.org/about/how-does-ida-work.

166 Die Weltbank definiert diese als Länder mit einem Pro-Kopf-Einkommen von 1.006 bis 12.235 US-Dollar, vgl. https://blogs.worldbank.org/opendata/new-country-classifications-income-level-2017-2018.

167 Hierunter werden Länder mit einem Pro-Kopf-Einkommen von weniger als 1.005 US-Dollar gefasst, vgl. https://blogs.worldbank.org/opendata/new-country-classifications-income-level-2017-2018.

168 *The World Bank*, A Guide to the World Bank, S. 13, 67.

169 *The World Bank*, A Guide to the World Bank, S. 13.

170 Ebd.

171 Ebd.

172 *The World Bank*, A Guide to the World Bank, S. 13.

fördert die *IBRD* auf diese Art und Weise Gegenden, in denen vorwiegend arme Menschen leben.[173]

Zu den Finanzprodukten, die die *IBRD* anbietet, gehören Kredite, Garantien und Risikomanagementprodukte.[174] Darüber hinaus unterstützt sie ihre Kunden zu jedem Zeitpunkt eines Projekts mit Beratungsleistungen,[175] technischer Hilfestellung und sonstigem benötigten Fachwissen.[176] Die *IBRD* versteht sich als Vehikel für den globalen Austausch von Know How und technischer Hilfestellung, wobei sie nicht nur kreditbedürftige Staaten adressiert.[177]

III. IDA

1. Historischer Hintergrund

In den 1960er Jahren wurde deutlich, dass eine Kreditvergabe an arme Entwicklungsländer unter anderen Bedingungen erfolgen muss, als sie die *IBRD* anbieten kann, um deren Erfolg sicherzustellen.[178] Daher wurde die *IDA* am 24. September 1960 von 15 Mitgliedern der *IBRD* unter dem Dach der Weltbank gegründet.[179] Einer der treibenden Motoren hinter der Gründung der *IDA* war die Dekolonisierung, in deren Zuge absehbar war, dass eine große Anzahl sehr armer Staaten entstehen würde.[180] Heute zählen 173 Länder zu den Mitgliedern dieser Entwicklungsorganisation.[181] Zweck der *IDA* ist die Erhöhung des Lebensstandards in den 77 ärmsten Ländern der Welt (die gleichzeitig Mitgliedsstaaten

---

173 *The World Bank*, A Guide to the World Bank, S. 13.

174 http://www.worldbank.org/en/who-we-are/ibrd; vgl. auch http://www.worldbank.org/en/projects-operations/products-and-services#2 zu den verschiedenen Produkten der Bank samt Beschreibung.

175 Die Bank berät beispielsweise Regierungen, öffentliche Einrichtungen und Entwicklungsorganisationen zu den Themen Staatsverschuldung und Assetmanagement, vgl. http://www.worldbank.org/en/who-we-are/ibrd; vgl. auch http://www.worldbank.org/en/projects-operations/products-and-services#3 zur näheren Beschreibung der technischen Assistenz und weiterer Dienstleistungen.

176 http://www.worldbank.org/en/who-we-are/ibrd.

177 Ebd.

178 http://ida.worldbank.org/about/history; *Blough*, International Organisation, Vol. 22, No. 1 (Winter 1968), S. 152 (153).

179 http://ida.worldbank.org/about/history.

180 *Dann*, Entwicklungsverwaltungsrecht, S. 169; vgl. auch *ders.* in: Hoffmann-Riem, Innovationen im Recht, S. 147 (151).

181 http://ida.worldbank.org/about/history.

der *IDA* sind)[182] und die Unterstützung von Projekten mit hoher Wirkkraft im Hinblick auf die Verbesserung von Lebens- und Wirtschaftsbedingungen in den betroffenen Ländern.[183] Die *IDA* bietet den ärmsten Ländern der Welt die Möglichkeit, ihre Entwicklung zunächst auf die Finanzmittel der Weltbank zu stützen, da sie sich diese oftmals nicht auf den freien Finanzmärkten beschaffen können.[184]

2. Ziele

Die *IDA* hat eine nahezu identische, auf die Entwicklung ihrer Mitgliedsstaaten gerichtete, Zwecksetzung wie die *IBRD*. Aus Art. 1 *IDA-Articles of Agreement* geht folgendes hervor:

> *„The purposes of the Association are to promote economic development, increase productivity and thus raise standards of living in the less-developed areas of the world included within the Association's membership, in particular by providing finance to meet their important developmental requirements on terms which are more flexible and bear less heavily on the balance of payments than those of conventional loans, thereby furthering the developmental objectives of the International Bank for Reconstruction and Development (hereinafter called "the Bank") and supplementing its activities.“*

Deutlich wird im letzten Teil dieser Zweckbestimmung, dass die *IDA* ihre Produkte zu deutlich großzügigeren und günstigeren Bedingungen anbieten soll, um die Zinsbelastung der darlehensnehmenden Mitgliedsstaaten gering zu halten. Ferner wird der Entwicklungsgedanke dadurch deutlich in den Vordergrund gestellt, dass durch die Tätigkeit der *IDA* die Arbeit der *IBRD* in diesem Bereich erweitert und unterstützt werden soll.

Die Problematik bezüglich des politischen Einmischungsverbotes stellt sich bei der *IDA* in gleichem Maße wie bei der *IBRD*, da dieses für die *IDA*[185] gem. Art. V, Sect. 6 *IDA-Articles of Agreement* ebenso gilt.

Die von der *IDA* geförderten Projekte fokussieren sich vornehmlich auf Bildung, medizinische Grundversorgung, Trinkwasserversorgung, Steigerung von Sanitärstandards, Umweltschutz, Verbesserung des Wirtschaftsklimas,

182 Art. I IDA-Articles of Agreement; http://ida.worldbank.org/about/what-ida; *Dann*, Entwicklungsverwaltungsrecht, S. 159; *Canni*, Public Contract Law Journal, Vol. 40, No.1 (Fall 2010), S. 147 (150).

183 Art. V, Sect. 1 (a), (b) IDA-Articles of Agreement.

184 *The World Bank*, A Guide to the World Bank, S. 21.

185 Wortgleich zu Art. IV. Sect. 10 IBRD-Articles of Agreement.

Infrastruktur und institutionelle Reformen.[186] Diese Maßnahmen sollen das Wirtschaftswachstum ankurbeln, Arbeitsplätze und höhere Einkommen sowie insgesamt bessere Lebensbedingungen schaffen.[187]

3. Finanzierung

Aufgrund ihres sehr begrenzt gewinnerzielenden Geschäftsmodells schöpft die *IDA* ihre Mittel vornehmlich aus Sonderzahlungen *(Replenishments)*, die durch ihre Mitgliedsstaaten im drei-Jahres-Turnus zur Verfügung gestellt werden.[188] Darüber hinaus werden die Mittel der *IDA* durch Kreditrückzahlungen und erhebliche Zuschüsse seitens *IBRD* und *IFC* gebildet.[189] Im Übrigen ist auch die *IDA* AAA-gerated, wodurch sie sich leicht Geldmittel auf den internationalen Finanzmärkten beschaffen kann.[190]

Zu den Zielen des aktuellen, bis zum 30. Juni 2020 laufenden drei-Jahres-Plans *(18. Replenishment)* der *IDA* zählt, Instabilität, Konflikte und Gewalt zu bekämpfen[191] und dabei insbesondere Flüchtlingen und deren Aufnahmeländern zur Seite zu stehen[192].[193] Insgesamt wurde von den Mitgliedsstaaten der *IDA* eine Rekordsumme von 75 Milliarden US-Dollar zur Verfügung gestellt.[194] Im Geschäftsjahr 2016 hat die *IDA* Kreditzusagen in Höhe von insgesamt 19,5 Milliarden US-Dollar gemacht.[195] Diese Summe setzt sich unter anderem aus Krediten i.H.v. 14,4 Milliarden US-Dollar, Zuschüssen i.H.v. 1,3 Milliarden US-Dollar und Garantien i.H.v. 500 Millionen US-Dollar zusammen.[196]

186 *The World Bank*, A Guide to the World Bank, S. 18.

187 Ebd.

188 http://ida.worldbank.org/about/how-does-ida-work; *Dann*, Entwicklungsverwaltungsrecht, S. 160.

189 *Dann*, Entwicklungsverwaltungsrecht, S. 160; http://www.worldbank.org/en/who-we-are/ibrd.

190 http://treasury.worldbank.org/cmd/pdf/Moodys_IBRD_Report_2017.pdf.

191 Hierfür stehen 14 Milliarden US-Dollar zur Verfügung.

192 Zusätzliche 3 Milliarden US-Dollar stehen hierfür bereit.

193 http://www.worldbank.org/en/news/press-release/2016/12/15/global-community-commitment-end-poverty-ida18.

194 http://www.worldbank.org/en/news/press-release/2016/12/15/global-community-commitment-end-poverty-ida18.

195 http://www.worldbank.org/en/news/press-release/2017/07/18/nearly-59-billion-in-world-bank-group-support-to-developing-countries-in-fiscal-year-2017.

196 http://www.worldbank.org/en/about/annual-report/roles-resources#IDA.

4. Dienstleistungen

Die *IDA* bietet Staaten im Wesentlichen dieselben Produkte und Dienstleistungen an, die auch bei der *IBRD* erhältlich sind.[197] Der einzige Unterschied ist die Zielgruppe, für die diese Leistungen offen stehen, nämlich die ärmsten Länder der Welt, die sich für die Leistungen der *IBRD* nicht qualifizieren.[198]

Die *IDA* stellt den weltweit größten Umfang an zinsgünstigen und zinslosen Darlehen.[199] Im Gegensatz zur *IBRD* erwirtschaftet die *IDA* keine materiellen Gewinne, was den darlehensnehmerfreundlichen Bedingungen geschuldet ist.[200] Diese orientieren sich an dem Gefährdungspotential, das die kreditnehmenden Mitgliedsstaaten mit sich bringen, dem Brutto-Pro-Kopf-Einkommen und ihrer Kreditwürdigkeit im Sinne des Systems der *IBRD*.[201] Darlehensnehmer, die einem hohen Überschuldungsrisiko ausgesetzt sind, erhalten 100 % der finanziellen Unterstützung in der Form von Zuschüssen; Darlehensnehmer mit einem mittleren Überschuldungsrisiko entsprechend 50 %.[202] Andere Kreditempfänger erhalten Kredite mit einer langen Laufzeit von 20 bis 40 Jahren zu einem Null- oder sehr geringen Zins.[203] Darüber hinaus beginnt die Rückzahlung der Darlehensraten erst nach 10 Jahren.[204] Die Kreditnehmer werden durch die Förderung mit Geldern der *IDA* mithin deutlich weniger stark belastet, als dies der Fall wäre, würde ein Kredit von der *IBRD* vergeben.[205]

---

197 http://www.worldbank.org/en/who-we-are/ibrd; vgl. auch http://www.worldbank.org/en/projects-operations/products-and-services#2 zu den verschiedenen Produkten der Bank samt Beschreibung.

198 http://www.worldbank.org/en/who-we-are/ibrd; vgl. auch http://www.worldbank.org/en/projects-operations/products-and-services#2 zu den verschiedenen Produkten der Bank samt Beschreibung.

199 *The World Bank*, A Guide to the World Bank, S. 68.

200 Art. I IDA-Articles of Agreement; Dann, Entwicklungsverwaltungsrecht, S. 159 f.

201 *The World Bank*, A Guide to the World Bank, S. 68; vgl. oben unter D.II.4.

202 *The World Bank*, A Guide to the World Bank, S. 68.

203 *The World Bank*, A Guide to the World Bank, S. 18, 68.

204 *The World Bank*, A Guide to the World Bank, S. 18.

205 Art. I IDA-Articles of Agreement; *Dann*, Entwicklungsverwaltungsrecht, S. 159.

IV. IFC

1. Historischer Hintergrund

1947 wurde *Robert Garner*, Senior Financial Executive bei der General Foods Corp., Vizepräsident der Weltbank.[206] Er hielt es für dringend notwendig, dass, neben der Vergabe von Krediten an Staaten, auch die Privatwirtschaft gefördert werden müsse, um in Entwicklungsländern Arbeitsplätze zu schaffen, die Produktion anzukurbeln und den dortigen Lebensstandard anzuheben.[207] Dies erfolgte zu einer Zeit, in der in Entwicklungs- und Schwellenländern selbst vielversprechende Geschäftsideen daran scheiterten, dass das notwendige Kapital für eine Neugründung oder Expansion nicht beschafft werden konnte.[208] Außerdem war die Ausbildung von Management-, technischen und industriellen Fähigkeiten unterentwickelt bis nicht existent.[209] Unternehmen aus Industrieländern fehlten Marktdaten hinsichtlich der sich in Entwicklungsländern bietenden Investitionspotentiale oder sie schreckten vor Investitionen wegen schwer abschätzbarer Risiken zurück.[210]

Die Weltbank wurde für das Vorhaben *Garners* als ungeeignet angesehen, da sie ihre Dienstleistungen nur gegenüber Staaten erbringt, sodass 1956 die *IFC* gegründet wurde.[211] Sie wurde mit eigenem Kapital und einer eigenen Organisation ausgestattet, aber der Weltbank angegliedert.[212] Die *IFC* sollte vor allem als Katalysator für die Entwicklung lokaler Privatwirtschaft dienen, ohne von staatlicher Unterstützung abhängig zu sein.[213] Das Mandat der *IFC* definiert die Bereitstellung von Investitionskapital und Beratungskapazität zum Aufbau und Weiterentwicklung eines Privatsektors in Entwicklungsländern.[214] So erfolgte die Vergabe des ersten Kredits in Höhe von 2 Millionen US-Dollar an eine brasilianische Tochtergesellschaft von Siemens, um die Herstellung von elektrischem Zubehör zu fördern.[215]

---

206 *IFC*, IFC the first six decades, S. 25.

207 *Blough*, International Organisation, Vol. 22, No. 1 (Winter 1968), S. 152 (154); IFC, IFC the first six decades, S. 25, 28; siehe auch *Richter*, CB 2015, S. 291 (292).

208 *IFC*, IFC the first six decades, S. 25.

209 Ebd.

210 Ebd.

211 *IFC*, IFC the first six decades, S. 17, 25.

212 *IFC*, IFC the first six decades, S. 28.

213 *IFC*, IFC the first six decades, S. 27.

214 *IFC*, IFC the first six decades, S. 17.

215 *IFC*, IFC the first six decades, S. 18.

Equity Investment und Kreditsyndizierung wurden kurzfristig nach Gründung der *IFC* zu ihrem Aufgabenspektrum hinzugefügt.[216] Den ersten syndizierten Vertrag mobilisierte die *IFC* aus einer Gruppe Banken für die Finanzierung eines brasilianischen Zellstoff- und Papierunternehmens.[217] Im Laufe der Zeit, vor allem vorangetrieben durch das Hinzutreten weiterer Mitglieder, erweiterte die *IFC* ihr Dienstleistungsportfolio weiter und bot nunmehr auch eine Bandbreite von Beratungsleistungen und einige Investmentvehikel[218] an.[219] Die *IFC* ist heute die führende global agierende Entwicklungsinstitution mit Fokus auf der Privatwirtschaft und sieht es als ihre Aufgabe an, mit ihren Kunden an Lösungen zu arbeiten, die staatlicherseits nicht angeboten werden.[220] So versteht sich die *IFC*, wie auch ihr Name *International Finance Corporation* zeigt, vor allem als Unternehmen und weniger als öffentliche Institution.[221] Die *IFC* zählt heute 184 Staaten zu ihren Mitgliedern.[222]

2. Ziele

Gleichlaufend zu den bereits genannten Institutionen liegt auch der *IFC* ein Gründungsdokument, die *Articles of Agreement*, zugrunde. Deren Art. 1 legt folgenden Zweck für die Institution nieder:

> *„The purpose of the Corporation is to further economic development by encouraging the growth of productive private enterprise in member countries, particularly in the less developed areas, thus supplementing the activities of the International Bank for Reconstruction and Development (hereinafter called the Bank). In carrying out this purpose, the Corporation shall:*
>
> *(i) in association with private investors, assist in financing the establishment, improvement and expansion of productive private enterprises which would contribute to the development of its member countries by making investments, without guarantee of repayment by*

216 *IFC*, IFC the first six decades, S. 17.
217 *IFC*, IFC the first six decades, S. 18.
218 Die *IFC* hat sich über 80 Private-Equity-Fonds mit 3 Milliarden US-Dollar an Unternehmen beteiligt, vgl. http://www.ifc.org/wps/wcm/connect/Industry_EXT_Content/IFC_External_Corporate_Site/Industries/Financial+Markets/Private+Equity+Funds/
.
219 *IFC*, IFC the first six decades, S. 17.
220 Ebd.
221 *IFC*, IFC the first six decades, S. 27.
222 http://www.ifc.org/wps/wcm/connect/corp_ext_content/ifc_external_corporate_site/about+ifc_new/IFC+Governance.

the member government concerned, in cases where sufficient private capital is not available on reasonable terms;

(ii) seek to bring together investment opportunities, domestic and foreign private capital, and experienced management; and

(iii) seek to stimulate, and to help create conditions conducive to the flow of private capital, domestic and foreign, into productive investment in member countries."

Die zitierten Teile der *Articles of Agreement* betonen die unterstützende Rolle für die Tätigkeit der *IBRD*. Im Falle der *IFC* ist diese gerichtet auf Investitionstätigkeiten im Zusammenhang mit dem Privatsektor und damit losgelöst von staatlichen Parametern. Das bedeutet, dass die Mittel der *IFC* direkt an Private vergeben werden. Dies steht in starkem Kontrast zur Vorgehensweise der *IBRD/IDA*, die Gelder zunächst an die Mitgliedsstaaten ausschütten, welche sodann die Vergabe der Projekte verantworten.

3. Finanzierung

Die *IFC* finanziert ihre Projekte einerseits über das von ihren Anteilseignern[223] eingezahlte Grundkapital.[224] Andererseits macht sie Gewinne, indem sie marktübliche Preise für ihre Dienstleistungen aufruft und keine, oftmals stark risikobehaftete, Sicherheiten von Regierungen akzeptiert.[225] Daher überprüft die *IFC* jedes neue Projekt auf seine Rentabilität.[226] Außerdem konnte die *IFC* aufgrund starken Rückhalts seitens der Anteilseigner, des AAA-Ratings[227] und dem von den Mitgliedern eingezahlten Kapital zu günstigen Konditionen Mittel auf den internationalen Finanzmärkten generieren.[228] Weitere Investments erfolgen durch den Erwerb von Kapitalbeteiligungen an Unternehmen, anderen Projektgesellschaften, Finanzinstituten, Portfolio- und Private-Equity-Fonds.[229]

---

223 Dies sind ihre Mitgliedsstaaten. Vgl. zum Stimmgewicht der einzelnen Staaten, welches sich am jeweiligen gezeichneten Eigenkapital eines Staates orientiert, https://finances.worldbank.org/Shareholder-Equity/IFC-Subscriptions-and-Voting-Power-of-Member-Count/gsdw-avpz/data.

224 *The World Bank*, A Guide to the World Bank, S. 68.

225 *The World Bank*, A Guide to the World Bank, S. 23.

226 Ebd.

227 http://treasury.worldbank.org/cmd/pdf/Moodys_IBRD_Report_2017.pdf.

228 *The World Bank*, A Guide to the World Bank, S. 73.

229 *The World Bank*, A Guide to the World Bank, S. 79.

Im Geschäftsjahr 2016 brachte die *IFC* Langzeitfinanzierungen in Höhe von insgesamt 11,9 Milliarden US-Dollar auf.[230]

4. Dienstleistungen

Der größte Unterschied zwischen der *World Bank (IBRD* und *IDA)* zur *IFC* ist, dass letztere direkt an Unternehmen Darlehen vergeben kann.[231] *IBRD* und *IDA* werden hieran durch ihre *Articles of Agreement* gehindert.[232] Sie dürfen Darlehen nur direkt an Regierungen vergeben.[233]

Die *IFC* konzentriert sich auf die Förderung von Wachstum im Privatsektor, indem sie Anreize für Investitionen durch Private setzt. Hierzu bietet die *IFC* Investment- und Beratungsdienstleistungen sowie Assetmanagement an.[234] Mit Eigenkapitalfinanzierung, Langzeitdarlehen, syndizierten Darlehen, Darlehensgarantien, strukturierten Finanzprodukten, Risikomanagementprodukten und Beratungsleistungen, etwa hinsichtlich des Zugangs zu Finanzmärkten etc., versorgt die *IFC* Unternehmen in Regionen und Staaten mit schlechter Bonität.[235] Dabei finanziert die *IFC* Privatinvestitionen, mobilisiert Gelder auf internationalen Finanzmärkten, berät Unternehmen und Regierungen, um so Arbeitsplätze und Steuereinnahmen zu schaffen sowie Corporate Governance und umweltfreundliches Verhalten zu fördern.[236] Interessant ist dabei der Ansatz, kommerziellen Banken anzubieten, über die *IFC* Darlehen an von ihr geförderte Projekte zu vergeben.[237] So werden Projekte gefördert, die ohne den Einfluss der *IFC* möglicherweise für „normale" Banken auf den ersten Blick nicht interessant gewesen wären.[238] Letztlich soll durch sämtliche Leistungen, die die *IFC* anbietet, das Leben in den einzelnen örtlichen Gemeinschaften verbessert werden.[239]

IFC-geförderte Projekte finden sich in diversen Industrien,wie Tourismus, Gesundheit, Infrastruktur etc. wieder, allerdings machen Investitionen im

230 http://www.worldbank.org/en/news/press-release/2017/07/18/nearly-59-billion-in-world-bank-group-support-to-developing-countries-in-fiscal-year-2017.

231 *The World Bank*, A Guide to the World Bank, S. 22.

232 Ebd.

233 Ebd.

234 *The World Bank*, A Guide to the World Bank, S. 21 f.

235 *Richter*, CB 2015, S. 291 (292); The World Bank, A Guide to the World Bank, S. 22.

236 *The World Bank*, A Guide to the World Bank, S. 22, 68.

237 *The World Bank*, A Guide to the World Bank, S. 24.

238 Ebd.

239 *The World Bank*, A Guide to the World Bank, S. 22.

Finanzdienstleistungssektor den größten Teil ihrer Tätigkeit aus.[240] In diesem Rahmen fördert die *IFC* nicht nur Banken, sondern beispielsweise auch Börsen, Kreditratingagenturen und Venture-Capital-Fonds.[241] Die *IFC* erbringt keine der genannten Dienstleistungen gegenüber Einzelunternehmern, Kleinst-, kleinen oder mittleren Unternehmen, sondern nur gegenüber größeren Einheiten.[242] Diese Vergabe von Krediten und die Erbringung sonstiger Dienstleistungen gegenüber solchen kleineren Kunden übernehmen allerdings einige Finanzmittler, die selbst größere Kunden der *IFC* sind.[243] Insgesamt ist die *IFC* im Geschäftsjahr 2016 Verbindlichkeiten in Höhe von 11,1 Milliarden US-Dollar eingegangen.[244]

V. MIGA

1. Historischer Hintergrund

Die Gründung der *MIGA* im Jahre 1988 basierte auf der Idee, dass man eine Institution benötigt, die Investitionen gegen politische Risiken versichert.[245] Das Vakuum, das aufgrund des nicht funktionierenden Versicherungsmarkts in Entwicklungsländern bestand, galt es durch die *MIGA* auszufüllen. Dies sollte den Fluss von Kapital und Technologie in Entwicklungsländer zu Bedingungen, die zu den Entwicklungsbedürfnissen, Zielen und der Politik solcher Länder passen, fördern.[246] Gleichzeitig sollten ausländische Investitionen durch faire und stabile Standards gesichert werden.[247] Hierzu komplettiert die *MIGA* öffentlichen und privaten Investmentschutz, indem sie privatwirtschaftliche Direktinvestitionen in Entwicklungsländer durch Garantien[248] gegen nichtkommerzielle (politische) Risiken absichert.[249] Letztlich gleicht die Institution Risiken, die aus einem

---

240 *The World Bank*, A Guide to the World Bank, S. 23.

241 Ebd.

242 Ebd.

243 Ebd.

244 http://www.worldbank.org/en/about/annual-report/wbg-summary-results.

245 https://www.miga.org/who-we-are/history/.

246 https://www.miga.org/who-we-are/history/.

247 Ebd.

248 Bürgen sind die Mitglieder der *MIGA*, vgl. https://www.miga.org/who-we-are/overview/. Ihr Stimmgewicht bemisst sich nach dem jeweils gezeichneten Eigenkapital, vgl. https://finances.worldbank.org/Shareholder-Equity/MIGA-Subscriptions-and-Voting-Power-of-Member-Coun/8rpb-qxnj.

249 https://www.miga.org/who-we-are/history/.

schwierigen Umfeld in Entwicklungsländern resultieren, durch die Gewährung von Sicherheiten aus und macht so diese Entwicklungsmärkte attraktiver für Investoren.[250]

Der Fokus der *MIGA* liegt dabei auf solchen Ländern, in denen die Unterstützung seitens *MIGA* erhebliche Unterschiede zu vollbringen vermag. Sie arbeitet deshalb vor allem in armen, fragilen und konfliktbehafteten Staaten.[251] Bevorzugt werden Garantien für Großprojekte, die ein hohes Potential an Veränderung mit sich bringen, sowie für komplexe Energie-, Infrastruktur- und Verkehrsprojekte – insbesondere solche, die einen positiven Einfluss auf den Umweltschutz haben – gewährt.[252]

Ähnlich wie bei den anderen Institutionen, die Teil der WBG sind, haben auch bei der *MIGA* nahezu alle Staaten der Welt eine Mitgliedschaft inne.[253]

2. Ziele

Die Gründung der *MIGA* erfolgte nach Art. 2 *Convention Establishing the Multilateral Investment Guarantee Agency* mit dem Auftrag:

> *„[...] to encourage the flow of investments for productive purposes among member countries, and in particular to developing member countries, thus supplementing the activities of the International Bank for Reconstruction and Development (hereinafter referred to as the Bank), the International Finance Corporation and other international development finance institutions.*

To serve its objective, the Agency shall:

> *(a) issue guarantees, including coinsurance and reinsurance, against non-commercial risks in respect of investments in a member country which flow from other member countries;*
>
> *(b) carry out appropriate complementary activities to promote the flow of investments to and among developing member countries; and*
>
> *(c) exercise such other incidental powers as shall be necessary or desirable in the furtherance of its objective.“*

Hiermit wird die Vervollständigung der Tätigkeit der *IBRD* und *IFC* durch die Förderung von Investitionsflüssen zwischen den Mitgliedsstaaten durch die

250 https://www.miga.org/who-we-are/overview/.

251 Ebd.

252 Ebd.

253 Heute sind dies 181 Mitgliedsstaaten, vgl. https://www.miga.org/Pages/Who%20We%20Are/MIGA-Member-Countries.aspx.

MIGA beschrieben. Diese sollen insbesondere in Entwicklungsländer fließen. Außerdem wird die Art der zu leistenden Garantien festgeschrieben.

3. Finanzierung

Die *MIGA* wird durch Grundkapital, welches durch seine Mitglieder eingezahlt wird, finanziert.[254] Darüber hinaus berechnet sie Prämien für die ausgegebenen Garantien.[255] Im Geschäftsjahr 2017 wurden Garantien im Wert von 4,8 Milliarden US-Dollar ausgegeben.[256]

4. Dienstleistungen

Die *MIGA* bietet Versicherungen gegen nichtkommerzielle, politische Risiken an und treibt damit direkte Investitionen aus dem Ausland voran.[257] Risiken bestehen in Entwicklungsländern beispielsweise in Verlusten durch Währungsinkonvertibilität, Transferbeschränkungen, Enteignungen, Krieg, zivile Unruhen (Bürgerkriege, Terrorismus etc.), Vertragsverletzungen durch Regierungen sowie die Nichterbringung finanzieller Verpflichtungen.[258] Das Angebot der *MIGA* richtet sich an Investoren aus den Mitgliedsstaaten, die in Entwicklungsländer investieren, welche ebenfalls Mitgliedsstaaten der Organisation sind.[259] Das Versicherungsmodell der *MIGA* sieht dabei vor, dass sie keine Risiken alleine trägt, sondern auch kommerzielle Versicherungsgesellschaften an den jeweiligen Projekten beteiligt werden, welche im Haftungsfall ihren Anteil tragen.[260]

In Fällen von Gefährdungen von Investitionen durch Regierungen hat die *MIGA*, durch ihre Zugehörigkeit zur WBG, entsprechend wirkungsvolle Möglichkeiten, um auf den jeweiligen Mitgliedsstaat einzuwirken und so zu einer für beide Parteien verträglichen Lösung zu gelangen.[261] Dies ist ein wichtiger Wirkmechanismus der Tätigkeit der *MIGA*, der wegen der Verminderung von Schadensfällen erheblich zur Attraktivität ihres Geschäftsmodells beiträgt.

---

254 *The World Bank*, A Guide to the World Bank, S. 68.

255 *The World Bank*, A Guide to the World Bank, S. 73.

256 http://www.worldbank.org/en/news/press-release/2017/07/18/nearly-59-billion-in-world-bank-group-support-to-developing-countries-in-fiscal-year-2017.

257 *The World Bank*, A Guide to the World Bank, S. 25; https://www.miga.org/who-we-are.

258 *The World Bank*, A Guide to the World Bank, S. 25.

259 Ebd.

260 *Eichler*, Struktur und Reformanstrengungen der Weltbank, S. 14.

261 *The World Bank*, A Guide to the World Bank, S. 27.

VI. ICSID

1. Hintergrund

Das *ICSID* ist ein Schiedsgericht, das sich mit der Schlichtung internationaler Investmentstreitigkeiten befasst.[262] Das Gericht kann von seinen 153 Mitgliedsstaaten[263] sowie von Einzelpersonen mit der Nationalität eines Mitgliedsstaates angerufen werden.[264]

2. Ziele

Das *ICSID* wurde, Chapt. 1, Sect. 1, Art. 1 (2) *ICSID Convention on the Settlement of Investment Disputes* zufolge, mit folgendem Ziel etabliert:

> *„[...] to provide facilities for conciliation and arbitration of investment disputes between Contracting States and nationals of other Contracting States in accordance with the provisions of this Convention."*

Durch das Vorhalten eines internationalen Schiedsgerichts für Investmentstreitigkeiten trägt die Institution zur Attraktivität von Investitionen in Entwicklungs- und Schwellenländern bei.[265] Schließlich wird so eine unabhängige Institution geschaffen, der sowohl Investoren als auch die Mitgliedsstaaten vertrauen.[266] Dies hat zur Folge, dass vor dem *ICSID* der überwiegende Anteil internationaler Investmentstreitigkeiten verhandelt wird.[267]

3. Arbeitsweise

Das *ICSID* hält drei verschiedene Arten von Schiedsgerichten vor. Zum einen gibt es ein Gericht, das sich mit Streitigkeiten zwischen Mitgliedsstaaten des *ICSID* und Individuen, die ebenfalls einem Mitgliedsstaat zugehörig sind, befasst.[268] Zum anderen existiert ein Gericht für solche Streitigkeiten, in denen eine der Parteien kein Mitgliedsstaat oder kein Angehöriger eines Mitgliedsstaates ist.[269]

---

262 https://icsid.worldbank.org/en/Pages/about/ICSID%20And%20The%20World%20Bank%20Group.aspx.

263 http://www.worldbank.org/en/about/leadership/members#5.

264 https://icsid.worldbank.org/en/Pages/about/Member-States.aspx.

265 *The World Bank*, A Guide to the World Bank, S. 27.

266 Ebd.

267 https://icsid.worldbank.org/en/Pages/resources/ICSID-Caseload-Statistics.aspx.

268 *The World Bank*, A Guide to the World Bank, S. 28.

269 Ebd.

Darüber hinaus bietet das *ICSID* an, für sogenannte *ad hoc arbitration* (Schiedsgerichtsverfahren, die von keiner festen Institution wie bspw. dem *International Chamber of Commerce [„ICC“]* laufen) Schiedsrichterinnen und Schiedsrichter zu ernennen.[270] Dies erfolgt in der Regel im Zusammenhang mit den Schiedsordnungen der UN-Kommission für internationales Handelsrecht *(UNCITRAL)*.[271] Im Jahre 2017 wurden 53 Verfahren, die dem Regelwerk der *ICSID*-Konvention unterlagen, sowie 13 Verfahren, die durch ein anderes Regime geregelt werden (acht Verfahren lag die *UNCITRAL* Schiedsordnung zugrunde), vor dem *ICSID* angemeldet.[272]

4. Finanzierung

Die Kosten dieses Schiedsgerichts trägt grundsätzlich die WBG, wobei die jeweils streitenden Parteien die Kosten der Einzelverfahren tragen.[273]

VII. Rechtliche Einordnung

1. Rechtliche Eigenständigkeit der Organisationen und institutionelle Struktur

Alle fünf Organisationen der WBG sind rechtlich eigenständige Internationale Organisationen und Subjekte des Völkerrechts, denen jeweils ein eigener völkerrechtlicher Gründungsvertrag zugrunde liegt (*Articles of Agreement* oder ein vergleichbares Dokument).[274] Diese Verträge legen den Zweck der Organisationen, Mitgliedschafts- und Beitragsregeln sowie die wesentlichen Leitlinien und organisatorischen Strukturen fest.[275] Aus ihnen geht außerdem hervor, dass die Institutionen der WBG sowie ihre Mitarbeiterinnen und Mitarbeiter Immunität genießen.[276]

---

270 *The World Bank*, A Guide to the World Bank, S. 29.

271 Ebd.

272 *ICSID*, The ICSID Caseload-Statistics, Issue 2018-1, S. 7, 24.

273 *The World Bank*, A Guide to the World Bank, S. 73.

274 *Dann*, Entwicklungsverwaltungsrecht, S. 157, 244; *The World Bank*, A Guide to the World Bank, S. 7, 27; *Richter*, CB 2015, S. 291 (293).

275 *Dann*, Entwicklungsverwaltungsrecht, S. 163.

276 Vgl. die Bestimmungen unter Art. VII, Sect. 3 IBRD-Articles of Agreement sowie Supreme Court of Canada, World Bank Group v. Wallace, 2016 SCC 15, [2016] 1 S.C.R. S. 207 (209).

Die Unabhängigkeit der Institutionen geht auch aus ihrer unterschiedlichen Mitgliederstruktur hervor. So hat die *IBRD* 189 Mitgliedsstaaten, *IDA* hingegen 173, *IFC* 184, *MIGA* 181 und das *ICSID* 153.[277] Allerdings sind sie institutionell stark verbunden. So halten teilweise die Vertreter der Mitgliedsstaaten mehrere Gouverneursämter in verschiedenen Institutionen.[278] Es gibt darüber hinaus nur einen Präsidenten für alle Organisationen der WBG.[279]

Die Mitgliedsstaaten haben eine bestimmende Rolle.[280] Ihnen gehören die Organisationen, aus denen die WBG besteht.[281] Deshalb kommt den Regierungen die Letztentscheidungsbefugnis in Bezug auf jegliche Angelegenheiten zu.[282] Dies wird praktisch derart umgesetzt, dass jeder Mitgliedsstaat im Gouverneursrat *(Board of Governors)* der jeweiligen Organisation durch einen Vertreter, meist einen Regierungsbeamten auf Ministerialebene oder den Chef der jeweiligen Zentralbank, repräsentiert ist.[283] Der Gouverneursrat tritt jährlich einmal zusammen und gibt die maßgeblichen Richtlinien vor.[284] Außerdem entscheiden die Gouverneure darüber, ob Mitgliedsstaaten zugelassen oder ausgeschlossen werden, beraten über Jahresabschlüsse und Haushalte, schaffen formelle Voraussetzungen, um mit anderen internationalen Organisationen zusammenzuarbeiten und üben Kompetenzen aus, die sie nicht an die Institutionen abgegeben haben.[285]

Sofern ein Staat sowohl Mitglied der *IBRD* als auch der *IDA* und/oder *IFC* ist, übt der ausgewählte Vertreter sein Amt auch in den Gouverneursräten dieser Institutionen aus.[286] *MIGA* verfügt über einen unabhängigen Gouverneursrat *(Council of Governors)*.[287] Dessen Ämter werden separat besetzt.[288] Bei dem

---

277 Stand 02/2018, vgl. http://www.worldbank.org/en/about/leadership/members#2.

278 Art. VI, Sect. 2 (b), Sect. 4 (b), Sect. 5 (a) IDA-Articles of Agreement; *Dann*, Entwicklungsverwaltungsrecht, S. 157.

279 *Dann*, Entwicklungsverwaltungsrecht, S. 158.

280 *Dann*, Entwicklungsverwaltungsrecht, S. 158; *The World Bank*, A Guide to the World Bank, S. 3.

281 http://www.worldbank.org/en/about/leadership/members.

282 http://www.worldbank.org/en/about/leadership/members.

283 Art. V, Sect. 2 (a) IBRD-Articles of Agreement; *Dann*, Entwicklungsverwaltungsrecht, S. 158; http://www.worldbank.org/en/about/leadership/members; *The World Bank*, A Guide to the World Bank, S. 7.

284 *The World Bank*, A Guide to the World Bank, S. 7.

285 *The World Bank*, A Guide to the World Bank, S. 8.

286 *Engelhardt*, Dealing with fragile states, S. 139; *The World Bank*, A Guide to the World Bank, S. 8.

287 *The World Bank*, A Guide to the World Bank, S. 8.

288 Ebd.

ICSID wird ein Verwaltungsrat *(Administrative Council)* eingesetzt.[289] Sofern keine anderweitige Regelung erfolgt, sitzt derjenige Vertreter, der in den Gouverneursrat der *IBRD* entsandt wurde, auch im Verwaltungsrat des *ICSID*.[290]

Das Tagesgeschäft[291] der *IBRD* wird auf 25 Exekutivdirektorinnen und -direktoren *(Board of Directors)* übertragen, die insofern als Stellvertreterinnen und Stellvertreter des Gouverneursrates fungieren.[292] Diese Vertreter sind gleichzeitig die Exekutivdirektoren in den *Board of Directors* von *IDA* und *IFC*.[293] In der Regel gilt Gleiches für *MIGA*, auch wenn die dortigen Exekutivdirektoren separat gewählt werden.[294] Das *ICSID* verfügt über kein *Board of Directors*.[295]

Das Recht, einen eigenen Exekutivdirektor bestimmen zu dürfen, kommt den fünf größten Anteilseignern USA, Japan, Deutschland, Frankreich und dem Vereinigten Königreich zu.[296] Die übrigen Mitgliedsstaaten wählen jeweils aus Gruppen heraus einen Vertreter.[297] Die Gruppen bilden sich nach regionalen, kulturellen und politischen Aspekten.[298]

Die Exekutivdirektoren beraten über die Politik der WBG wöchentlich mindestens zweimal an deren Sitz in Washington, D.C. und üben so erhebliche Entscheidungsmacht über jeden Finanzierungsvorschlag sowie hinsichtlich bankinterner Regeln aus.[299] Der Präsident soll diese Sitzungen unter Einbeziehung der Exekutivdirektoren grundsätzlich nur leiten, wobei er faktisch auch inhaltlich eine starke Stellung innehält.[300] Schließlich ist der Präsident

---

289 Ebd.

290 Ebd.

291 *Engelhardt*, Dealing with fragile states, S. 139; vgl. zum Rahmen der Entscheidungskompetenz Art. V, Sect. 2 (b), Sect. 4 (a) IBRD-Articles of Agreement; Art. VI, Sect. 4 (a) IDA-Articles of Agreement.

292 *Dann*, Entwicklungsverwaltungsrecht, S. 158; für eine aktuelle Auflistung der Exekutivdirektoren siehe: http://siteresources.worldbank.org/BODINT/Resources/278027-1215526322295/BankExecutiveDirectors.pdf.

293 *The World Bank*, A Guide to the World Bank, S. 8.

294 Ebd.

295 Ebd.

296 *The World Bank*, A Guide to the World Bank, S. 9.

297 Ebd.

298 Ebd.

299 *Dann*, Entwicklungsverwaltungsrecht, S. 158; *ders.*, Archiv des Völkerrechts, 44. Bd., No. 4 (Dezember 2006), S. 381 (388); *The World Bank*, A Guide to the World Bank, S. 9.

300 *Dann*, Entwicklungsverwaltungsrecht, S. 158.

Vorsitzender aller vier Aufsichtsräte sowie des Verwaltungsrates des *ICSID*.[301] So bestimmt er die organisatorische und personelle Aufstellung der WBG und nimmt an den Sitzungen der *Board of Directors*, wenn auch ohne Stimmrecht, teil.[302] Der Präsident wird von den Exekutivdirektoren für jeweils fünf Jahre gewählt, wobei mehrere Amtsperioden abgeleistet werden können.[303] Es ist bemerkenswert, dass die ehemaligen Präsidenten im Laufe der Jahre Ungenauigkeiten und Lücken der *Articles of Agreement* genutzt haben, um das Amt des Präsidenten mit weitergreifenden politischen Befugnissen zu versehen.[304]

Neben den Aufgaben als Exekutivdirektor ist jeder Vertreter auch Mitglied in einem weiteren ständigen Ausschuss – etwa im Prüfungsausschuss, Haushaltsausschuss, im Ausschuss für effektive Entwicklungsarbeit, Personalwesen oder im Ausschuss für Governance und administrative Angelegenheiten.[305]

Die Entscheidungen der Vorstandsgremien werden in der Regel im Einvernehmen getroffen.[306] Sofern eine solche Einigung nicht möglich ist, entscheidet die Mehrheit, wobei sich das Gewicht der einzelnen Stimmen nach den Anteilen, die die jeweilige Wählergruppe ausmacht, bestimmt.[307]

Über die Treffen des Gouverneursrates der jeweiligen Institution sowie der Exekutivdirektoren hinaus gibt es ein gemeinsames jährliches Treffen sämtlicher Gouverneursräte der WBG, des Verwaltungsrates des *ICSID* und dem IWF.[308] Dort werden diverse Themen mit Bezug zu Armutsbekämpfung, internationaler Wirtschaftsentwicklung und Finanzen besprochen.[309] Sinn und Zweck der gemeinsamen Treffen ist es, ein Forum für internationale Zusammenarbeit zu schaffen und sich darüber abzustimmen, wie die Unterstützung der Mitgliedsstaaten von IWF und der WBG zu verbessern ist.[310]

---

301 *The World Bank*, A Guide to the World Bank, S. 9.

302 *Dann*, Entwicklungsverwaltungsrecht, S. 158; *The World Bank*, A Guide to the World Bank, S. 9.

303 *The World Bank*, A Guide to the World Bank, S. 9.

304 *Dann*, Entwicklungsverwaltungsrecht, S. 158.

305 *The World Bank*, A Guide to the World Bank, S. 9.

306 Ebd.

307 *The World Bank*, A Guide to the World Bank, S. 9. Siehe hierzu ebendort das Diagramm mit Prozentangaben auf S. 10: USA 16,06 %, Japan 9,54 %, Deutschland 4,40 %, Frankreich 4,22 %, Vereinigtes Königreich 4,22 %, Andere 61,56 %.

308 *The World Bank*, A Guide to the World Bank, S. 8.

309 *The World Bank*, A Guide to the World Bank, S. 48.

310 Ebd.

2. Beziehung zu IWF und VN

Für die Einordnung der WBG in das Gefüge internationaler Organisationen ist die Ausgestaltung ihrer Beziehungen zu IWF und den VN von Relevanz.

a) IWF

Der IWF wurde auf der gleichen Konferenz in Bretton Woods, aus der 1944 auch die Gründung der Weltbank beschlossen wurde, ins Leben gerufen.[311] Man nennt sie daher auch die *Bretton Woods Institutions*.[312] Der IWF sollte zunächst den gleichen Zielen dienen wie auch die Weltbank, also die Weltwirtschaft nach den Ereignissen des Zweiten Weltkrieges ankurbeln.[313] Seit der formellen Gründung der beiden Institutionen im Jahre 1945 arbeiten sie eng zusammen.[314] Dies zeigt sich beispielsweise darin, dass ein Staat nur dann Mitglied einer Einrichtung der WBG werden kann, wenn er bereits eine Mitgliedschaft beim IWF innehält.[315]

Trotz oder gerade wegen der engen Verbundenheit von IWF und der WBG unterscheiden sie sich in ihren Vorgehensweisen erheblich. So besteht die Zielgruppe der WBG vor allem aus Schwellen- und Entwicklungsländern, diejenige des IWF aus sämtlichen Mitgliedern, unabhängig von deren wirtschaftlichen Status.[316] Außerdem vergibt der IWF Kredite, um kurzfristige wirtschaftliche Probleme zu lösen und seinen Kreditnehmern so Zeit für tiefergreifende Maßnahmen, die die ökonomische Lage dauerhaft verbessern sollen, zu verschaffen.[317] Demgegenüber fokussiert sich die WBG primär auf Strukturprojekte, die langfristig Einfluss auf die wirtschaftliche Entwicklung eines Landes nehmen.[318]

Eine wichtige Schnittstelle zwischen IWF und WBG ist der Entwicklungsausschuss *(Development Committee)*. Der Ausschuss ist ein Forum, in dem staatenübergreifend Lösungsansätze für Entwicklungsfragen diskutiert und entwickelt werden.[319] Seine Aufgabe ist es, die Gouverneursräte über drängende

311 *The World Bank*, A Guide to the World Bank, S. 46.
312 *The World Bank*, A Guide to the World Bank, S. 47.
313 *The World Bank*, A Guide to the World Bank, S. 46.
314 *The World Bank*, A Guide to the World Bank, S. 47.
315 Ebd.
316 *The World Bank*, A Guide to the World Bank, S. 47.
317 Ebd.
318 Ebd.
319 Dieser ist seit 1974 tätig, vgl. *The World Bank*, A Guide to the World Bank, S. 47 f.

Entwicklungsfragen zu informieren, zu beraten und eine mögliche Finanzierung von Lösungen vorzuschlagen.[320]

Ein weiteres gemeinschaftliches Instrument von IWF und WBG stellen die Jahres- und Frühjahrstagungen dar. In deren Rahmen treffen sich die Gouverneursräte der Institutionen der WBG und des IWF und diskutieren beispielsweise, wie Armutsbekämpfung und internationale Wirtschaftsförderung vorangetrieben sowie die Finanzierung dieser Vorhaben bewerkstelligt werden kann.[321] Diese Treffen bilden ferner eine wichtige Schnittstelle für den Austausch von IWF- und WBG-Mitarbeitern sowie Regierungsvertretern mit Organisationen der Zivilgesellschaft, Repräsentanten der Privatwirtschaft und der Presse.[322]

b) Vereinte Nationen

Die Zusammenarbeit mit den VN geht auf ein Übereinkommen von 1947 zurück, welches die Weltbank (mittlerweile die WBG)[323] als Sonderorganisation innerhalb des VN-Systems im Sinne von Art. 57, 63 der Charta der VN einordnet *(Independent Specialized Agency of the UN System)*.[324] Gleichzeitig werden die Institutionen der WBG aber als unabhängige Internationale Organisationen anerkannt.[325] Die WBG verfügt über eigene Mandate und interne Strukturen sowie Unabhängigkeit in ihrem operationellen Geschäft.[326] Die WBG hält im Rahmen ihrer Partnerschaft mit der VN einen Beobachterstatus und nimmt an Sitzungen der Generalversammlung, des Sicherheitsrats und des Wirtschafts- und Sozialrats teil, wenn auch kein Stimmrecht besteht.[327]

Die WBG spielt eine wichtige Rolle für zahlreiche Projekte der VN, wie beispielsweise die *International Conference on Financing for Development* und den *World Summit on Sustainable Development*.[328] Darüber hinaus stellt die WBG den VN Daten bezüglich nationaler Herausforderungen zur Verfügung und erteilt politische Empfehlungen.[329] Außerdem arbeitet die WBG mit anderen

---

320 *The World Bank*, A Guide to the World Bank, S. 48.

321 Ebd.

322 *The World Bank*, A Guide to the World Bank, S. 48.

323 *The World Bank*, A Guide to the World Bank, S. 49.

324 *Eichler*, Struktur und Reformanstrengungen der Weltbank, S. 7.

325 *The World Bank Group*, Working Together for Development, S. 4; *The World Bank*, A Guide to the World Bank, S. 46, 49.

326 *The World Bank Group*, Working Together for Development, S. 4.

327 Ebd.

328 *The World Bank*, A Guide to the World Bank, S. 49.

329 Ebd.

VN-Fonds und Programmen zusammen, um Reformprogramme, Hilfeleistungen und Projekte abzustimmen. [330] Sie nimmt an den meisten globalen Konferenzen der VN teil, wobei sie sich insbesondere aktiv an der Nachbereitung auf Staatenebene beteiligt.[331]

VIII. Investitionsschutz

Der WBG kommt aufgrund von Bestimmungen in den *Articles of Agreement* der zugehörigen Institutionen eine treuhänderische Pflicht in Bezug auf die ausgegebenen Finanzmittel zu.[332] So gebieten Art. III, Sect. 5 (b) *IBRD Articles of Agreement* sowie Art. V, Sect. 1 (g) *IDA Articles of Agreement*, dass die jeweilige Institution sicherstellen muss, dass die gewährten Finanzhilfen allein zu den Zwecken genutzt werden, aufgrund derer sie gewährt wurden.[333] Wörtlich heißt es:

> *„The Bank [IBRD] shall make arrangements to ensure that the proceeds of any loan are used only for the purposes for which the loan was granted, with due attention to considerations of economy and efficiency and without regard to political or other non-economic influences or considerations“,*

beziehungsweise

> *„The Association [IDA] shall make arrangements to ensure that the proceeds of any financing are used only for the purposes for which the financing was provided, with due attention to considerations of economy, efficiency and competitive international trade and without regard to political or other non-economic influences or considerations.“*

---

330 Ebd.

331 Ebd.

332 *Zimmermann/Fariello* in: Travers, Serious Economic Crime, S. 65 (66); *Søreide/Gröning/Wandall*, Chicago Journal of International Law, Vol. 16, No. 2 (2016), S. 525 (529); *Dubois*, Litigation, Vol. 39, No. 1, Good Deeds (Winter 2013), S. 38 (39); *Fariello/Bo* in: Wouters/Ninio/Doherty/Cissé, The World Bank Legal Review Vol. 6, S. 416; *Boisson de Chazournes/Fromageau,* The European Journal of International Law, Vol. 23 No. 4 (2012), S. 963 (968).

333 Vgl. *Canni*, Public Contract Law Journal, Vol. 40, No.1 (Fall 2010), S. 147 (151); *Baghir-Zada*, Debarment as an Anti-Corruption Tool, S. 77; *Søreide/Gröning/Wandall*, Chicago Journal of International Law, Vol. 16, No. 2 (2016), S. 525 (528). In den Articles of Agreement der *IFC* bzw. in der *Convention Establishing the Multilateral Investment Guarantee Agency (MIGA)* findet sich kein ausdrücklicher Hinweis in diesem Sinne. Allerdings belegt die Existenz des Sanktionssystems im System von *IFC* und *MIGA*, dass auch insofern Gelder geschützt werden sollen.

Letztlich resultiert diese Pflicht daraus, dass die WBG Förderungen seitens entwickelter Staaten erhält, um diese an Schwellen- und Entwicklungsländer weiterzuleiten und dort wirtschaftlichen Aufschwung voranzutreiben.[334] Dieser Auftrag beinhaltet die Kontrolle der Verwendung der von den wohlhabenderen Mitgliedsstaaten zur Verfügung gestellten Mittel.[335] Schließlich müssen die Regierungen von Industriestaaten ihrer Bevölkerung Rechenschaft darüber ablegen, wie mit staatlichen Geldern umgegangen wird.[336] Die Verankerung der treuhänderischen Pflichten der WBG in den *Articles of Agreement* bildet gleichzeitig die Rechtsgrundlage des Sanktionsregimes.[337]

Diesen Auftrag bemüht sich die WBG unter anderem dadurch zu erfüllen, dass sie Statute etabliert, die unlauteren Geschäftspraktiken entgegenwirken sollen. Zum einen unterliegen alle Verträge, die Gelder für Güter oder Dienstleistungen bereitstellen, der Kontrolle durch die *Procurement-*, *Consultant-* und *Anti-Corruption Guidelines.*[338] Diese Richtlinien werden in Kreditvereinbarungen mit den darlehensnehmenden Mitgliedstaaten einbezogen und unterwerfen sie dem Sanktionsprozess.[339] Zum anderen ist die Implementierung von *Sanctions Procedures* in die Verträge mit Darlehensnehmern schlussendlich Ausfluss der genannten treuhänderischen Pflichten.[340] Das Sanktionsverfahren

---

334 *Søreide/Gröning/Wandall*, *Chicago* Journal of International Law, Vol. 16, No. 2 (2016), S. 525 (529).

335 *Majtan*, The George Washington International Law Review, Vol. 45, No. 2 (2013), S. 291 (323); *Søreide/Gröning/Wandall*, Chicago Journal of International Law, Vol. 16, No. 2 (2016), S. 525 (529).

336 *Dann*, Archiv des Völkerrechts, 44. Bd., No. 4 (Dezember 2006), S. 381 (386); *Søreide/Gröning/Wandall*, Chicago Journal of International Law, Vol. 16, No. 2 (2016), S. 525 (529).

337 *The World Bank*, The World Bank Group's Sanctions Regime: Information Note, S. 14; *Harker/Castellano*, Briefing Papers, Iss. 17-3 (February 2017), S. 1 (2).

338 *Canni*, Public Contract Law Journal, Vol. 40, No.1 (Fall 2010), S. 147 (150); *Søreide/Gröning/Wandall*, Chicago Journal of International Law, Vol. 16, No. 2 (2016), S. 525; *Dubois*, Litigation, Vol. 39, No. 1, Good Deeds (Winter 2013), S. 38 (39); vgl. auch: *World Bank Procurement Guidelines; World Bank Consultant Guidelines; World Bank Anti-Corruption Guidelines; Guidelines on Preventing and Combating Fraud and Corruption in Program-for-Results Financing.*

339 *Dubois*, Litigation, Vol. 39, No. 1, Good Deeds (Winter 2013), S. 38 (39 f.). Siehe hierzu näher E.IV.

340 Vgl. *Zimmermann/Fariello* in: Travers, Serious Economic Crime, S. 65 (66); *Dubois*, University of Chicago Legal Forum Vol. 2012: Iss. 1, S. 195 (216); *dies.*, Litigation, Vol. 39, No. 1, Good Deeds (Winter 2013), S. 38 (39); *Fariello/Bo* in: Wouters/Ninio/Doherty/Cissé, The World Bank Legal Review Vol. 6, S. 416; *Leroy/Fariello*, The World

ermöglicht es den Organisationen der WBG, Unternehmen und Einzelpersonen im Falle von Fehlverhalten, vor allem Korruption und Betrug, von künftigen WBG-Projekten zu sperren *(Debarment).*[341] Die WBG sucht mit diesem Vorgehen im globalen Rahmen Anreize für entsprechendes Fehlverhalten zu eliminieren.[342] Dabei steht weniger eine Bestrafung von Verstößen im Vordergrund, wenn auch ein Ausschluss weitreichende Konsequenzen hat,[343] sondern vielmehr der Schutz von Investitionen.[344]

Die treuhänderische Pflicht der WBG ist einerseits die Basis für das Sanktionssytem, begrenzt dieses andererseits aber dahingehend, dass sie kein Verhalten, nur weil es unmoralisch oder strafbar ist, sanktioniert.[345] Vielmehr werden nur solche Verhaltensweisen sanktioniert, die gleichzeitig die Investitionen der WBG gefährden.[346]

Darüber hinaus unterhält die WBG zum Schutz ihrer Geldmittel *Whistleblower Hotlines*, instruiert ihre Projektmanager präzise hinsichtlich der

---

Bank Group Sanctions Process and Its Recent Reforms, S. 1; *Boisson de Chazournes/Fromageau*, The European Journal of International Law, Vol. 23 No. 4 (2012), S. 963 (968).

341 *Canni*, Public Contract Law Journal, Vol. 40, No.1 (Fall 2010), S. 147 (152). Siehe *Majtan*, The George Washington International Law Review, Vol. 45, No. 2 (2013), S. 291 zu dem alternativen Ansatz der Vertreter der *"Self-Cleaning Theory"*. Diese halten *Debarments* nicht für sinnvoll, sondern wollen *Respondents*, die Zuwiderhandlungen begangen haben, dann wieder zu öffentlichen Ausschreibungen zulassen, wenn diese rehabilitative oder selbstreinigende Maßnahmen ergriffen haben, um künftige Verstöße zu verhindern. Dadurch sollen sich langfristigere Effekte zugunsten von Integrität einstellen, als durch ein System von Abschreckung und Sperrungen möglich.

342 *Dubois*, University of Chicago Legal Forum Vol. 2012: Iss. 1, S. 195 (217).

343 Vgl. E.IX.5.

344 Vgl. *Diamant/Sullivan/Smith*, University of Pennsylvania Journal of Business Law, Vol. 18:4, 2016, S. 985 (989 f.); siehe auch *Boisson de Chazournes/Fromageau*, The European Journal of International Law, Vol. 23 No. 4 (2012), S. 963 (967); *Forder*, American Society of International Law Proceedings, Vol. 106 (2012), S. 122 (123). Siehe umfassend zum Thema Investitionsschutzrecht als Entwicklungsvölkerrecht *Schill*, ZaöRV 2012, S. 261.

345 *Majtan*,The George Washington International Law Review, Vol. 45, No. 2 (2013), S. 291 (322); *The World Bank*, The World Bank Group's Sanctions Regime: Information Note, S. 14.

346 *The World Bank*, The World Bank Group's Sanctions Regime: Information Note, S. 14.

Berichterstattung von verdächtigen Vorkommnissen und fordert gründliche Überprüfungen der zu finanzierenden Projekte ein.[347]

Diese Maßnahmen dienen letztlich sämtlich der Wahrung der treuhänderischen Pflichten der WBG. Würde sie dies nicht in dem aufgewendeten Maße verfolgen, so käme schnell Kritik auf, dass Risiken gebilligt und gar Verbrechen erleichtert würden.[348] Dies gilt insbesondere vor dem Hintergrund der immensen Investitionsvolumina und der gleichzeitig in vielen Investitionsländern nur mäßig funktionierenden Strafverfolgungsinstitutionen.[349]

IX. Zwischenfazit

Die vorangegangenen Ausführungen verdeutlichen, dass das Kerngeschäft der Institutionen der WBG einerseits durchaus auf die Erzielung von Gewinn gerichtet ist und sie insofern wesensgleich zu normalen kommerziellen Banken sind. Andererseits wird das reguläre Geschäft davon beeinflusst, dass die Institutionen einen ganz klaren Entwicklungsauftrag haben. Daher werden bisweilen weichere Anforderungen an geförderte Mitgliedstaaten oder Private gestellt und ihnen damit Möglichkeiten eröffnet, die sich auf den regulären Märkten nicht bieten würden. Dieser neue Chancen bietende Ansatz resultiert letztlich aus der Stellung der WBG als Internationale Organisation, die der Staatengemeinschaft verpflichtet ist.

---

347 *Deming*, The International Lawyer, Vol. 44, No. 2 (Summer 2010), S. 871 (873); *Søreide/Gröning/Wandall*, Chicago Journal of International Law, Vol. 16, No. 2 (2016), S. 525.

348 Ebd.

349 Vgl. *Engelhardt*, Dealing with fragile states, S. 80 f.; *Søreide/Gröning/Wandall*, Chicago Journal of International Law, Vol. 16, No. 2 (2016), S. 525.

E. Sanctions Procedures

Dieser Teil der Untersuchung skizziert die Entwicklungen, die zur Etablierung des *Sanctions System* geführt haben, sowie die Gründe, die ein solches im System der WBG erforderlich machen. Sodann wird beleuchtet, wie eine Unterwerfung von Individuen und Unternehmen unter das Sanktionsregime erfolgt und wie dieses rechtlich einzuordnen ist. Darauf folgt eine detaillierte Untersuchung der nach den *Sanctions Procedures* untersagten unlauteren Praktiken. Für das Verständnis des Systems ist ferner wichtig, die Aufgaben der prozessual maßgeblich relevanten Organe, den Sanktionskatalog, den prozessualen Ablauf und die Sanktionsfindung zu durchdringen. Schließlich wird erörtert, welche Aspekte verbessert werden könnten, damit das Sanktionssystem der Entwicklungsarbeit der WBG in weiterer Hinsicht zuträglich sein und das System noch an Rechtsstaatlichkeit gewinnen kann.

I. Entwicklung

Die WBG hat unter allen internationalen Entwicklungsbanken als erste ein Sanktionssystem etabliert.[350] Es gilt als das anerkannteste, transparenteste und ausdifferenzierteste unter diesen Systemen.[351]

Die ersten Schritte in Richtung Sanktionssystem erfolgten durch Entwicklungen bei einigen multilateralen Organisationen im Bereich der Korruptionsbekämpfung.[352] So begannen beispielsweise die VN und die Organisation für wirtschaftliche Entwicklung und Zusammenarbeit erste Strategien zu entwickeln.[353] Insbesondere wurden die Grundsteine für die später erlassenen Übereinkommen über Bestechung und Korruption *(UN Convention on Corruption, OECD Convention on Bribery and Corruption)* gelegt.[354] Im Jahre 1996 wurde

350 *Søreide/Gröning/Wandall*, Chicago Journal of International Law, Vol. 16, No. 2 (2016), S. 525 (526).

351 Ebd.

352 *Hostetler*, Yale Human Rights and Development Journal, Vol. 14, Iss. 1 (2011), S. 231 (257 f.); *Søreide/Gröning/Wandall*, Chicago Journal of International Law, Vol. 16, No. 2 (2016), S. 525 (531).

353 *Søreide/Gröning/Wandall*, Chicago Journal of International Law, Vol. 16, No. 2 (2016), S. 525 (531).

354 *Hostetler*, Yale Human Rights and Development Journal, Vol. 14, Iss. 1 (2011), S. 231 (257); *Søreide/Gröning/Wandall*, Chicago Journal of International Law, Vol. 16, No. 2 (2016), S. 525 (531).

dem Vorstand der WBG ein erster Vorschlag für die Ausgestaltung eines Sanktionsprozesses unterbreitet.[355] Maßgeblicher Wendepunkt für die Entwicklung war jedoch die berühmte „*Cancer of Corruption*"-Rede des damaligen Präsidenten *James D. Wolfensohn* im selben Jahr.[356] In dieser führte er unter anderem aus:

> *„If the new compact is to succeed, we must tackle the issue of economic and financial efficiency. But we also need to address transparency, accountability, and institutional capacity. And let's not mince words: we need to deal with the cancer of corruption."*[357]

Im Nachgang zu dieser Rede begann die WBG verstärkt Staaten zu unterstützen, die Reformen zur Korruptionsbekämpfung zu implementieren beabsichtigten.[358] *Wolfensohn* rief ferner eine internationale Arbeitsgruppe *(Corruption Action Plan Working Group)* ins Leben, die Korruption als Hindernis für Entwicklung detailliert analysieren sollte.[359] Ergebnis der Recherche dieser Gruppe war, dass die WBG Korruption in den Mittelpunkt ihres Fokus – sowohl auf operationeller als auch auf Forschungsebene – stellen müsse.[360] Darüber hinaus sollten Bedenken diesbezüglich auch gegenüber ihren Kreditnehmern angesprochen werden und zum Thema sowohl bei der Entwicklung von Projekten als auch bei deren Durchführung gemacht werden.[361] Die WBG sollte letztlich ein aktiver Partner bei der globalen Korruptionsbekämpfung werden.[362] Korruption sollte, anders als zuvor,[363] kein Tabuthema mehr

355 *Baghir-Zada*, Debarment as an Anti-Corruption Tool, S. 78; *Leroy/Fariello*, The World Bank Group Sanctions Process and Its Recent Reforms, S. 9 f.

356 *Wolfensohn*, Address to the Board of Governors, Washington, D.C., October 1, 1996; vgl. auch *Søreide/Gröning/Wandall*, Chicago Journal of International Law, Vol. 16, No. 2 (2016), S. 525 (531); Leroy/Fariello, The World Bank Group Sanctions Process and Its Recent Reforms, S. 9.

357 *Wolfensohn*, Address to the Board of Governors, Washington, D.C., October 1, 1996, S. 10; http://www.worldbank.org/en/about/archives/history/past-presidents/james-david-wolfensohn.

358 http://www.worldbank.org/en/about/archives/history/past-presidents/james-david-wolfensohn.

359 Ebd.

360 http://www.worldbank.org/en/about/archives/history/past-presidents/james-david-wolfensohn.

361 Ebd.

362 Ebd.

363 *Søreide/Gröning/Wandall*, Chicago Journal of International Law, Vol. 16, No. 2 (2016), S. 525 (531); *Baghir-Zada*, Debarment as an Anti-Corruption Tool, S. 78; *Leroy/Fariello*, The World Bank Group Sanctions Process and Its Recent Reforms, S. 9.

sein.[364] Die jahrelang praktizierte Zurückhaltung hinsichtlich dieses Themas stammte aus dem Verständnis, dass sich die WBG andernfalls politisch einmischen würde, was ihr als apolitische Institution nicht zustünde.[365] Außerdem wurde Korruption als rein politisches und nicht auch als wirtschaftliches Problem, welches die WBG betreffen würde, angesehen.[366] Die Problematik des Einmischungsverbotes ist, trotz Betonung der Anti-Korruptions-Strategien als notwendige Voraussetzung für sinnvolle Entwicklungsarbeit, auch heute noch ein Thema in der Arbeit der WBG.[367] Allerdings wird ebenfalls zunehmend deutlich, dass viele Good-Governance-Themen adressierbar sind, ohne dabei in die politische Souveränität der Mitgliedsstaaten einzugreifen.[368]

1998 wurde der interne, administrative Sanktionsprozess, die sogenannten *Sanctions Procedures,* schließlich etabliert.[369] Dieser ermöglichte es der WBG erstmals, korrupte Akteure von ihren Projekten auszuschließen.[370] Die erste Version des Regelwerks sah ein *Sanctions Committee* (heute *Sanctions Board*) vor, das aus Führungskräften der Weltbank bestand und Vorwürfe in Bezug auf Betrug und Korruption in *IBRD*-Projekten durch Bieter, Auftragnehmer, Lieferanten, und Berater überprüfte.[371] Dieses *Committee* schlug dem Präsidenten sodann eine Sanktion vor, die es für angemessen hielt.[372] Allerdings oblag es – im Gegensatz zum heutigen System, in dem das *Sanctions Board* die finale Entscheidung

364 http://www.worldbank.org/en/about/archives/history/past-presidents/james-david-wolfensohn; *Søreide/Gröning/Wandall*, Chicago Journal of International Law, Vol. 16, No. 2 (2016), S. 525 (531).

365 *Søreide/Gröning/Wandall*, Chicago Journal of International Law, Vol. 16, No. 2 (2016), S. 525 (531); *Baghir-Zada*, Debarment as an Anti-Corruption Tool, S. 78; *Leroy/Fariello*, The World Bank Group Sanctions Process and Its Recent Reforms, S. 9.

366 *Leroy/Fariello*, The World Bank Group Sanctions Process and Its Recent Reforms, S. 9.

367 *Søreide/Gröning/Wandall*, Chicago Journal of International Law, Vol. 16, No. 2 (2016), S. 525 (531).

368 *Leroy/Fariello*, The World Bank Group Sanctions Process and Its Recent Reforms, S. 9; *Boisson de Chazournes/Fromageau*, The European Journal of International Law, Vol. 23 No. 4 (2012), S. 963 (967).

369 *The World Bank*, OSD Report 2007-2015, S. 8; *Fariello/Bo* in: Wouters/Ninio/Doherty/Cissé, The World Bank Legal Review Vol. 6, S. 415; *Leroy/Fariello*, The World Bank Group Sanctions Process and Its Recent Reforms, S. 10; siehe hierzu im Folgenden E.

370 *Fariello/Bo* in: Wouters/Ninio/Doherty/Cissé, The World Bank Legal Review Vol. 6, S. 415.

371 *The World Bank*, Oxford Public International Law, 15 April 2012, S. 2; *Leroy/Fariello*, The World Bank Group Sanctions Process and Its Recent Reforms, S. 10.

372 *Leroy/Fariello*, The World Bank Group Sanctions Process and Its Recent Reforms, S. 10.

trifft[373] – dem Präsidenten, über die letztendlich zu verhängende Sanktion zu entscheiden.[374] Dies resultierte häufig in einem Ausschluss *(Debarment)* von WBG-Projekten, wobei bei weniger gravierenden Zuwiderhandlungen auch *Letters of Reprimand* (etwa schriftliche Ermahnungen) zum Zuge kamen.[375]

Im Laufe der Zeit entwickelte sich das Sanktionssystem immer mehr zu einem gerichtsähnlichen Verfahren mit steigender Transparenz und Mechanismen zur Sicherung rechtsstaatlicher Verfahrensgrundsätze.[376] So wurde im Jahre 1999 das *Corruption and Fraud Investigation Unit* gegründet,[377] das der Vorgänger der heute agierenden *Integrity Vice Presidency* ist.[378] Im gleichen Jahr wurden die ersten Sanktionsverfahren gegen sieben Unternehmen und zwei Individuen geführt, welche in Ausschlüssen resultierten.[379] Im gleichen Jahr wurde definiert, was die WBG als sanktionswürdige betrügerische *(Fraudulent Practice)* und korrupte *(Corrupt Practice)* Handlungen ansieht.[380] Außerdem legte die WBG ihren neuen Ansatz, Good Governance vorantreiben und Korruption bekämpfen zu wollen, in einem Strategiepapier nieder.[381]

2001 wurde ein detailliertes Regelwerk erarbeitet, um das Ausschlussverfahren normativ zu festigen.[382] Außerdem wurde nunmehr die *Integrity Vice Presidency* eingesetzt, um Verdachtsfällen von Betrug und Korruption nachzugehen und die Ergebnisse ihrer Untersuchungen dem *Sanctions Committee*

373 Siehe hierzu E.VII.3.

374 *Leroy/Fariello*, The World Bank Group Sanctions Process and Its Recent Reforms, S. 10.

375 Ebd.

376 *Fariello/Bo* in: Wouters/Ninio/Doherty/Cissé, The World Bank Legal Review Vol. 6, S. 416.

377 *Diamant/Sullivan/Smith*, University of Pennsylvania Journal of Business Law, Vol. 18:4, 2016, S. 985 (989); http://www.worldbank.org/en/about/archives/history/past-presidents/james-david-wolfensohn.

378 *Leroy/Fariello*, The World Bank Group Sanctions Process and Its Recent Reforms, S. 7; *Diamant/Sullivan/Smith*, University of Pennsylvania Journal of Business Law, Vol. 18:4, 2016, S. 985 (989); siehe zu INT E.VII.1.

379 http://www.worldbank.org/en/about/archives/history/past-presidents/james-david-wolfensohn; *Diamant/Sullivan/Smith*, University of Pennsylvania Journal of Business Law, Vol. 18:4, 2016, S. 985 (989).

380 *Diamant/Sullivan/Smith*, University of Pennsylvania Journal of Business Law, Vol. 18:4, 2016, S. 985 (989).

381 http://www.worldbank.org/en/about/archives/history/past-presidents/james-david-wolfensohn.

382 *The World Bank*, OSD Report 2007-2015, S. 8.

zu präsentieren.[383] Dies war eine maßgebliche Neuordnung der Aufgabenverteilung innerhalb der Organe des Sanktionssystems, denn zuvor erfolgte diese Tätigkeit durch außenstehende Akteure wie Kanzleien, interne Revisoren der WBG und das *Corruption and Fraud Investigations Unit*.[384]

Im Jahre 2002 bat *Wolfensohn* den ehemaligen VN-Generalsekretär und Generalstaatsanwalt der USA *Thornburgh* den Vorsitz eines Ausschusses zu übernehmen, der eine Analyse der der Bank im Hinblick auf die Bekämpfung von Betrug und Korruption zur Verfügung stehenden Mechanismen durchführen sollte.[385] Im Nachgang zu den von dem Ausschuss festgestellten Ergebnissen, zusammengefasst im sog. *Thornburgh Report*,[386] wurde ein neues *Department of Institutional Integrity* gegründet, das in sämtlichen Verdachtsfällen von Betrug und Korruption in WBG-finanzierten Projekten sowie bei jeglichem Fehlverhalten von Bankmitarbeiterinnen und Bankmitarbeitern ermitteln sollte.[387] Außerdem durchleuchtete die Arbeitsgruppe Effizienz, Fairness und Transparenz des Sanktionssystems.[388] Ihre Empfehlungen prägten dieses erheblich, insbesondere im Hinblick auf dessen Verfahrensrecht und die sanktionierenden Organe.[389] Die Umsetzung der Empfehlungen des *Thornburgh Report* begann 2004.[390] Seitdem besteht das *Sanctions Board* nicht mehr allein aus Angestellten der WBG, sondern mehrheitlich aus Externen.[391] Dies sollte den politischen Druck, der wegen Zweifeln an der Vertrauenswürdigkeit des Prozesses bestand, lockern.[392]

---

383 *Leroy/Fariello*, The World Bank Group Sanctions Process and Its Recent Reforms, S. 10.

384 Ebd.

385 http://www.worldbank.org/en/about/archives/history/past-presidents/james-david-wolfensohn; *Søreide/Gröning/Wandall*, Chicago Journal of International Law, Vol. 16, No. 2 (2016), S. 525 (533 Fn. 23).

386 Vgl. *Thornburgh/Gainer/Walker*, Report Concerning the Debarment Processes of the World Bank.

387 http://www.worldbank.org/en/about/archives/history/past-presidents/james-david-wolfensohn; *Richter*, CB 2015, S. 291 (292).

388 *Søreide/Gröning/Wandall*, Chicago Journal of International Law, Vol. 16, No. 2 (2016), S. 525 (533).

389 Ebd.

390 *The World Bank*, Oxford Public International Law, 15 April 2012, S. 2; *The World Bank Group Sanctions Board*, Law Digest, December 2011, S. 18; *Leroy/Fariello*, The World Bank Group Sanctions Process and Its Recent Reforms, S. 10.

391 *The World Bank*, OSD Report 2007-2015, S. 9; *Leroy/Fariello*, The World Bank Group Sanctions Process and Its Recent Reforms, S. 10.

392 *Leroy/Fariello*, The World Bank Group Sanctions Process and Its Recent Reforms, S. 10.

Außerdem wurde die Position des *Evaluation and Suspension Officers*[393] und flexiblere Sanktionen neu geschaffen.[394] Ferner wurde der zweistufige Entscheidungsprozess etabliert, in dem zunächst eine Entscheidung hinsichtlich einer Sanktion durch das *Office of Suspension and Debarment* erfolgt und erst bei Anfechtung *(Appeal)* durch einen *Respondent*[395] das *Sanctions Board* erneut entscheidet.[396] Die Unterstützung von Ermittlungen der WBG wurde als ausdrücklicher Sanktionsmilderungsgrund anerkannt sowie Anreize für Auftragnehmer geschaffen, damit diese freiwillig Informationen hinsichtlich Betrugs- und Korruptionsvorkommnissen herausgeben.[397] Der Bericht etablierte ferner den Gedanken des Investitionsschutzes als zentrales Ziel des Sanktionssystems.[398]

Der Katalog sanktionsfähiger Praktiken wurde im Jahre 2004 um kollusives Verhalten *(Collusive Practice)* und die unrechtmäßige Beeinflussung von Handlungen Dritter *(Coercive Practice)* ergänzt.[399] Außerdem verstärkte die WBG ihre Zusammenarbeit mit anderen Entwicklungsbanken, um die Effizienz ihrer Anstrengungen bei der Korruptionsbekämpfung zu steigern.[400] Dies mündete unter anderem in der Abstimmung von sanktionsfähigen Praktiken und ihrer Definitionen.[401]

Der Nachfolger von *Wolfensohn, Paul Wolfowitz,* setzte, mit Antritt des Amtes des Präsidenten der WBG im Jahre 2005, ebenfalls seinen Fokus auf die Bekämpfung von Korruption und bezeichnete diese als das größte Entwicklungshindernis.[402] Um dem Nachdruck zu verleihen, sperrte bzw. verzögerte er wegen

---

393 Mittlerweile heißt diese Position *Suspension and Debarment Officer*, siehe hierzu E.VII.2.

394 *The World Bank*, OSD Report 2007-2015, S. 9; *Leroy/Fariello*, The World Bank Group Sanctions Process and Its Recent Reforms, S. 10.

395 *Respondent* ist jedes Individuum oder juristische Person, welches im Verdacht steht, eine sanktionsfähige Handlung nach dem Regime der WBG begangen zu haben, vgl. *Majtan*, The George Washington International Law Review, Vol. 45, No. 2 (2013), S. 291 (330).

396 *Leroy/Fariello*, The World Bank Group Sanctions Process and Its Recent Reforms, S. 10.

397 *The World Bank*, OSD Report 2007-2015, S. 9.

398 *Søreide/Gröning/Wandall*, Chicago Journal of International Law, Vol. 16, No. 2 (2016), S. 525 (533).

399 *Diamant/Sullivan/Smith*, University of Pennsylvania Journal of Business Law, Vol. 18:4, 2016, S. 985 (989).

400 *Leroy/Fariello*, The World Bank Group Sanctions Process and Its Recent Reforms, S. 11. Siehe hierzu auch unten E.IX.5.d).

401 *Leroy/Fariello*, The World Bank Group Sanctions Process and Its Recent Reforms, S. 11; siehe hierzu auch E.VIII.

402 *Baghir-Zada*, Debarment as an Anti-Corruption Tool, S. 80.

Korruptionsverdachtsmomenten Kredite an Indien, Bangladesch, Kenia und den Tschad.[403] Gleichzeitig erhöhte er das Budget der Anti-Korruptions-Einheit.[404]

Den letzten Zusatz erfuhr das Regelwerk 2006, als man auch die Behinderung von Ermittlungen durch die WBG *(Obstructive Practice)* als sanktionswürdiges Verhalten einstufte.[405] Ebenfalls fügte man, neben dem bereits länger praktizierten *Debarment*, verschiedene neue Sanktionen (Ausschluss mit bedingter Aufhebung, bedingter Nicht-Ausschluss, öffentliche schriftliche Rüge und Restitution) hinzu.[406] Die WBG dehnte außerdem die Spannbreite der von den *Sanctions Procedures* erfassten Fälle aus. So sollten nicht mehr nur Fälle aus der Auftragsvergabe, sondern alle Sachverhalte, die Korruption oder Betrug zum Gegenstand hatten und im Zusammenhang mit der Vorbereitung oder Umsetzung von WBG-finanzierten Projekten standen, diesem Prozedere unterworfen werden.[407]

Im Jahre 2008 wurde die Position von *INT* unter anderem dadurch gestärkt, dass man das Organ zur Vizepräsidentschaft erhob.[408] Dadurch untersteht sie unmittelbar dem Weltbankpräsidenten, was die gestiegene Relevanz von *INT* im Rahmen des Weltbankgeschehens verdeutlicht.[409] Um die Unabhängigkeit der Entscheidungen des *Sanctions Boards* weiter zu stärken, entschied man sich 2009 auch den Vorsitzenden nunmehr aus dem Kreis der externen Mitglieder zu wählen.[410] Im gleichen Jahr brachte ein dringendes Problem eine weitere Änderung: Unternehmen und Individuen, gegen die *INT* ermittelte, konnten sich, so lange sie nicht gesperrt waren, weiterhin um WBG-Projekte bewerben.[411] Dies führte dazu, dass diese ungeeigneten Bewerber im Zweifelsfall weiterhin mit Geldern der WBG ausgestattet wurden und weitere Zuwiderhandlungen

---

403 Ebd.

404 Ebd.

405 *Diamant/Sullivan/Smith*, University of Pennsylvania Journal of Business Law, Vol. 18:4, 2016, S. 985 (989); *Leroy/Fariello*, The World Bank Group Sanctions Process and Its Recent Reforms, S. 11.

406 *Fariello/Bo* in: Wouters/Ninio/Doherty/Cissé, The World Bank Legal Review Vol. 6, S. 416; vgl. zu diesen im Einzelnen unten E.IX.5.

407 *Leroy/Fariello*, The World Bank Group Sanctions Process and Its Recent Reforms, S. 11.

408 Ebd.

409 *Richter*, CB 2015, S. 291 (292).

410 *Querée*, Challenging supranational regulators through an independent arbitral mechanism: The World Bank Sanctions Board, Young ICCA Blog, 19.5.2015; *Leroy/Fariello*, The World Bank Group Sanctions Process and Its Recent Reforms, S. 11.

411 *Leroy/Fariello*, The World Bank Group Sanctions Process and Its Recent Reforms, S. 13.

erfolgten.[412] Schließlich dauert der Prozess von Beginn der Ermittlungen durch *INT* bis zu einer Entscheidung gegebenenfalls mehrere Jahre,[413] innerhalb derer die Mittel der Gruppe bis dato vor solchen Unternehmen und Individuen ungeschützt blieben.[414] Um dieses Problem zu lösen, wurden die *Evaluation Officers* des *Suspension and Debarment Office* mit entsprechenden Befugnissen ausgestattet, die es ihnen auf Antrag von *INT* ermöglicht, vorläufige Sperren zu verhängen.[415]

Ein weiteres Problem war, dass nach Ablauf einer Sperrperiode die sanktionierten Einheiten wieder ungehindert und ohne Nachweis einer Veränderung ihrer Geschäftspraktiken im Hinblick auf die Einhaltung der Compliance-Standards der WBG[416] an Projekten teilnehmen konnten.[417] Daher implementierte man als neuen Sanktionsmechanismus ein *Debarment with Conditional Release*, welches *Respondents* für eine bestimmte Zeit sperrt und die Aufhebung dieses Ausschlusses nach Ablauf der Frist von vorgegebenen Bedingungen abhängig macht.[418] Diese umfassen im Falle von Unternehmen Compliance-Maßnahmen, die Zuwiderhandlungen in künftigen Projekten verhindern sollen, sowie hinsichtlich Individuen Schulungen und weitere Programme, die eine *Zero-Tolerance*-Einstellung hervorrufen sollen.[419]

Seit 2010 können *Sanctions Cases* auch durch Einigung zu jedem Zeitpunkt des laufenden Verfahrens erledigt werden.[420] Eine weitere maßgebliche Entwicklung, vor allem für die Transparenz und die Nachvollziehbarkeit des Systems für Dritte, ist in der Entscheidung der WBG vom Januar 2011 zu sehen, mit

---

412 Ebd.

413 *Yukins*, The Government Contractor, Vol. 55, No. 42 (November 2013), § 355, S. 5.

414 *Leroy/Fariello*, The World Bank Group Sanctions Process and Its Recent Reforms, S. 13.

415 *Leroy/Fariello*, The World Bank Group Sanctions Process and Its Recent Reforms, S. 13; hierzu näher E.IX.1.b).

416 Vgl. *World Bank Group Integrity Compliance Guidelines* verfügbar unter http://siteresources.worldbank.org/INTDOII/Resources/Integrity_Compliance_Guidelines.pdf.

417 *Leroy/Fariello*, The World Bank Group Sanctions Process and Its Recent Reforms, S. 15.

418 *Forder*, American Society of International Law Proceedings, Vol. 106 (2012), S. 122; (123); *Leroy/Fariello*, The World Bank Group Sanctions Process and Its Recent Reforms, S. 15; siehe hierzu im Folgenden umfassender E.IX.5.a).

419 *Leroy/Fariello*, The World Bank Group Sanctions Process and Its Recent Reforms, S. 15 f.

420 *Forder*, American Society of International Law Proceedings, Vol. 106 (2012), S. 122; (125); *Leroy/Fariello*, The World Bank Group Sanctions Process and Its Recent Reforms, S. 20; hierzu E.IX.4.

welcher die Veröffentlichung der vollständigen Urteilstexte des *Sanctions Boards* beschlossen wurde.[421] Diese enthalten sowohl die tatsächlichen als auch die rechtlichen Grundlagen der Entscheidungen.[422] Bevor man zu diesem Schritt überging, wurden auf einer Webseite der WBG allein die Namen der Parteien und die verhängte Sanktion veröffentlicht und das Urteil nur dem *Respondent* und *INT* zugeleitet.[423] Die Änderung dieses Prozedere zur Gewährleistung von mehr Transparenz resultierte aus der Befürchtung, dass nach und nach mehr öffentlicher Druck – etwa durch Vorwürfe von undurchsichtigen, ungerechten und uneinheitlichen Entscheidungen – entstehen würde, sollte man die Urteile nicht veröffentlichen.[424] Gleichzeitig motiviert die Veröffentlichung der Entscheidungen die anderen an den *Sanctions Procedures* beteiligten Organe zur Ablieferung bestmöglicher Arbeit, da auch deren Ermittlungsergebnisse und Entscheidungen Teil der Urteile sind.[425] Ferner soll so die Abschreckungswirkung der Urteile verstärkt werden.[426] Schließlich kristallisiert sich nach und nach eine gefestigte Rechtsprechung heraus, welche zunehmend für Rechtssicherheit sorgt.[427] Zusätzlich zur Veröffentlichung aller Entscheidungen hat sich die WBG zur Publikation eines *Law Digests* verpflichtet, der die wesentlichen rechtlichen Streitpunkte der durchgeführten Verfahren und deren Einordnung

---

421 *Majtan*, The George Washington International Law Review, Vol. 45, No. 2 (2013), S. 291 (327); *Leroy/Fariello*, The World Bank Group Sanctions Process and Its Recent Reforms, S. 24. Die ab diesem Zeitpunkt veröffentlichten Entscheidungen sind abrufbar unter http://web.worldbank.org/WBSITE/EXTERNAL/EXTABOUTUS/ORGANIZATION/ORGUNITS/EXTOFFEVASUS/0,,contentMDK:23059612~pagePK:64168445~piPK:64168309~theSitePK:3601046,00.html.

422 *Boisson de Chazournes/Fromageau*, The European Journal of International Law, Vol. 23 No. 4 (2012), S. 963 (979); *Leroy/Fariello*, The World Bank Group Sanctions Process and Its Recent Reforms, S. 24.

423 *Leroy/Fariello*, The World Bank Group Sanctions Process and Its Recent Reforms, S. 24.

424 *Boisson de Chazournes/Fromageau*, The European Journal of International Law, Vol. 23 No. 4 (2012), S. 963 (979); *Leroy/Fariello*, The World Bank Group Sanctions Process and Its Recent Reforms, S. 24 f.

425 *Leroy/Fariello*, The World Bank Group Sanctions Process and Its Recent Reforms, S. 25.

426 Ebd.

427 *Boisson de Chazournes/Fromageau*, The European Journal of International Law, Vol. 23 No. 4 (2012), S. 963 (979); *Leroy/Fariello*, The World Bank Group Sanctions Process and Its Recent Reforms, S. 25.

durch das *Sanctions Board* zusammenfasst.[428] Dieser enthält alle wichtigen Passagen der Urteile, die vor Januar 2011 ergingen und nicht veröffentlicht sind.[429]

Entsprechend zu der Veröffentlichung von Urteilen werden auch die Entscheidungen der *Suspension and Debarment Officers* hinsichtlich einer Sanktion, die ohne Widerspruch der betroffenen Partei geblieben sind, veröffentlicht.[430] Diese enthalten eine Kurzzusammenfassung des Falls, die Vorwürfe seitens *INT*, Darlegungen, aus welchen Gründen der *Suspension and Debarment Officer* von einer hinreichenden Beweisgrundlage (nach dem speziellen Standard der *Sanctions Procedures*)[431] ausgeht, und den Umstand, dass der *Respondent* die Entscheidung akzeptiert.[432]

Insgesamt steigerten die dargestellten Reformen die Effizienz und Transparenz des Sanktionssystems immens.[433] Zu beobachten ist, dass sich die Ausgestaltung des Prozesses zunehmend zu einem gerichtsähnlichen Verfahren entwickelt hat.[434] Dieser Fortschritt wurde durch Mitgliedsstaaten und auch industrielle private *Stakeholder*, die zunehmend mehr Rechtsstaatlichkeit des Verfahrens *(Due Process)*[435] forderten, vorangetrieben.[436] Maßgeblich waren jedoch die Empfehlungen des *Thornbourgh* Reports, der unter anderem das zweigliedrige kontradiktorische Verfahren nach sich zog und rechtliche Vertretung auf beiden Seiten ermöglichte.[437] Die WBG hat sich mithin von einem nur ihren

---

428 *Leroy/Fariello*, The World Bank Group Sanctions Process and Its Recent Reforms, S. 25; Der Law Digest ist unter http://web.worldbank.org/WBSITE/EXTERNAL/EXTABOUTUS/ORGANIZATION/ORGUN-TS/EXTOFFEVASUS/0,,contentMDK:23065125~pagePK:64168445~piPK:641683 09~theSi tePK:3 601046,00.html abrufbar.

429 *Leroy/Fariello*, The World Bank Group Sanctions Process and Its Recent Reforms, S. 25.

430 http://www.worldbank.org/en/webarchives/archive?url=http%3A%2F%2Fgo.worldbank.org%2FG7EO0UXW90; *Boisson de Chazournes/Fromageau*, The European Journal of Inter-national Law, Vol. 23 No. 4 (2012), S. 963 (979).

431 Siehe hierzu näher E.VIII.1.a).

432 *Leroy/Fariello*, The World Bank Group Sanctions Process and Its Recent Reforms, S. 27.

433 Ebd.

434 *Boisson de Chazournes/Fromageau*, The European Journal of International Law, Vol. 23 No. 4 (2012), S. 963 (979); *Leroy/Fariello*, The World Bank Group Sanctions Process and Its Recent Reforms, S. 28.

435 Vgl. die Diskussion unter E.IX.5, F.III.1. und E.X.

436 *Boisson de Chazournes/Fromageau*, The European Journal of International Law, Vol. 23 No. 4 (2012), S. 963 (981); *Leroy/Fariello*, The World Bank Group Sanctions Process and Its Recent Reforms, S. 28.

437 *Leroy/Fariello*, The World Bank Group Sanctions Process and Its Recent Reforms, S. 28.

wirtschaftlichen Zwecken dienenden Sanktionssystem abgewandt und sich für die Implementierung einiger rechtsstaatlicher Grundsätze entschieden.[438] Dies erfolgt vor dem Hintergrund, dass die Bankgruppe ihre Tätigkeit quasi als die Ausübung öffentlich-rechtlicher Gewalt ansieht.[439]

Die WBG verfolgt Verstöße im Sinne der von ihr als sanktionsfähig definierten Praktiken rigoros.[440] So wurden im Zeitraum von 2012 bis 2017 394 Unternehmen und Individuen sanktioniert.[441] Zum Vergleich: In der gleichen Zeitspanne haben das *U.S. Department of Justice* und die *U.S. Securities and Exchange Commission* nur 188 Verstöße gegen den *Foreign Corrupt Practices Act* geahndet.[442] Insgesamt wurden bis 2018 1.039 Firmen und Individuen von der Teilnahme an von der WBG finanzierten Projekten gesperrt oder auf andere Art und Weise sanktioniert.[443]

Diese Historie der *Sanctions Procedures* zeigt, dass die Weltbank sich selbst an Good Governance-Standards misst.[444] Die Etablierung von unabhängigen Organen wie *INT* sorgt dafür, dass die Wahrung der selbst gesetzten Grundsätze energisch angestrebt wird.[445] Um den Standard auf hohem Niveau zu halten und weiterem Verhalten, das die Tätigkeit der WBG zu sabotieren geeignet ist, Einhalt zu gebieten, werden zur Zeit Lösungen für weitere problematische Bereiche entwickelt. Zu diesen neuen Projekten der WBG gehört es, verstärkt Anti-Geldwäsche-Vorgaben in ihre Projekte einfließen zu lassen und die Rückgewinnung entzogener Vermögenswerte zu betreiben.[446] Des Weiteren erhöht

---

438 *Boisson de Chazournes/Fromageau*, The European Journal of International Law, Vol. 23 No. 4 (2012), S. 963 (981); *Leroy/Fariello*, The World Bank Group Sanctions Process and Its Recent Reforms, S. 29. Hierzu mehr im Folgenden unter E.IX.5.

439 *Leroy/Fariello*, The World Bank Group Sanctions Process and Its Recent Reforms, S. 29.

440 *Diamant/Sullivan/Smith*, University of Pennsylvania Journal of Business Law, Vol. 18:4, 2016, S. 985 (989).

441 *The World Bank Group*, Annual Update INT FY16, S. 25; *dies.*, Annual Update INT FY17, S. 28.

442 https://www.gibsondunn.com/2017-year-end-fcpa-update/.

443 *The World Bank*, OSD Report 2007-2017, S. 5; *World Bank Group*, Sanctions System, Annual Report 2018, S. 55. Der aktuelle Stand kann eingesehen werden auf http://web.worldbank.org/external/default/main?contentMDK=64069844&menuPK=116730&pagePK=64148989&piPK=64148984&querycontentMDK=64069700&theSitePK=84266.

444 *Leroy/Fariello*, The World Bank Group Sanctions Process and Its Recent Reforms, S. 7.

445 Vgl. *Leroy/Fariello*, The World Bank Group Sanctions Process and Its Recent Reforms, S. 7.

446 *The World Bank Group*, Annual Update INT FY16, S. 3; *Clemens/Kremer*, The Journal of Economic Perspectives, Vol. 30, No. 1 (Winter 2016), S. 53 (69).

die WBG ihre Anstrengungen hinsichtlich Themen wie Steuerreformen, illegale Finanzströme, Reform des Beschaffungswesens sowie effektivere Verhinderung von Vertragsvergaben an korrupte Unternehmen.[447]

II. Unterschiede zwischen den Sanktionssystemen der IBRD/IDA vs. IFC, MIGA und des Partial Risk Guarantee Programms

Die einzelnen Institutionen weisen in der Besetzung der Organe, die den Sanktionsprozess leiten, leichte Abweichungen auf. Das Grundkonstrukt ist auf *IBRD* und *IDA* ausgerichtet. *IFC, MIGA* und das Programm der Weltbank, das Investitionsgarantien vergibt *(Partial Risk Guarantees [„PRG"]),*[448] haben ihre eigenen *Sanctions Systems,* die demjenigen der Weltbank gleichen und mit diesem parallel laufen.[449] Allerdings sind ihre Systeme speziell auf ihr Geschäftsmodell und die damit einhergehenden Besonderheiten abgestimmt.[450] Konkret bedeutet dies, dass hier eigene *Suspension and Debarment Officers* (*Evaluation and Suspension Officers* genannt) innerhalb des *Suspension and Debarment Office* die seitens *INT* erhobenen Vorwürfe überprüfen.[451] Dabei kommt diesen speziellen *Suspension and Debarment Officers* ein breiteres Prüfungsrecht zu als bei Fällen, in denen es um Projekte der *IBRD* und *IDA* geht.[452] Außerdem werden andere

---

447 *The World Bank Group*, Annual Update INT FY16, S. 3; vgl. auch *Clemens/Kremer*, The Journal of Economic Perspectives, Vol. 30, No. 1 (Winter 2016), S. 53 (69).

448 Solche Garantien werden durch *IBRD* und *IDA* vergeben, vgl. http://siteresources.worldbank.org/INTGUARANTEES/Resources/PRG_Note_Romania_Kenya-Uganda.pdf.

449 *The World Bank*, OSD Report 2007-2015, i; http://web.worldbank.org/WBSITE/EXTERNAL/EXTABOUTUS/ORGANIZATION/ORGUNITS/EXTOFFEVASUS/0,,menuPK:3601066~pagePK:64168427~piPK:64168435~the SitePK:3601046,00.html; *Richter*, CB 2015, S. 291 (292).

450 *Leroy/Fariello*, The World Bank Group Sanctions Process and Its Recent Reforms, S. 10 f.

451 http://web.worldbank.org/WBSITE/EXTERNAL/EXTABOUTUS/ORGANIZATION/ORGUNITS/EXTOFFEVASUS/0,,menuPK:3601066~pagePK:64168427~piPK:64168435~theSitePK:3601046,00.html; Leroy/Fariello, The World Bank Group Sanctions Process and Its Recent Reforms, S. 11 http://web.worldbank.org/WBSITE/EXTERNAL/EXTABOUTUS/ ORGANIZATION/ORGUNITS/EXTOFFEVASUS/0,,menuPK:3601066~pagePK:6416 8427~piPK:64168435~theSitePK:3601046,00.html.

452 *Leroy/Fariello*, The World Bank Group Sanctions Process and Its Recent Reforms, S. 11.

externe Mitglieder in das *Sanctions Board* gewählt.[453] Diese Unterschiede beruhen darauf, dass die Projekte von *IFC, MIGA* und *PRG* im Gegensatz zu denen von *IBRD* und *IDA* im Privatsektor verlaufen und damit andere Expertisen gefragt und Herangehensweisen angezeigt sind.[454]

Im Folgenden ist verstärkt von der Weltbank die Rede. Dies hat sein Bewenden damit, dass der Sanktionsprozess zwar in allen genannten Institutionen implementiert ist, sich aber die maßgebliche Geschäftstätigkeit der Gruppe – und damit auch die Fälle des Sanktionssystems - auf das Wirken durch die *IBRD* und *IDA*, von denen als Weltbank gesprochen wird, konzentriert. Dies ändert selbstverständlich nichts daran, dass die folgenden Ausführungen zur Funktionsweise des Sanktionssystems grundsätzlich auf alle Varianten innerhalb des Verbundes der WBG Anwendung finden. Im Übrigen entspricht der Gebrauch des Begriffs Weltbank gegenüber dem der WBG dem allgemeinen Sprachgebrauch.

III. Sinn und Notwendigkeit des Sanktionssystems

1. Hohes Korruptionsrisiko im Tätigkeitsfeld

Das Bedürfnis nach einem eigenen Sanktionssystem resultiert für die Weltbank daraus, dass sie vor allem in Entwicklungs- und Schwellenländern tätig ist.[455] In diesen Ländern wird allgemein von einem gesteigerten Korruptionsrisiko ausgegangen,[456] wie auch der *Transparency International Corruption Perceptions Index* zeigt, auf den in diesem Zusammenhang oft zurückgegriffen wird.[457] Nach dessen Bewertung auf einer Skala von 0 bis 100 Punkten haben solche Staaten ernsthafte Probleme mit Korruption, die ein Ergebnis von weniger als 50 Punkten erreichen.[458] Im Jahre 2017 erreichten die „*Top 10 Country-Borrowers*“ der

---

453 *Leroy/Fariello*, The World Bank Group Sanctions Process and Its Recent Reforms, S. 11. Siehe hierzu auch E.VII.3.

454 *Leroy/Fariello*, The World Bank Group Sanctions Process and Its Recent Reforms, S. 11.

455 *Diamant/Sullivan/Smith*, University of Pennsylvania Journal of Business Law, Vol. 18:4, 2016, S. 985 (986); vgl. auch *Zimmermann/Fariello* in: Travers, Serious Economic Crime, S. 65. Siehe zum Thema gesteigertes Korruptionsrisiko in Entwicklungs- und Schwellenländern *Schieffer/Ide*, CCZ 2017, S. 281.

456 *The World Bank Group*, Annual Update INT FY16, S. 10.

457 *Diamant/Sullivan/Smith*, University of Pennsylvania Journal of Business Law, Vol. 18:4, 2016, S. 985 (986); vgl. auch *Søreide/Gröning/Wandall*, Chicago Journal of International Law, Vol. 16, No. 2 (2016), S. 525.

458 Vgl. https://www.transparency.org/news/feature/corruption_perceptions_index_2017; *Diamant/Sullivan/Smith*, University of Pennsylvania Journal of Business Law, Vol. 18:4, 2016, S. 985 (987).

IDA[459] folgende Bewertungen: Nigeria 27 Punkte, Vietnam 35 Punkte, Tansania 36 Punkte, Bangladesch 28 Punkte, Äthiopien 35 Punkte, Kenia 28 Punkte, Jemen 16 Punkte, Pakistan 32 Punkte, Elfenbeinküste 36 Punkte und Nepal 31 Punkte.[460] Ein ähnlich schlechtes Verhältnis zeigt sich bei den „*Top 10 Country-Borrowers*" der *IBRD*.[461] So erzielt China 41 Punkte, Indien 40 Punkte, Indonesien 37 Punkte, Kolumbien 37 Punkte, Argentinien 39 Punkte, Ägypten 32 Punkte, der Irak 18 Punkte, die Türkei 40 Punkte, die Ukraine 30 Punkte und Rumänien 48 Punkte.[462]

Das gesteigerte Korruptionsrisiko in den benannten Ländern wird durch diese Zahlen mehr als deutlich. Risikosteigernd wirkt sich ferner aus, dass viele der von der Weltbank vorangetriebenen Projekte einen immensen Umfang haben und sehr komplex sind.[463] Hinzu tritt ein oftmals rechtlich schwieriges Umfeld und „spezielle" ortsspezifische Geschäftspraktiken.[464] In etwa einem Viertel aller Investitionsprojekte der Bank wird mindestens eine Meldung in Bezug auf Betrug und Korruption abgegeben.[465] Schätzungen der WBG gehen davon aus, dass auf der ganzen Welt mehr als 1 Billion US-Dollar jährlich an Bestechungsgeldern gezahlt werden.[466] Dabei soll sich die Summe der wegen Korruption verlustig gehenden Gelder auf 40 Milliarden US-Dollar belaufen.[467] Das *World Economic Forum* veranschlagt die Kosten, die durch Korruption verursacht werden, auf 5 % des globalen Bruttoinlandsproduktes, was dieser Einschätzung nach dazu führt, dass internationale Geschäfte einen Aufpreis von etwa 10 %

---

459 *The World Bank*, Annual Report 2017, S. 79.

460 https://www.transparency.org/news/feature/corruption_perceptions_index_2017#table.

461 *The World Bank*, Annual Report 2017, S. 77.

462 https://www.transparency.org/news/feature/corruption_perceptions_index_2017#table.

463 *Diamant/Sullivan/Smith*, University of Pennsylvania Journal of Business Law, Vol. 18:4, 2016, S. 985 (987).

464 *Schieffer/Ide*, CCZ 2017, S. 281; *Diamant/Sullivan/Smith*, University of Pennsylvania Journal of Business Law, Vol. 18:4, 2016, S. 985 (987).

465 *Harker/Castellano*, Briefing Papers, Iss. 17-3 (February 2017), S. 1 (4); *The World Bank Group*, Annual Update INT FY16, S. 10.

466 *Dubois/Nolan*, The Yale Journal of International Law Online, Vol. 26 (Fall 2010), S. 15; *Richter*, CB 2015, S. 291; *Diamant/Sullivan/Smith*, University of Pennsylvania Journal of Business Law, Vol. 18:4, 2016, S. 985 (988).

467 *Richter*, CB 2015, S. 291; vgl. auch *Hostetler*, Yale Human Rights and Development Journal, Vol. 14, Iss. 1 (2011), S. 231 (232) in Bezug auf wegen Korruption verlorene Investitionen der WBG.

erfahren.[468] Im Rahmen von Auftragsvergaben in Entwicklungsländern soll der Aufpreis sogar knapp ein Drittel des gesamten Auftragsvolumen ausmachen.[469]

Diese Zahlen zeigen letztlich, dass Korruption den Auftrag der WBG, Schwellen- und Entwicklungsländer zu fördern, durch das Verschlingen immenser Gelder sabotiert und zu einer Verschwendung der bereitgestellten Gelder führt.[470] Dies beeinträchtigt Einzelstaaten, beitragszahlende Mitgliedsstaaten und die WBG dabei Armut und Menschenrechtsverletzungen zu verringern, Investitionen attraktiver zu gestalten und für Good Governance zu werben.[471] Festgefahrene korrupte Strukturen führen dazu, dass staatlichen Institutionen kein Vertrauen mehr geschenkt wird, sie instabil sind, sich minderwertige öffentliche Dienstleistungen und Infrastrukturen etablieren, wirtschaftliche Produktivität und soziale Entwicklung beeinträchtigt werden und insgesamt ein Umfeld geschaffen wird, in dem Betrug und Korruption ungehindert florieren.[472] Unlautere Absprachen haben den Effekt, dass nicht die am besten qualifizierten Bewerber ausgeschriebene Aufträge erhalten und darüber hinaus andere geeignete(re) Marktteilnehmer von Bewerbungen Abstand nehmen.[473] Dies hat unmittelbare Auswirkungen auf die Qualität der in Frage stehenden Projekte.[474] Somit sind es letztlich die Menschen, denen das jeweilige Projekt zugutekommen sollte, die die nachteiligen Auswirkungen von Betrug, Korruption etc. zu

468 *Diamant/Sullivan/Smith*, University of Pennsylvania Journal of Business Law, Vol. 18:4, 2016, S. 985 (988).

469 *Hostetler*, Yale Human Rights and Development Journal, Vol. 14, Iss. 1 (2011), S. 231 (232); *Diamant/Sullivan/Smith*, University of Pennsylvania Journal of Business Law, Vol. 18:4, 2016, S. 985 (988).

470 *Dubois*, Litigation, Vol. 39, No. 1, Good Deeds (Winter 2013), S. 38 (39); *The World Bank*, The World Bank's Anti-Corruption Guidelines and Sanctions Reform, S. 1; *Diamant/Sullivan/Smith*, University of Pennsylvania Journal of Business Law, Vol. 18:4, 2016, S. 985 (988).

471 *Hostetler*, Yale Human Rights and Development Journal, Vol. 14, Iss. 1 (2011), S. 231 (232); *The World Bank*, The World Bank's Anti-Corruption Guidelines and Sanctions Reform, S. 1 f.

472 *The World Bank*, The World Bank's Anti-Corruption Guidelines and Sanctions Reform, S. 2; vgl. auch *Hostetler*, Yale Human Rights and Development Journal, Vol. 14, Iss. 1 (2011), S. 231 (232 ff.).

473 *The World Bank*, The World Bank's Anti-Corruption Guidelines and Sanctions Reform, S. 2; *Hostetler*, Yale Human Rights and Development Journal, Vol. 14, Iss. 1 (2011), S. 231 (237).

474 *Hostetler*, Yale Human Rights and Development Journal, Vol. 14, Iss. 1 (2011), S. 231 (238 f.) mit Beispielen.

spüren bekommen.[475] Auch deshalb ist es für die WBG zwingend notwendig, Korruption zu bekämpfen, denn nur so kann sie ihrem Entwicklungsauftrag gerecht werden.

2. Ungenügende Strafverfolgungsstrukturen

Ferner weisen viele Staaten, die Empfänger von Kapital der Weltbank sind, nur ungenügende Strafverfolgungsstrukturen auf.[476] Dies liegt teilweise an fehlenden Mitteln, teilweise allerdings auch daran, dass die bestehenden Strukturen von Korruption durchsetzt und daher nicht vertrauenswürdig sind.[477] Auch scheint es partiell an der nötigen Motivation, Investitionen internationaler Entwicklungsbanken zu schützen, zu fehlen.[478] In manchen Ländern existiert sogar keine Anerkennung strafrechtlicher Verantwortlichkeit von Unternehmen und Organisationen.[479] Insgesamt ist zu konstatieren, dass Nationalstaaten mit der Bewältigung internationaler Prozesse überfordert sind.[480]

Die WBG verfügt über keine Strafverfolgungskompetenzen, [481] wie sie etwa staatliche Behörden nach dem Modell einer Staatsanwaltschaft haben, oder gar über die Kompetenz, straf- oder zivilrechtliche Sanktionen zu verhängen.[482] Daher ist die WBG auf nationale Behörden angewiesen, wenn es um die Ahndung

---

475 *Hostetler*, Yale Human Rights and Development Journal, Vol. 14, Iss. 1 (2011), S. 231 (237); *The World Bank*, The World Bank's Anti-Corruption Guidelines and Sanctions Reform, S. 2.

476 *Harker/Castellano*, Briefing Papers, Iss. 17-3 (February 2017), S. 1 (2); *Søreide/Gröning/Wandall*, Chicago Journal of International Law, Vol. 16, No. 2 (2016), S. 525; vgl. auch *Hostetler*, Yale Human Rights and Development Journal, Vol. 14, Iss. 1 (2011), S. 231 (234, 253).

477 *Søreide/Gröning/Wandall*, Chicago Journal of International Law, Vol. 16, No. 2 (2016), S. 525; *Hostetler*, Yale Human Rights and Development Journal, Vol. 14, Iss. 1 (2011), S. 231 (254).

478 *Hostetler*, Yale Human Rights and Development Journal, Vol. 14, Iss. 1 (2011), S. 231 (253); *Søreide/Gröning/Wandall*, Chicago Journal of International Law, Vol. 16, No. 2 (2016), S. 525; vgl. auch *Harker/Castellano*, Briefing Papers, Iss. 17-3 (February 2017), S. 1 (2). Siehe auch allgemein *Schieffer/Ide*, CCZ 2017, S. 281.

479 *Gruner* in: Pontell/Geis, International Handbook of White-Collar and Corporate Crime, S. 279 (296).

480 *Spießhofer*, NZG 2018, S. 441 (443).

481 *Søreide/Gröning/Wandall*, Chicago Journal of International Law, Vol. 16, No. 2 (2016), S. 525.

482 *The World Bank*, OSD Report 2007-2015, S. 8.

korrupten Verhaltens von Regierungsbeamten geht.[483] Gerade wenn (hochrangige) Beamte zur Rechenschaft gezogen werden sollen, kann oftmals nicht auf die Unterstützung von nationalen Ermittlungsbehörden gezählt werden.[484] Ein Einschreiten gegen solche Personen verbietet der WBG das in den jeweiligen *Articles of Agreement* niedergelegte Einmischungsverbot.[485] Zur Lösung solcher Fälle steht ihr allein der Weg der Zusammenarbeit mit der jeweiligen Regierung offen.[486] Sofern man sich nicht auf einen gangbaren Weg einigen kann, verbleiben schließlich noch vertragliche Optionen, mit denen die Bank die vereinbarte Mittelvergabe stoppen oder rückgängig machen kann.[487] So kann beispielsweise die (weitere) Ausschüttung von Mitteln ausgesetzt oder gänzlich abgebrochen und vorzeitige Rückzahlung ausgegebener Darlehen verlangt werden.[488]

Letztlich werden auch in Fällen, in denen es nicht um korrupte Politiker oder Regierungsbeamtinnen und Regierungsbeamte geht, oftmals keine funktionierenden Strafverfolgungsstrukturen vorgefunden. Dies liegt beispielsweise an Unsicherheiten hinsichtlich der Gerechtigkeit gesprochener Urteile,

---

483 *Boisson de Chazournes/Fromageau*, The European Journal of International Law, Vol. 23 No. 4 (2012), S. 963 (980); *Søreide/Gröning/Wandall*, Chicago Journal of International Law, Vol. 16, No. 2 (2016), S. 525.

484 *Hostetler*, Yale Human Rights and Development Journal, Vol. 14, Iss. 1 (2011), S. 231 (255); *Søreide/Gröning/Wandall*, Chicago Journal of International Law, Vol. 16, No. 2 (2016), S. 525.

485 Vgl. *Baghir-Zada*, Debarment as an Anti-Corruption Tool, S. 78; *The World Bank*, The World Bank's Anti-Corruption Guidelines: A User's Guide, S. 15; *Boisson de Chazournes/Fromageau*, The European Journal of International Law, Vol. 23 No. 4 (2012), S. 963 (980). Dies gilt nur dann nicht, wenn Beamte als Privatperson handeln, siehe *Dubois*, University of Chicago Legal Forum Vol. 2012: Iss. 1, S. 195 (219 Fn. 114); *Deming*, The International Lawyer, Vol. 44, No. 2 (Summer 2010), S. 871 (882); siehe außerdem zum Einmischungsverbot D.II.2, D.III.2., E.I.

486 *The World Bank*, The World Bank's Anti-Corruption Guidelines: A User's Guide, S. 15; *Boisson de Chazournes/Fromageau*, The European Journal of International Law, Vol. 23 No. 4 (2012), S. 963 (980); *Deming*, The International Lawyer, Vol. 44, No. 2 (Summer 2010), S. 871 (882); *Rose-Ackermann*, University of Pennsylvania Journal of International Law, Vol. 34:3, 2013, S. 447 (480).

487 *The World Bank*, The World Bank's Anti-Corruption Guidelines: A User's Guide, S. 15; *dies.*, The World Bank Group's Sanctions Regime: Information Note, S. 12; *Deming*, The International Lawyer, Vol. 44, No. 2 (Summer 2010), S. 871 (882).

488 *The World Bank*, The World Bank's Anti-Corruption Guidelines: A User's Guide, S. 15; siehe auch *Prieß*, NZBau 2009, S. 587; *Deming*, The International Lawyer, Vol. 44, No. 2 (Summer 2010), S. 871 (882 f.).

Unterkapazitäten, Integritätsproblemen und politisch gelenkten Entscheidungen.[489] Aus diesen Gründen agiert die WBG in Bezug auf alle Empfängerstaaten gleich, also unabhängig davon, ob geeignete Strukturen in einem Land vorhanden sind oder nicht. Dies ist ein weiterer Grund, aus dem sie ihr eigenes Sanktionsverfahren betreibt und ihre Schlüsse für einen etwaigen Ausschluss eines Teilnehmers nur aus diesem eigenen Verfahren zieht.[490] Dies zielt nicht zuletzt darauf, auch und gerade mit solchen Staaten einen produktiven Dialog zu unterhalten, in denen Gerichtsentscheidungen nicht mit vollem Vertrauen begegnet werden kann.[491]

Deshalb fährt die WBG einen anderen Ansatz, hinsichtlich dessen sie volle Gewalt hat: Sie schließt Unternehmen und Einzelpersonen, die gegen ihr Regelwerk verstoßen (in der Regel Auftragnehmer der kreditnehmenden Mitgliedsländer) von der Inanspruchnahme ihrer Finanzdienstleistungen und der Teilnahme an von ihr geförderten Projekten aus.[492] Dies mag auf den ersten Blick als nur schwache Kompensation für nicht funktionierende staatliche Strafverfolgungsinstitutionen wirken. Allerdings können die Folgen für betroffene Individuen und Unternehmen tiefgreifend im Hinblick auf wirtschaftlichen Erfolg und Reputation sein[493] – dies wird im Folgenden unter E.IX.5. erläutert.

3. Spannungsverhältnis von Good Governance und Einmischungsverbot

Kritisch wird bemerkt, dass es wirke, als ob das Sanktionssystem entwickelt wurde, ohne dabei zu bedenken, dass treuhänderische Plichten und die Risiken, die aus Förderungen in korruptionsgeneigten Geschäftsumfeldern resultieren, nicht von den jeweiligen gesellschaftlichen Strukturen und Institutionen eines

---

489 *Hostetler*, Yale Human Rights and Development Journal, Vol. 14, Iss. 1 (2011), S. 231 (255); *Søreide/Gröning/Wandall*, Chicago Journal of International Law, Vol. 16, No. 2 (2016), S. 525 (540).

490 *Søreide/Gröning/Wandall*, Chicago Journal of International Law, Vol. 16, No. 2 (2016), S. 525 (540).

491 Ebd.

492 *Majtan*,The George Washington International Law Review, Vol. 45, No. 2 (2013), S. 291 (322); *Søreide/Gröning/Wandall*, Chicago Journal of International Law, Vol. 16, No. 2 (2016), S. 525.

493 *Diamant/Sullivan/Smith*, University of Pennsylvania Journal of Business Law, Vol. 18:4, 2016, S. 985 (990).

Landes losgelöst betrachtet werden können.[494] Auch sei dies nicht der effektivste Weg, um Investitionsschutz zu betreiben.[495]

Dem ist jedoch entgegenzuhalten, dass es der WBG schlicht am hierzu notwendigen Mandat fehlt. Wie bereits aufgezeigt,[496] ist es ihr nicht gestattet, sich in politische Begebenheiten ihrer Mitglieder einzumischen. Daher hält sie sich an die von ihr seit langem geführte Strategie, keine Regierungen oder deren Vertreter zu sanktionieren.[497] Um solche Sanktionierungen durch die Institutionen der Weltbankgruppe selbst durchsetzen zu lassen, müssten sämtliche Mitgliedsstaaten einer Änderung der *Articles of Agreement,* insbesondere hinsichtlich des Einmischungsverbotes, zustimmen und entsprechende hoheitliche Befugnisse erteilen.

Dies dürfte ein wenig aussichtsreiches Unterfangen sein. Daher nutzt die WBG den einzigen ihr zur Verfügung stehenden, pragmatischen Hebel: Sie unterwirft die jeweiligen Auftragnehmer einem strengen Regime um zu demonstrieren, dass es sich langfristig nicht lohnt, gegen ihre Vorgaben zu verstoßen. Eine Sanktion soll mithin sowohl für den im Einzelfall Sanktionierten als auch generell für Dritte, die in WBG-Projekten tätig sind, als general-präventiv-wirkende Abschreckung vor Verstößen dienen und diese damit unattraktiv machen.[498] Letztlich ist die Vorgehensweise der WBG vor dem Hintergrund ihrer limitierten Sanktionierungsmöglichkeiten als rational einzuordnen, da es aufgrund ihres Mandates keine Option ist, in entwicklungsbedürftigen Staaten nicht mehr zu investieren.[499]

---

494 *Boisson de Chazournes/Fromageau,* The European Journal of International Law, Vol. 23 No. 4 (2012), S. 963 (980); *Søreide/Gröning/Wandall,* Chicago Journal of International Law, Vol. 16, No. 2 (2016), S. 525 (527).

495 *Søreide/Gröning/Wandall,* Chicago Journal of International Law, Vol. 16, No. 2 (2016), S. 525 (541); *Boisson de Chazournes/Fromageau,* The European Journal of International Law, Vol. 23 No. 4 (2012), S. 963 (980).

496 Vgl. zum Einmischungsverbot oben D.II.2., D.III.2.

497 Wobei dies in Ausnahmefällen doch möglich ist, sofern ein Beamter als Privatperson ein sanktionsfähiges Verhalten an den Tag legt. *Dubois,* University of Chicago Legal Forum Vol. 2012: Iss. 1, S. 195 (219 Fn. 114); *Boisson de Chazournes/Fromageau,* The European Journal of International Law, Vol. 23 No. 4 (2012), S. 963 (980).

498 *Fariello/Bo* in: Wouters/Ninio/Doherty/Cissé, The World Bank Legal Review Vol. 6, S. 419; *Leroy/Fariello,* The World Bank Group Sanctions Process and Its Recent Reforms, S. 1; vgl. auch Sect. III, Part A., Art. I, § 1.01 (a) World Bank Sanctions Procedures.

499 *Søreide/Gröning/Wandall,* Chicago Journal of International Law, Vol. 16, No. 2 (2016), S. 525 (528 f.).

Die WBG arbeitet an dem Thema Good Governance mit ihren Geschäftspartnern auf andere Weise, etwa durch gezielte Projekte,[500] und spricht Korruptionsrisiken offen gegenüber Empfängerstaaten an.[501] Allerdings kann sich solche Kritik nur in einem gewissen Rahmen bewegen. Schließlich muss sie Ziele, wie etwa die Verbesserung von Gesundheits- und Bildungsstandards sowie Infrastruktur gemäß ihrem Entwicklungsauftrag und (wiederum) dem Einmischungsverbot als vorrangig betrachten.[502] Daher können solche Themen mit Empfängern diskutiert und auch Beratung und Assistenz in der Umsetzung von Reformen angeboten werden, was auch durch eine Vielzahl von Projekten erfolgt.[503] Die WBG fördert beispielsweise den Erlass integritätsstiftender Gesetze und die Schaffung von Institutionen, die deren Befolgung auch tatsächlich beobachten und Verstöße ahnden.[504] Darüber hinaus übt sie durchaus Druck auf Empfängerstaaten aus, indem sie Rechenschaftspflichten an die Vergabe von Kreditverträgen knüpft.[505] Zwingen kann sie jedoch keines ihrer Mitglieder zur Befolgung der von ihr aufgestellten Good-Governance-Vorgaben. Ihr Vorgehen bewegt sich damit stets im Spannungsverhältnis zwischen Einmischungsverbot und dem Verständnis, dass auch die Befolgung von Good Governance unerlässlich ist, will man Entwicklung effizient und nachhaltig vorantreiben. Die Weltbank-Institutionen vermögen letztlich nur Private ihrem

500 Dazu gehören länderübergreifende Antikorruptions-Initiativen, Arbeitsgruppen, Methoden zur Analyse von korruptionsbezogenen Problemen etc. Darüber hinaus fördert die Weltbank auch einige internationale Programme, die sich mit dem Thema Korruption beschäftigen, wie die *Stolen Asset Recovery Initiative (StAR),* die *Extractive Industries Transparency Initiative (EITI),* die *Construction Sector Transparency Initiative (CoST)* und ein Netzwerk zur Zusammenarbeit internationaler Anti-Korruptionsbehörden. Siehe hierzu *Søreide/Gröning/Wandall*, Chicago Journal of International Law, Vol. 16, No. 2 (2016), S. 525 (531). Vgl. auch zur *World Bank Updated Governance and Anticorruption Strategy: IBRD/IDA*, New Directions in Justice Reform.

501 Vgl. *Thomas*, International Affairs, Vol. 83, No. 4 (2007), S. 729; *Søreide/Gröning/Wandall*, Chicago Journal of International Law, Vol. 16, No. 2 (2016), S. 525 (529).

502 *Søreide/Gröning/Wandall*, Chicago Journal of International Law, Vol. 16, No. 2 (2016), S. 525 (530); *Thomas*, International Affairs, Vol. 83, No. 4 (2007), S. 729.

503 *Søreide/Gröning/Wandall*, Chicago Journal of International Law, Vol. 16, No. 2 (2016), S. 525 (530).

504 *Thomas*, International Affairs, Vol. 83, No. 4 (2007), S. 729; *Søreide/Gröning/Wandall*, Chicago Journal of International Law, Vol. 16, No. 2 (2016), S. 525 (530).

505 *Søreide/Gröning/Wandall*, Chicago Journal of International Law, Vol. 16, No. 2 (2016), S. 525 (530).

strengen Sanktionsregime zu unterwerfen. Gegen korrupte Regierungen haben sie nach alledem keine Zwangsmittel in der Hand.[506]

Dies ist jedoch nicht derart zu verstehen, dass die WBG tatenlos zuschaut, wenn sie feststellt, dass im Zusammenhang mit von ihr ausgegebenen Mitteln Rechtsverstöße begangen werden.[507] Vielmehr fordert sie in solchen Fällen die Herausgabe von Daten, betreibt Ermittlungen und verstärkt die Kontrolle eines Projekts.[508] Teilweise stoppt die Bankgruppe aufgrund der gefundenen Fakten sogar ihre Förderung.[509] So hat die WBG zwar keine Zwangsmittel, die ihr eine Durchsetzung von Good Governance-Standards ermöglichen, allerdings kann sie im Wege der aufgezeigten Möglichkeiten faktischen Druck ausüben, der gleichermaßen geeignet ist, die Compliance-Ziele zu erreichen.[510]

4. Reputation

Letztlich ist nicht außer Acht zu lassen, dass ein weiterer motivierender Faktor für die Etablierung eines Sanktionssystems der Umstand war, dass die WBG nicht zulassen kann, dass ihr Ruf Schaden nimmt.[511] Der Kampf gegen Korruption ist ein wichtiger Faktor bei der Stabilisierung ihrer Legitimität.[512] Hierzu genügt es jedoch nicht allein, nach Gutdünken und wirtschaftlichen Überlegungen Unternehmen und Individuen zu sanktionieren, ohne dies hinreichend zu begründen.[513] Ein solches Vorgehen wäre kontraproduktiv hinsichtlich der Entwicklungsarbeit sowie der damit verbundenen Tätigkeit hinsichtlich der Verbesserung von Transparenz und Verständlichkeit von Entscheidungen staatlicher Stellen.[514] Daher wurde ein Sanktionssytem geschaffen, dessen Regelungen für jedermann einseh- und nachvollziehbar sind und damit für alle in

506 Vgl. *Zimmermann/Fariello* in: Travers, Serious Economic Crime, S. 65; *Søreide/Gröning/Wandall*, Chicago Journal of International Law, Vol. 16, No. 2 (2016), S. 525 (530).
507 *Søreide/Gröning/Wandall*, Chicago Journal of International Law, Vol. 16, No. 2 (2016), S. 525 (530).
508 Ebd.
509 *Thomas*, International Affairs, Vol. 83, No. 4 (2007), S. 729; *Søreide/Gröning/Wandall*, Chicago Journal of International Law, Vol. 16, No. 2 (2016), S. 525 (530 f.).
510 *Zimmermann/Fariello* in: Travers, Serious Economic Crime, S. 65 f.
511 *Yukins*, The Government Contractor, Vol. 55, No. 42 (November 2013), § 355, S. 3.
512 Ebd.
513 *Dubois/Nolan*, The Yale Journal of International Law Online, Vol. 26 (Fall 2010), S. 15 (21).
514 Ebd.

WBG-Projekte involvierte Personen und Unternehmen absehbar ist, unter welchen Voraussetzungen Sanktionen drohen.

IV. Unterwerfung der Vertragsparteien unter die Sanctions Procedures

Die Weltbank kommt ihren treuhänderischen Pflichten dadurch nach, dass sie *Procurement-*, *Consultant-* und/oder *Anti-Corruption Guidelines* in jeden Förder- und Kreditvertrag mit einem Mitgliedsstaat einfließen lässt.[515] Darüber hinaus wird das jeweilige Nehmerland verpflichtet, diese *Guidelines* gleichsam zum Element von Kreditverträgen oder einer Ausschreibung und der darauf folgenden Verträge des jeweiligen Projektes (mindestens durch einen Verweis auf diese)[516] zu machen, sodass auch die jeweiligen privaten Auftragnehmer an diese gebunden werden.[517] Die Anwendbarkeit des Sanktionssystems auf Dispute zwischen der Weltbankgruppe und dem benannten Kreis von Personen und Unternehmen resultiert folglich aus den jeweils geschlossenen Verträgen.[518]

Diese Verpflichtung der Darlehensnehmer ist zwingend notwendig, da letztlich, nachdem man sich auf die Ziele eines Projektes und Integritätsstandards geeinigt hat, nur diese Ausgaben tätigen und in Kontakt mit den ausführenden Auftragnehmern treten.[519] Grob gefasst verpflichten die *Guidelines* Darlehensnehmer und Auftragnehmer, Betrug und Korruption im Rahmen von Projekten,

---

515 *Harker/Castellano*, Briefing Papers, Iss. 17-3 (February 2017), S. 1 (2); *Dubois/Nolan*, The Yale Journal of International Law Online, Vol. 26 (Fall 2010), S. 15 (17); *Diamant/Sullivan/Smith*, University of Pennsylvania Journal of Business Law, Vol. 18:4, 2016, 985, 993; *Leroy*, Advisory Opinion on Certain Issues Arising in Connection with Recent Sanctions Cases, Opinion No. 2010/01, S. 7 f. unter 32; vgl. auch World Bank Procurement Guidelines, 1.16; World Bank Consultant Guidelines.

516 *Leroy*, Advisory Opinion on Certain Issues Arising in Connection with Recent Sanctions Cases, Opinion No. 2010/01, S. 7 f. unter 32. Vgl. auch die World Bank Procurement Regulations, S. 70.

517 *Dubois/Nolan*, The Yale Journal of International Law Online, Vol. 26 (Fall 2010), S. 15 (17); *Baghir-Zada*, Debarment as an Anti-Corruption Tool, S. 81; vgl. auch World Bank Procurement Guidelines, 1.16; World Bank Consultant Guidelines, 1.23; *Richter*, CB 2015, S. 291 (292 f.).

518 *Harker/Castellano*, Briefing Papers, Iss. 17-3 (February 2017), S. 1 (2).

519 *Søreide/Gröning/Wandall*, Chicago Journal of International Law, Vol. 16, No. 2 (2016), S. 525 (538).

die von der Weltbank gefördert werden, zu verhindern und zu bekämpfen.[520] Jede dieser Richtlinien legt die Unterwerfung der Unternehmen und Individuen, die an Weltbank-Projekten mitwirken oder sich hierfür bewerben, unter die *Sanctions Procedures* fest.[521] Der Anwendungsbereich des Sanktionsregimes kann letztlich nicht durch vertragliche Regelungen des Kreditnehmers mit dem *Respondent* oder Dritten beeinflusst werden.[522]

Aus den *Guidelines* geht hervor, dass die Bank *Sanctions Procedures* gegen ein Unternehmen oder Individuum eröffnet, sofern der Vorwurf eines der fünf sanktionsfähigen Delikte[523] erhoben wird.[524] Eine Zustimmung des Dritten zu diesem Vorgehen erachtet die Weltbank nicht als notwendig.[525] Dies geht so weit, dass sie auch Sanktionen gegenüber Parteien verhängt, die weder am Vergabeverfahren noch unmittelbar in die Projektausführung einbezogen sind, aber einen der sanktionierbaren Verstöße im Zusammenhang mit von der Bank finanzierten Projekten begangen haben.[526] Unerheblich ist dabei, ob der Partei klar war, dass es sich bei dem Projekt um ein von der Weltbank finanziertes Vorhaben handelt.[527] Sanktionen können sich ferner auf einen gesamten multinationalen Konzern erstrecken, auch wenn die sanktionsfähige Zuwiderhandlung durch einen Mitarbeiter einer ausländischen Tochtergesellschaft erfolgte.[528] Dabei ist es möglich, dass verschiedene Sanktionen verhängt werden, welche jeweils am Grad der Verantwortlichkeit und Zurechenbarkeit zu messen sind.[529]

Repressalien nach ihrem Regelwerk, insbesondere die Verhängung von Vergabesperren, erachtet die Bank mithin als interne und einseitige Entscheidung ihrerseits.[530] Begründet wird dies damit, dass das Recht, einen Dritten zu

---

520 *Deming*, The International Lawyer, Vol. 44, No. 2 (Summer 2010), S. 871 (874); *Dubois*, Litigation, Vol. 39, No. 1, Good Deeds (Winter 2013), S. 38 (39).

521 *Dubois*, Litigation, Vol. 39, No. 1, Good Deeds (Winter 2013), S. 38 (39); siehe hierzu im Folgenden E.IV.

522 *The World Bank*, The World Bank Group's Sanctions Regime: Information Note, S. 20.

523 *Corrupt-*, *Fraudulent-*, *Collusive-*, *Coercive-* und *Obstructive Practice*, vgl. unten E.VIII.2. ff.

524 Vgl. World Bank Procurement Guidelines, 1.16 (d); World Bank Consultant Guidelines, 1.23 (d); *Dubois*, Litigation, Vol. 39, No. 1, Good Deeds (Winter 2013), 38, 39.

525 *Leroy*, Advisory Opinion on Certain Issues Arising in Connection with Recent Sanctions Cases, Opinion No. 2010/01, S. 8 unter 33; *Richter*, CB 2015, S. 291 (293).

526 *Richter*, CB 2015, S. 291 (293).

527 Ebd.

528 Vgl. hierzu im Folgenden E.V.4. und E.IX.5.c).

529 MDB Harmonized Principles of Treatment of Corporate Groups, B. Nr. 1.

530 *Richter*, CB 2015, S. 291 (293).

sanktionieren, nicht mit einer Obligation auf dessen Seite korrespondiert.[531] Beachtung schenken muss einer Sanktion allerdings der im Einzelfall kreditnehmende Mitgliedsstaat.[532] Dies gilt auch, wenn das sanktionierte Verhalten unter nationalem Recht nicht als Verstoß gewertet wird.[533] Sofern es allerdings um Rechte der Bank geht, die den Dritten zu einem Handeln verpflichten,[534] bedarf es selbstverständlich einer solchen Zustimmung.[535] Hierunter sind beispielhaft die Ermittlungen von *INT*[536] zu fassen, da diese teilweise Eingriffscharakter haben.[537]

V. Adressaten

Wer Adressat eines Sanktionsverfahrens ist, bestimmt sich im Einzelfall nach den jeweils anwendbaren *Guidelines*.[538]

1. Procurement Guidelines

In den *Procurement Guidelines* legt die WBG unter Ziff. 1.16 den Personenkreis fest, der ihren Vorgaben Folge zu leisten hat. Es heißt dort wörtlich:

> *„It is the Bank's policy to require that Borrowers (including beneficiaries of Bank loans), bidders, suppliers, contractors and their agents (whether declared or not), sub-contractors, sub-consultants, service providers or suppliers, and any personnel thereof, observe the highest standard of ethics during the procurement and execution of Bank-financed contracts."*

In diesem Zusammenhang erklärt die WBG, dass jedes Verhalten, welches darauf gerichtet ist, den Ausschreibungsprozess oder die Vertragsausführung zum eigenen Vorteil zu beeinflussen, als unlauter eingestuft wird. Um diese Vorgabe praktisch durchzusetzen und zu untermauern, deklariert die Bank weiter:

---

531 *Leroy*, Advisory Opinion on Certain Issues Arising in Connection with Recent Sanctions Cases, Opinion No. 2010/01, S. 8 unter 33.

532 Ebd.

533 Vgl. *Verma*, Automatic/Mandatory Cross-Border Debarment, S. 2.

534 Wichtig sind insoweit vor allem die Prüfrechte *(Audit Rights)* sowie das Recht, mit Mitarbeitern der Unternehmen Interviews zu führen, *Richter*, CB 2015, S. 291 (293 f.).

535 *Leroy*, Advisory Opinion on Certain Issues Arising in Connection with Recent Sanctions Cases, Opinion No. 2010/01, S. 8 unter 34.

536 Siehe hierzu unten E.IX.1.a).

537 *Harker/Castellano*, Briefing Papers, Iss. 17-3 (February 2017), S. 1 (4); Richter, CB 2015, S. 291 (293).

538 *The World Bank*, The World Bank Group's Sanctions Regime: Information Note, S. 17.

„The Bank will sanction a firm or individual, at any time, in accordance with the prevailing Bank's sanctions procedures, including by publicly declaring such firm or individual ineligible, either indefinitely or for a stated period of time: (i) to be awarded a Bank-financed contract; and (ii) to be a nominated sub-contractor, consultant, supplier, or service provider of an otherwise eligible firm being awarded a Bank-financed contract.“ [539]

Nominated sub-contractor, consultant, supplier oder *service provider* sind all jene Personen oder Unternehmen, die entweder durch den Bieter in seine Vorqualifizierungsbewerbung oder sein Gebot wegen ihrer spezifischen Qualifizierung, die den Bieter die Auftragsvoraussetzungen erfüllen lassen, aufgenommen wurden oder durch den kreditnehmenden Mitgliedsstaat ausgewählt werden.[540]

Diese sehr weitreichende Formulierung zeigt, dass sich der Geltungsbereich des Sanktionsregimes letztlich auf alle Akteure, die auf irgendeine Art und Weise an den Ausschreibungen der WBG beteiligt sind, erstreckt.[541]

2. Consultant Guidelines

Auch in den *Procurement Guidelines* legt die WBG unter Ziff. 1.23 einen dem der *Procurement Guidelines* sehr ähnlichen Adressatenkreis fest:

„It is the Bank's policy to require that Borrowers (including beneficiaries of Bank loans), consultants, and their agents (whether declared or not), sub-contractors, sub-consultants, service providers or suppliers, and any personnel thereof, observe the highest standard of ethics during the selection and execution of Bank-financed contracts.“

Im Übrigen gelten dieselben Kategorisierungen in Bezug auf die Bewertung von Handlungen als unlauter wie bei den *Procurement Guidelines* auch.[542] Als *nominated sub-consultant, supplier* oder *service provider,*[543] der dem Sanktionsregime unterworfen wird, werden solche Personen oder Unternehmen eingestuft, die entweder wegen ihrer besonderen Qualifikation von dem Berater in sein Angebot aufgenommen wurden oder durch Auswahl eines kreditnehmenden Mitgliedsstaates in den Ausschreibungsprozess einbezogen wurden.[544]

---

539 World Bank Procurement Guidelines, 1.16 (c).

540 World Bank Procurement Guidelines, S. 8 Fn. 25.

541 *The World Bank*, The World Bank Group's Sanctions Regime: Information Note, S. 18.

542 World Bank Consultant Guidelines, S. 9 Fn. 18.

543 World Bank Consultant Guidelines, 1.23 (d).

544 World Bank Consultant Guidelines, S. 11 Fn. 24.

3. Anti-Corruption Guidelines

Auch die *Anti-Corruption Guidelines* sehen einen weiten personellen Anwendungsbereich vor:

> *„[The] Bank will have the right to sanction in accordance with prevailing Bank's sanctions policies and procedures, any individual or entity other than the Member Country, including (but not limited to) declaring such individual or entity ineligible publicly, either indefinitely or for a stated period of time: (i) to be awarded a Bank-financed contract; (ii) to benefit from a Bank-financed contract, financially or otherwise, for example as a subcontractor; and (iii) to otherwise participate in the preparation or implementation of the project or any other project financed, in whole or in part, by the Bank […].“*[545]

Genauso wie im Zusammenhang mit Ausschreibungen kann die WBG auch schon während des Bewerbungsprozesses um Kredite Personen und Unternehmen sanktionieren, wenn diese unlauteres Verhalten bei der Bewerbung an den Tag legen.[546]

Unter Mitgliedstaaten im Sinne der zitierten Vorschrift werden auch Amtsträger und Angestellte von Mitgliedsstaaten sowie ihre politischen Untereinheiten, Verwaltungseinheiten, staatliche Unternehmen und Agenturen gefasst.[547]

4. Unternehmensgruppen

Sanktionen wegen Zuwiderhandlungen gegen das Recht der Weltbank können nicht nur gegen unmittelbar involvierte Unternehmen, sondern auch verbundene Unternehmen verhängt werden.[548] Sinn und Zweck dieser Haftungserstreckung ist, dass eine Umgehung der gegen das originär verantwortliche Unternehmen verhängten Sanktion durch den Einsatz anderer verbundener Unternehmen verhindert werden soll. Mithin laufen verbundene Unternehmen bei unlauterem Verhalten von Tochtereinheiten Gefahr, mitsanktioniert zu werden.[549] Als verbunden gelten Einheiten, bei denen entweder eine (auch nur faktische) Beherrschung vorliegt oder ein drittes Unternehmen die Beherrschung ausübt.[550]

---

545 World Bank Anti-Corruption Guidelines, 11.

546 World Bank Anti-Corruption Guidelines, 11. Fn. 16.

547 Dies unterliege allerdings gewissen Einschränkungen. Solche dürfen sich unter im Einzelnen unter World Bank Anti-Corruption Guidelines, 11. Fn. 17 aufgeführten Voraussetzungen nicht an Ausschreibungen beteiligen.

548 *Majtan*, The George Washington International Law Review, Vol. 45, No. 2 (2013), S. 291 (330).

549 *The World Bank*, The World Bank Group's Sanctions Regime: Information Note, S. 20.

550 *Harker/Castellano*, Briefing Papers, Iss. 17-3 (February 2017), S. 1 (6).

Dabei definiert die WBG Beherrschung als direkten oder mittelbaren Einfluss auf die Strategie und/oder den Betrieb einer anderen Einheit, unabhängig davon, ob dies aus einer Stellung als Betriebsinhaber, Stimmrechten oder einer anderen einflussreichen Position resultiert.[551]

Der Grund für eine Haftungserstreckung liegt ferner darin, dass innerhalb einer Unternehmensgruppe Muttergesellschaften Verantwortung für die von ihnen beherrschten[552] Tochtergesellschaften tragen. Sie treffen (nicht nur aber auch) unter Weltbankrecht Aufsichtspflichten sowie die Obliegenheit, einen gewissen Mindeststandard an Unternehmensethik zu etablieren.[553] Sofern sie diese Pflichten verletzen und es dadurch zu einem Verstoß kommt, können mithin auch verbundene Unternehmen, die nicht direkt Einfluss auf sanktioniertes Verhalten genommen haben, sanktioniert werden.

In Fällen, in denen eine Muttergesellschaft unmittelbar einen Verstoß begeht, werden umgekehrt regelmäßig auch alle Tochterunternehmen sanktioniert.[554]

Als verbundene Unternehmen werden all solche Einheiten angesehen, die einerseits von dem *Respondent* oder von einem dritten Unternehmen beherrscht werden, das auch den *Respondent* beherrscht.[555] Erfasst werden ferner im Nachgang zu einer Sanktion gegründete Unternehmen, die demselben oder zumindest nahezu selben Management, sonstigen leitenden Angestellten oder Inhabern unterworfen sind wie der *Respondent*.

---

551 Ebd.

552 Beherrschung ist nach der Definition der WBG die Möglichkeit, auf Richtlinien und die Tätigkeit eines Unternehmens einzuwirken, unabhängig davon, ob dies durch Eigentum, das Innehalten von Stimmrechten, durch Vertrag oder sonstige Art und Weise erfolgt. Indizien für eine Beherrschung sind u.a. (teilweise) gleiches Management, das Teilen von Betriebsstätten und Arbeitsmitteln, gleichlaufende Interessen unter Familienmitgliedern etc. Weitere Indizien für eine Beherrschung sind aufgeführt bei *The World Bank,* The World Bank Group's Sanctions Regime: Information Note, S. 22.

553 *Majtan*, The George Washington International Law Review, Vol. 45, No. 2 (2013), S. 291 (330); *The World Bank*, The World Bank Group's Sanctions Regime: Information Note, S. 20.

554 *The World Bank*, The World Bank Group's Sanctions Regime: Information Note, S. 20.

555 *The World Bank*, The World Bank Group's Sanctions Regime: Information Note, S. 22.

VI. Rechtliche Einordnung des Verfahrens

Die WBG selbst beschreibt das *Sanctions System* als quasigerichtlichen, administrativen Prozess,[556] da die Institutionen über keine Rechtsmacht verfügen, die es ihnen erlauben würde, Sanktionen strafrechtlicher oder zivilrechtlicher Art zu verhängen.[557] Auf eine „Bestrafung" von *Respondents* ist das System letztlich nicht ausgelegt,[558] sondern auf Investitionsschutz. Der Begriff „quasigerichtlich" bezieht sich auf ein System, in dem eine neutrale dritte Partei in der Rolle eines Schiedsrichters zwischen zwei gegnerischen Parteien vermittelt.[559]

Die Rechtsprechung des *Sanctions Board* orientiert sich an den Regeln, die auf nationaler Ebene Maßstab für eine Überprüfung der Tätigkeit staatlicher Behörden sind.[560] Dabei kommt ihm ein Spielraum zu, der als Ermessen verstanden wird, wobei dieser (selbstverständlich) der Missbrauchskontrolle unterliegt.[561] Die Verhängung von Sanktionen versteht die Bank als verwaltungstechnische Maßnahme.[562] Der Sanktionsprozess ist mithin als quasi-gerichtliches Verwaltungsverfahren, dem die Bewertung internen Weltbank-Verwaltungsrechts zugrunde liegt, einzustufen.[563]

---

556 *Leroy/Fariello*, The World Bank Group Sanctions Process and Its Recent Reforms, S. 2; *Fariello/Bo* in: Wouters/Ninio/Doherty/Cissé, The World Bank Legal Review Vol. 6, S. 416; *Dubois*, University of Chicago Legal Forum Vol. 2012: Iss. 1, S. 195 (197); *dies./Nolan*, The Yale Journal of International Law Online, Vol. 26 (Fall 2010), S. 15 (16): *Boisson de Chazournes/Fromageau*, The European Journal of International Law, Vol. 23 No. 4 (2012), S. 963 (972).

557 *The World Bank*, OSD Report 2007-2015, S. 8; *Leroy/Fariello*, The World Bank Group Sanctions Process and Its Recent Reforms, S. 8, 29; *Dickinson/Lammers/Heavener*, Implications of the World Bank Sanctions Regime for International Business (2014).

558 *Leroy/Fariello*, The World Bank Group Sanctions Process and Its Recent Reforms, S. 8.

559 *Baer*, Boston College Law Review, Vol. 50, Iss. 4, No. 4 (2009), S. 949 (974).

560 *Dubois/Nolan*, The Yale Journal of International Law Online, Vol. 26 (Fall 2010), 15 (20); vgl. *Dubois*, University of Chicago Legal Forum Vol. 2012: Iss. 1, S. 195 (197 ff.) dazu, dass das System der Weltbank den Debarment Practices der US-amerikanischen Agenturen sehr nahekommt und letztere einen bestimmenden Einfluss auf das Sanctions System der Weltbank hatten.

561 *Dubois/Nolan*, The Yale Journal of International Law Online, Vol. 26 (Fall 2010), S. 15 (20).

562 *Leroy*, Advisory Opinion on Certain Issues Arising in Connection with Recent Sanctions Cases, Opinion No. 2010/01, S. 13 unter 53.

563 *Richter*, CB 2015, S. 291 (294).

Eindeutige und das System prägende Anleihen stammen aus dem Strafrecht und Strafprozessrecht.[564] Schließlich setzen sich die *Sanctions Procedures* mit Verhalten auseinander, die in den meisten Rechtsordnungen als strafbare Taten eingestuft werden.[565] Die prozedurale Seite des Sanktionsregimes wurde durch die Einführung von Verfahrensgarantien wie das Recht auf ein mündliches Verfahren, das Recht auf Verteidigung und die Zweistufigkeit des Verfahrens, strafrechtlichen Verfahren stark angeglichen.[566]

Neben dieser starken strafrechtlichen Prägung weist das Sanktionssystem auch einige Aspekte auf, die zivilrechtlicher – insbesondere vertrags- und deliktsrechtlicher[567] – Natur sind.[568] Zum einen wird das System erst durch Vereinbarung in den Kreditvereinbarungen zwischen der Bank und dem darlehensnehmenden Mitgliedsstaat als verbindlich etabliert.[569] Andererseits finden sich auch deliktsrechtliche Elemente in den Definitionen der fünf sanktionsfähigen Praktiken wieder, insbesondere im Hinblick auf die jeweiligen Anforderungen an subjektive Merkmale.[570]

Anleihen findet das Sanktionssystem ferner in Systemen, die bei der Vergabe von öffentlichen Aufträgen in einigen Ländern bereits existieren.[571] Die administrative Natur des Verfahrens wird dadurch unterstrichen, dass die Weltbank keine Rechtsmacht besitzt, die sie zur Verhängung von Haftstrafen oder

564 *Dubois/Nolan*, The Yale Journal of International Law Online, Vol. 26 (Fall 2010), S. 15 (16); *Leroy/Fariello*, The World Bank Group Sanctions Process and Its Recent Reforms, S. 8; vgl. auch *The World Bank*, Oxford Public International Law, 15 April 2012, S. 2.

565 *Leroy/Fariello*, The World Bank Group Sanctions Process and Its Recent Reforms, S. 8; *Søreide/Gröning/Wandall*, Chicago Journal of International Law, Vol. 16, No. 2 (2016), S. 525 (535).

566 *The World Bank*, Oxford Public International Law, 15 April 2012, S. 2.

567 *Dubois/Nolan*, The Yale Journal of International Law Online, Vol. 26 (Fall 2010), S. 15 (16); *Boisson de Chazournes/Fromageau*, The European Journal of International Law, Vol. 23 No. 4 (2012), S. 963 (972).

568 *Leroy/Fariello*, The World Bank Group Sanctions Process and Its Recent Reforms, S. 8.

569 Siehe E.IV.; *Leroy/Fariello*, The World Bank Group Sanctions Process and Its Recent Reforms, S. 8.

570 *Leroy/Fariello*, The World Bank Group Sanctions Process and Its Recent Reforms, S. 8; *Dubois/Nolan*, The Yale Journal of International Law Online, Vol. 26 (Fall 2010), S. 15 (21).

571 *Boisson de Chazournes/Fromageau*, The European Journal of International Law, Vol. 23 No. 4 (2012), S. 963 (972).

ähnlichen Zwangsmitteln ermächtigen würde.[572] Ein Ausschluss nicht qualifizierter Auftragnehmer findet sich allerdings auch in nationalen und europarechtlichen Verwaltungsvorschriften.[573]

Darüber hinaus hat sich das Sanktionssystem im Laufe seiner Entwicklung auch an den Verfahren anderer internationaler Entwicklungsbanken orientiert.[574] So wurden die *Sanctions Regimes* der Asiatischen Entwicklungsbank, der Interamerikanischen Entwicklungsbank, der Europäischen Bank für Entwicklung und Wiederaufbau, der Afrikanischen Entwicklungsbank, verschiedener VN-Einrichtungen und -Spezialagenturen sowie die Standards, Richtlinien und *Best Practices* anderer internationaler Organisationen wie der *OECD* herangezogen, um die Besonderheiten, die die Geschäftstätigkeit einer internationalen Entwicklungsbank mit sich bringt, bestmöglich durch ein Regelwerk abzudecken.[575]

Dies zeigt, dass das *Sanctions System* eine ganze Reihe rechtlicher Konzepte in sich vereint, die die Entscheidungsträger innerhalb der Bank im Rahmen eines Schiedsprozesses[576] in Ausgleich bringen müssen.[577] Es ist mithin nicht in eine der Kategorien von Zivil-, Straf- oder öffentliches Recht einzuordnen.[578]

Obwohl das Instrument eines Sanktionssystems auch in nationalen Jurisdiktionen zu finden ist, ist das System der Weltbank mit keinem anderen administrativen oder gerichtlichen Prozess vergleichbar.[579] Es ist allein deutlich ausdifferenzierter als viele dieser Systeme.[580] Dies zeigt sich unter anderem daran, dass *INT*, ähnlich einer Staatsanwaltschaft, investigativ operiert und die Beweislast trägt. [581] Es obliegt nicht etwa den *Respondents* sich zu

---

572 *Boisson de Chazournes/Fromageau*, The European Journal of International Law, Vol. 23 No. 4 (2012), S. 963 (973).

573 Ebd.

574 *Zimmermann/Fariello* in: Travers, Serious Economic Crime, S. 65 (66); *Leroy/Fariello*, The World Bank Group Sanctions Process and Its Recent Reforms, S. 8. Insgesamt erfolgt hier ein fortschreitender Harmonisations- und Koordinierungsprozess zwischen allen multilateralen Entwicklungsbanken, vgl. ebendort.

575 *Leroy/Fariello*, The World Bank Group Sanctions Process and Its Recent Reforms, S. 9.

576 *Forder*, American Society of International Law Proceedings, Vol. 106 (2012), S. 122.

577 *Leroy/Fariello*, The World Bank Group Sanctions Process and Its Recent Reforms, S. 8.

578 *Yukins*, Government Contractor Vol. 55, No. 42 (November 2013), § 355, S. 1.

579 *Leroy/Fariello*, The World Bank Group Sanctions Process and Its Recent Reforms, S. 8; *Zimmermann/Fariello* in: Travers, Serious Economic Crime, S. 65 (68).

580 *Ebd.; Leroy/Fariello*, The World Bank Group Sanctions Process and Its Recent Reforms, S. 8.

581 *Canni*, Public Contract Law Journal, Vol. 40, No.1 (Fall 2010), S. 147 (156); *Leroy/Fariello*, The World Bank Group Sanctions Process and Its Recent Reforms, S. 8.

exkulpieren.[582] Außerdem üben sowohl das *OSD* als auch das *Sanctions Board* gerichtstypische Funktionen aus.[583]

Letztlich wurde das System derart aufgebaut, dass Elemente aus verschiedenen Rechtsgebieten entnommen wurden, die für den jeweils zu regelnden Bereich als bestmögliche Lösung erschienen.[584] Dabei hat sich die Weltbank vor allem an ihrem treuhänderischen Auftrag orientiert und flexibel Eigenheiten des öffentlichen-, Zivil- und Strafrechts kombiniert.[585]

VII. Organe - Funktionen und Kompetenzen

Das Sanktionssytem der WBG sieht drei Organe - *Integrity Vice Presidency (INT), Office of Suspension and Debarment (OSD)* und das *Sanctions Board* - vor. Diese sollen im Folgenden näher beschrieben werden.

1. Integrity Vice Presidency

Die *Integrity Vice Presidency* ist eine unabhängige Einheit innerhalb der WBG.[586] Aufgabe von *INT* ist es, die Aufsicht über Weltbank-Projekte zu führen und bei Verdachtsmomenten hinsichtlich einer der fünf sanktionsfähigen Praktiken (*Fraudulent Practice, Corrupt Practice, Collusive Practice, Coercive Practice, Obstructive Practice*) zu ermitteln.[587] Innerhalb des Sanktionssystems übernimmt sie die Rolle einer Staatsanwaltschaft.[588] Dies gilt auch bei Fehlverhalten von Bankmitarbeitern.[589] *INT* entscheidet eigenständig, in welchen Fällen ermittelt wird, und regt gegebenenfalls die Einleitung eines Sanktionsverfahrens gegenüber

---

582 *Leroy/Fariello*, The World Bank Group Sanctions Process and Its Recent Reforms, S. 8.

583 *Zimmermann/Fariello* in: Travers, Serious Economic Crime, S. 65 (68); *Leroy/Fariello*, The World Bank Group Sanctions Process and Its Recent Reforms, S. 8.

584 *Dubois/Nolan*, The Yale Journal of International Law Online, Vol. 26 (Fall 2010), S. 15 (21).

585 Ebd.

586 http://www.worldbank.org/en/about/unit/integrity-vice-presidency; *The World Bank Group*, Annual Update INT FY16, S. 2; *dies.*, Annual Update INT FY17, S. II (Innenseite Cover).

587 *The World Bank*, A Guide to the World Bank, S. 46; *The World Bank Group*, Annual Update INT FY16, S. 2; dies., Annual Update INT FY17, S. 23; *Leroy/Fariello*, The World Bank Group Sanctions Process and Its Recent Reforms, S. 3; *Richter*, CB 2015, S. 291 (292).

588 *Dann*, Archiv des Völkerrechts, 44. Bd., No. 4 (Dezember 2006), S. 381 (390).

589 *The World Bank*, A Guide to the World Bank, S. 46.

dem *OSD* an, sofern eine ausreichende Beweisgrundlage gegeben ist.[590] Die Ergebnisse der Ermittlungen werden dem *OSD* zur Prüfung vorgelegt.[591]

Die 81 Mitarbeiterinnen und Mitarbeiter der *INT* gehören diversen Berufen an.[592] So finden sich beispielsweise Juristinnen und Juristen sowie Expertinnen und Experten im Bereich Ethik, *Investigations* (sowohl auf nationaler als auch auf internationaler Ebene), Strafverfolgung, forensische Rechnungsprüfung, Finanzanalysen, Kriminologie, Kommunikation, Datenmanagement und Auftragsvergabe unter den Angestellten wieder.[593]

Neben der ausgeprägten Funktion als ermittelndes Organ innerhalb des Sanktionssystems der Bank, gehört es zu den Aufgaben von *INT Corporate Compliance,* die Einhaltung der *Anti-Corruption-*, *Consultant-* und *Procurement Guidelines* zu überwachen und zu fördern.[594] Dies erfolgt unter anderem durch spezielle Trainings für Bankmitarbeiterinnen und Bankmitarbeiter und Externe zu den Themen Korruption, finanzielle Rechenschaftspflichten, Kontrolle und Compliance-Management-Systeme.[595] Außerdem unterstützt *INT* teilweise auch darlehensnehmende Staaten mit gemeinsamen Ermittlungen und leitet Ermittlungsergebnisse an nationale Behörden weiter.[596] Darüber hinaus teilt *INT* die aus Ermittlungen gewonnen Erkenntnisse mit den jeweiligen relevanten staatlichen Ministerien, um wirtschaftliche und administrative Verbesserungen voranzutreiben.[597]

---

590 *The World Bank*, OSD Report 2007-2015, S. 11; siehe zum Verfahren im Folgenden E.IX.1. f.

591 *The World Bank*, OSD Report 2007-2015, i; *Leroy/Fariello*, The World Bank Group Sanctions Process and Its Recent Reforms, S. 3.

592 Stand Geschäftsjahr 2017, siehe *The World Bank Group*, Annual Update INT FY17, S. 36; vgl. auch *Richter*, CB 2015, S. 291 (292).

593 https://www.devex.com/organizations/world-bank-integrity-vice-presidency-int-49401; *Richter*, CB 2015, S. 291 (292).

594 *The World Bank*, A Guide to the World Bank, S. 46.

595 *The World Bank*, A Guide to the World Bank, S. 46; *The World Bank Group*, Annual Update INT FY16, S. 2. Im Geschäftsjahr 2017 erhielten 2108 Personen, darunter WBG Personal, Klienten und private Unternehmen, Anti-Korruptions- und Anti-Betrugs-Schulungen sowie spezielle Trainings mit Bezug zu Risikobewertungen, vgl. *The World Bank Group*, Annual Update INT FY17, S. 7, 31.

596 *The World Bank Group*, Annual Update INT FY16, S. 2; *dies.*, Annual Update INT FY17, S. 5, 11, 13.

597 *The World Bank Group*, Annual Update INT FY16, S. 2; *dies.*, Annual Update INT FY17, S. II (Innenseite Cover).

Im Jahre 2010 etablierte *INT* das *Integrity Compliance Office*, welches strukturell eine Einheit von *INT* abbildet. Das *ICO* beobachtet die Einhaltung von Compliance-Standards durch sanktionierte Unternehmen bzw. die Einhaltung von Verhaltenskodizes durch Einzelpersonen.[598] *ICO* steht außerdem sanktionierten Unternehmen und Einzelpersonen bei der Ausgestaltung angemessener Compliance-Programme beratend zur Verfügung.[599] Dadurch unterstützt es *Respondents* im Hinblick auf die Erfüllung der Bedingungen zur Befreiung von Ausschlüssen.[600] Gleichzeitig kontrolliert es, ob die im Rahmen einer Sanktionierung verhängten Auflagen im Hinblick auf die Verbesserung von Compliance Systemen eingehalten werden.[601] Ferner besteht eine Zusammenarbeit des *ICO* mit *NGOs* und dem Privatsektor, um Compliance-Programme nachhaltig zu etablieren.[602]

Die Vereinigung von *INT* und *ICO* innerhalb eines Organs mag aufgrund ihrer gegenläufigen Interessen und Aufgaben als verwunderlich erscheinen.[603] Allerdings wurde, um Interessenkonflikte zu vermeiden, für *ICO* eigene funktionale und administrative Berichtslinien sowie ein *Code of Conduct* eingerichtet, der die Unabhängigkeit der Entscheidungen des *ICO* garantieren soll.[604] Beschwerden bezüglich Entscheidungen des *ICO*, etwa über die (Nicht-) Aufhebung eines Ausschlusses, können ihrerseits direkt bei dem *Sanctions Board* angebracht werden.[605] Allerdings können die Entscheidungen des

598 http://www.worldbank.org/en/about/unit/integrity-vice-presidency/sanctions-compliance.

599 *The World Bank*, The World Bank Group's Sanctions Regime: Information Note, S. 24; *Leroy/Fariello*, The World Bank Group Sanctions Process and Its Recent Reforms, S. 16.

600 *Leroy/Fariello*, The World Bank Group Sanctions Process and Its Recent Reforms, S. 16; *The World Bank*, The World Bank Group's Sanctions Regime: Information Note, S. 24.

601 http://www.worldbank.org/en/about/unit/integrity-vice-presidency/sanctions-compliance; vgl. hierzu Sect. III, Part A., Art. IX, § 9.03 World Bank Sanctions Procedures *(Compliance with Conditions for Non-Debarment and Release from Debarment)* und die *Summary of World Bank Group Integrity Compliance Guidelines; Leroy/Fariello*, The World Bank Group Sanctions Process and Its Recent Reforms, S. 16.

602 *The World Bank Group*, Annual Update INT FY16, S. 2; *dies.*, Annual Update INT FY17, S. II (Innenseite Cover).

603 Vgl. *Leroy/Fariello*, The World Bank Group Sanctions Process and Its Recent Reforms, S. 16.

604 *Leroy/Fariello*, The World Bank Group Sanctions Process and Its Recent Reforms, S. 16 f.

605 *Leroy/Fariello*, The World Bank Group Sanctions Process and Its Recent Reforms, S. 17.

ICO nur mit dem Argument angegriffen werden, dass Ermessen missbraucht wurde.[606]

Der hohe Stellenwert von *INT* innerhalb des Systems der WBG kann unter anderem daran abgelesen werden, dass der *INT*-Vizepräsident direkt an den Präsidenten der Weltbank berichtet.[607]

2. Suspension and Debarment Office

Das *OSD* wird von dem *Chief Suspension and Debarment Officer* geführt.[608] Dieser sitzt den jeweiligen *Suspension and Debarment Officers* bzw. *Evaluation and Suspension Officers* von *IFC, MIGA* und *IBRD/IDA Guarantees & Carbon Finance* vor und ist gleichzeitig der *IBRD/IDA Suspension and Debarment Officer.*[609] Im Folgenden wird zur Vereinfachung nur noch auf den *Suspension and Debarment Officer* Bezug genommen. Das *OSD* ist das Organ, das im Rahmen des Sanktionsverfahrens die erste Entscheidung hinsichtlich eines Ausschlusses eines Unternehmens oder Individuums von Weltbank-Projekten trifft.[610] In der Regel erledigen sich bereits zwei Drittel aller Verfahren schon auf diesem Level, da nur in wenigen Fällen der Vorschlag des *OSD* angegriffen wird.[611] Auch das *OSD* ist ein absolut unabhängiges Organ innerhalb der Weltbank,[612] in welchem ausschließlich renommierte Juristinnen und Juristen tätig sind.[613]

OSD führt eine objektive Prüfung von Empfehlungen der *INT*, ein Sanktionsverfahren gegen ein bestimmtes Unternehmen oder Individuum einzuleiten,

---

606 Ermessensmissbrauch liegt bspw. vor, wenn eine Entscheidung einer nachvollziehbaren Grundlage entbehrt oder auf sonstige Weise willkürlich ist, wenn sie eine essenzielle Tatsache nicht berücksichtigt oder wesentlich falsch einordnet oder wenn ein wesentlicher Verfahrensfehler gemacht wurde. Es muss sich mithin um gravierende Fehler handeln, die auf diese Art und Weise angegriffen werden können, vgl. *The World Bank*, The World Bank Group's Sanctions Regime: Information Note, S. 28 f.

607 *The World Bank*, A Guide to the World Bank, S. 46.

608 *The World Bank*, OSD Report 2007-2015, S. i.

609 http://web.worldbank.org/WBSITE/EXTERNAL/EXTABOUTUS/ORGANIZATION/ORGUNITS/EXTOFFEVASUS/0,,contentMDK:21272397~menuPK:3601082~pagePK:64168445~piPK:64168309~theSitePK:3601046,00.html.

610 *The World Bank*, OSD Report 2007-2015, S. i.

611 Ebd.

612 *The World Bank*, OSD Report 2007-2015, S. 11.

613 Vgl. hierzu die Kurzlebensläufe der Mitarbeiterinnen und Mitarbeiter unter http://siteresources.worldbank.org/EXTOFFEVASUS/Resources/3601045-1373561382853/OSD_Staff_Bio.pdf.

durch.[614] Es stellt mithin eine Kontrollinstanz dar.[615] Insbesondere wird die Beweislage, die *INT* etwa im Hinblick auf einen Vorwurf von Betrug oder Korruption präsentiert hat, einer kritischen Betrachtung unterzogen.[616] *OSD* prüft mithin, ob ausreichende Belege für einen Verstoß gegeben sind und disponiert je nach gefundenem Ergebnis.[617] In den Fällen, in denen *OSD* es für wahrscheinlicher hält, dass ein Verstoß begangen wurde, als das Gegenteil dieser Annahme, verhängt es einen vorläufigen Ausschluss des jeweiligen Unternehmens beziehungsweise der jeweiligen Privatperson von Weltbank-Projekten und schlägt eine Sanktion vor.[618] Es besteht kein Ermessen hinsichtlich der Verfolgung bestimmter Fälle und dem Absehen in anderen Situationen, auch nicht etwa zugunsten riskanter, aber für die Tätigkeit der Bank wichtiger Auftragnehmer.[619] Dies spiegelt die Abkehr von reinen geschäftlich motivierten Entscheidungen hin zu einem rechtsstaatlichen Ansatz wider.[620]

Die Evaluierung durch den *SDO* entlastet das Sanktionssystem immens, da so nicht für jeden Fall, der *OSD* seitens *INT* vorgelegt wird, sogleich ein deutlich aufwändigerer Prozess vor dem *Sanctions Board* angestrengt werden muss, um einen Ausschluss unqualifizierter Wettbewerber herbeizuführen.[621] Auch durch dieses Vorgehen betreibt die Weltbank wiederum Investitionsschutz, da so nicht erst das unter Umständen länger ausstehende Urteil des *Sanctions Boards* am Ende des Sanktionsprozesses abgewartet werden muss.[622] Vielmehr können die Mittel der Bank schon im Vorfeld geschützt werden, indem man ein Unternehmen oder Individuum vorsorglich bis zum Entschluss durch das *Sanctions Board* sperrt, wodurch diese keinen Zugang mehr zu Mitteln der Bank erhalten und sich außerdem in dieser Zeit nicht um neue Bankprojekte bewerben können.[623]

Im Zeitraum 2007 bis 2015 wurden insgesamt 36 % der vorgelegten Fälle an *INT* zurückverwiesen, da das *OSD* keine ausreichende Beweisgrundlage für einen oder mehrere im Raum stehende Vorwürfe sah.[624] Nach weiterer

---

614 *The World Bank*, OSD Report 2007-2015, S. i, 11.
615 *Richter*, CB 2015, S. 291 (294); *The World Bank*, OSD Report 2007-2015, S. 10.
616 *The World Bank*, OSD Report 2007-2015, S. i.
617 *Richter*, CB 2015, S. 291 (294); *The World Bank*, OSD Report 2007-2015, S. i.
618 *The World Bank*, OSD Report 2007-2015, S. i, 11; näher hierzu E.IX.1.b).
619 *Yukins*, The Government Contractor Vol. 55, No. 42 (November 2013), § 355, S. 3.
620 *Yukins*, The Government Contractor Vol. 55, No. 42 (November 2013), § 355, S. 4.
621 *The World Bank*, OSD Report 2007-2015, S. i.
622 Ebd.
623 *The World Bank*, OSD Report 2007-2015, S. 10.
624 *The World Bank*, OSD Report 2007-2015, S. 11.

Bearbeitung und Wiedervorlage durch *INT* beim *OSD* wurden schließlich nur noch 4 % aller Fälle zurückgewiesen.[625]

3. Sanctions Board

Das *Sanctions Board* ist eine quasi-gerichtliche Instanz, die über Streitigkeiten zwischen sanktionierten *Respondents* und *SDO* entscheidet.[626] Es stellt ein unabhängiges Organ der Weltbank dar.[627] Es besteht aus sieben Mitgliedern.[628] Die Besetzung von vier dieser Sitze erfolgt durch Wahl der Exekutivdirektoren der *IBRD*.[629] Diese wählen Kandidaten aus einer Liste, die der Weltbankpräsident zuvor zusammengestellt hat.[630] Diese Kandidaten dürfen keine Angestellten der Weltbank, *IFC* oder *MIGA* sein beziehungsweise vorher gewesen sein.[631] Allerdings sollen sie Kenntnisse im Bereich Auftragsvergabe, Recht, *Dispute Resolution* oder Entwicklungsarbeit aufweisen.[632] Diese externen Mitglieder sind in der Regel erfahrene und bekannte Juristinnen und Juristen;[633] viele haben hohe

625 Ebd.

626 *Richter*, CB 2015, S. 291 (294).

627 *Dubois*, Litigation, Vol. 39, No. 1, Good Deeds (Winter 2013), S. 38 (41); *Boisson de Chazournes/Fromageau*, The European Journal of International Law, Vol. 23 No. 4 (2012), S. 963 (977).

628 Sect. III, Part A., Art. 3 Statute of the Sanctions Board; *The World Bank Group Sanctions Board*, Law Digest, December 2011, S. 18.

629 Sect. III, Part A., Art. 4 (i) Statute of the Sanctions Board.

630 Ebd.

631 Ebd.

632 Ebd.

633 *Dubois*, Litigation, Vol. 39, No. 1, Good Deeds (Winter 2013), S. 38 (41). So ist der aktuelle Vorsitzende *J. James Spinner* ehemaliger General Counsel der *Inter-American Development Bank*. Unter den weiteren Mitgliedern findet sich *Ellen Gracie Northfleet*, welche in Brasilien u.a. Positionen als Bundesanwältin, Vorsitzende Richterin des 4. nationalen Appelationsgerichts, Präsidentin des Bundesgerichtshofs sowie Vorsitzende des nationalen Justizrates innehat. Catherine O'Regan war Richterin des Verfassungsgerichts Südafrikas und Ad-hoc-Richterin des Obersten Bundesgerichts von Namibia. Darüber hinaus ist sie die Präsidentin des IWF Administrative Tribunal und die erste Präsidentin des Bonavero Institute of Human Rights an der Oxford Universität. Sie diente ferner als Vorsitzende des UN Internal Justice Council. Eines der IFC-Mitglieder, *Olufunke Adekoya*, ist Partnerin in einer großen nigerianischen Kanzlei, in der sie im Bereich Dispute Resolution, unter anderem als Schiedsrichterin in (internationalen) Schiedsverfahren, tätig ist. Darüber hinaus ist sie Teil des Schiedsrichtergremiums des *Kigali International Arbitration Centre* und der *Energy Arbitrators List des International Centre for Dispute Resolution*. Als Teil der *IBA Task Force* hat sie

Ämter als Richterinnen und Richter oder Schiedsrichterinnen und Schiedsrichter in nationalen und internationalen Gerichten bekleidet.[634]

Für Fälle, die ein *IFC*-, *MIGA*-, ein *Bank Guarantee*-[635] oder ein *Bank Carbon Finance*-Projekt[636] zum Gegenstand haben, werden jeweils zwei alternative Mitglieder gewählt.[637] Der Auswahlvorgang läuft in gleicher Weise wie zuvor beschrieben ab.[638] Die hier zu berufenden Kandidatinnen und Kandidaten

---

die *IBA Guidelines on Party Representation in International Arbitration* mitverfasst. Sie hält gegenwärtig das Amt der Vizepräsidentin des *ICC Court of Arbitration*. Das weitere *IFC*-Mitglied ist *Teresa Cheng*, welche langjährige Erfahrung in internationalen Schiedsverfahren, als Beraterin oder Schiedsrichterin, hat. Sie ist Vorsitzende des *Hong Kong International Arbitration Centre*, ehemalige Vizepräsidentin des *International Council of Commercial Arbitration* und des *ICC International Court of Arbitration* sowie ehemalige Präsidentin des *Chartered Institute of Arbitrators*. Gegenwärtig ist sie Mitglied des Schiedsrichtergremiums des *International Centre for Settlement of Investment Disputes*. Unter den *MIGA*-Mitgliedern findet sich *Bernard Hanotiau*, der diverse Führungspositionen und Mitgliedschaften in internationalen Schiedsorganisationen, wie dem *International Council for Commercial Arbitration* und dem *Council of the International Chamber of Commerce Institute*, innehatte. Darüber hinaus hat er im Bereich internationales Wirtschaftsrecht gelehrt und in großer Zahl publiziert. Das zweite Mitglied, *Anne van't Veer* ist ehemaliger Generalsekretär der Berner Union (Internationale Vereinigung der Kredit- und Investmentversicherer) und führte in Management- und Vorstandspositionen einige große Finanzinstitutionen und Unternehmen wie die ABN AMRO, Atradius und die Amsterdam Trade Bank N.V. Darüber hinaus arbeitete er für den *IWF* und das Ministerium für Wirtschaft und Finanzen der Niederlande. Vgl. http://web.worldbank.org/WBSITE/EXTERNAL/EXTABOUTUS/ORGANIZATION/ORGUNITS/EXTOFFEVASUS/0,,contentMDK:21272308~menuPK:3601081~pagePK:6416 8445~piPK:64168309~theSitePK:3601046,00.html.

634 *Boisson de Chazournes/Fromageau*, The European Journal of International Law, Vol. 23 No. 4 (2012), S. 963 (978).

635 *Bank-Guarantee*-Projekte schaffen Sicherheiten für private Investoren und machen dadurch Investitionen auf Märkten, die aufgrund von strukturellen Unsicherheiten (politische, regulatorische, vertragliche und Währungsrisiken) sonst nicht interessant wären, attraktiv, vgl. http://www.worldbank.org/en/programs/guarantees-program. Dies entspricht der Tätigkeit der *MIGA*, allerdings werden die *Bank-Guarantee*-Projekte von der Weltbank, also *IBRD* und *IDA* verantwortet.

636 Hier werden Projekte gefördert, die den CO2-Ausstoß ganzer Regionen verringern. Die hierdurch erzeugten Emissionszertifikate erwirbt die Weltbank, um Eigenhandel zu betreiben, vgl. http://www.worldbank.org/en/topic/climatechange/brief/world-bank-carbon-funds-facilities.

637 Sect. III, Part A., Art. 4 (ii) Statute of the Sanctions Board.

638 Ebd.

sollen Erfahrung im Bereich länderübergreifender Darlehen im Privatsektor und Kapitalbeteiligungen (für *IFC*-Projekte) oder nichtkommerzieller Garantien (für *MIGA*-Projekte) haben.[639] Sollte ein Fall ein *Bank-Guarantee*-Projekt oder ein *Bank-Carbon-Finance*-Projekt betreffen, so wird eines der alternativen Mitglieder für *IFC* oder *MIGA*, je nachdem was sachgerechter ist, an der Entscheidung beteiligt.[640]

Drei weitere Mitglieder des Sanctions Boards werden von dem Weltbankpräsidenten aus einem Kreis von erfahrenen Bankmitarbeiterinnen und Bankmitarbeitern mit Kenntnissen hinsichtlich der Auftragsvergabe der Bank und/oder des operationellen Geschäfts selektiert.[641] Jeweils zwei weitere Alternativmitglieder sollen unter höherrangigen Beschäftigten von *IFC* und *MIGA* für Fälle, die ein *IFC*- oder *MIGA*-Projekt zum Gegenstand haben, ausgewählt werden.[642] Wieder handelt entweder das Alternativmitglied für *IFC* oder *MIGA* für Fälle von *Bank-Guarantee*-Projekten oder *Bank-Carbon-Finance*-Projekten.[643]

Der bzw. die Vorsitzende des *Sanctions Boards* wird unter einem der vier externen Mitglieder, wiederum durch Wahl der Exekutivdirektorinnen und -direktoren, benannt.[644] Er oder sie leitet die Geschäfte des *Sanctions Boards*, vertritt dieses in administrativen Angelegenheiten und leitet den Vorsitz in allen Sitzungen.[645] Diese können mit einem Quorum von fünf Personen durchgeführt werden.[646]

Das *Sanctions Board* kommt zum Zuge, wenn Individuen oder Unternehmen den Sanktionsvorschlag des *OSD* anfechten.[647] Dann wird das Verfahren zur Entscheidung dem *Sanctions Board* vorgelegt. Dies stellt die zweite (und letzte) Entscheidungsebene des Sanktionssystems dar.[648] Das *Sanctions Board* tritt mehrmals jährlich zusammen, um über die ihm vorgelegten Fälle zu entscheiden.[649]

---

639 Ebd.

640 Ebd.

641 Sect. III, Part A., Art. 4 (iii) Statute of the Sanctions Board.

642 Sect. III, Part A., Art. 4 (iii) Statute of the Sanctions Board.

643 Ebd.

644 Sect. III, Part A., Art. 5 (i) Statute of the Sanctions Board.

645 Ebd.

646 Sect. III, Part A., Art. 6 (i) Statute of the Sanctions Board.

647 *The World Bank*, OSD Report 2007-2015, S. i.

648 *Dubois*, Litigation, Vol. 39, No. 1, Good Deeds (Winter 2013), S. 38 (41).

649 *The World Bank Group Sanctions Board*, Law Digest, December 2011, S. 19; siehe fernersogleich E.IX.3.

VIII. Sanktionsfähige Praktiken

Das Sanktionssystem der Weltbank ordnet die fünf folgenden Handlungen als sanktionswürdige Verstöße ein: Betrug (*Fraudulent Practice*), Korruption (*Corrupt Practice*), kollusives Verhalten (*Collusive Practice*), unrechtmäßige Beeinflussung von Handlungen Dritter (*Coercive Practice*) und die Behinderung von Ermittlungen der Weltbank (*Obstructive Practice*). Die Bank hat in ihren *Anti-Corruption-*, *Procurement-* und *Consultant Guidelines* auf ihr Geschäftsfeld ausgelegte Definitionen dieser fünf Zuwiderhandlungen festgeschrieben.[650] Sie stimmen (bis auf den Verstoß der *Obstructive Practice*, den nur die Weltbank kennt) mit der Interpretation anderer internationaler Entwicklungsbanken, wie der *ADB*,[651] der *IDB*,[652] der *EBRD*[653] und der *AfDB*,[654] überein.

Diese spezifische Ausrichtung auf die Tätigkeit der Bank bringt es mit sich, dass die Tatbestände mit dem Verständnis nach nationalem Recht oftmals nicht viel gemeinsam haben.[655] Bemerkenswert ist, dass die Definitionen relativ weit gefasst sind, sodass es eine Vielzahl an Konstellationen gibt, in denen ein Verstoß gegen das Regelwerk der Weltbank festgestellt werden kann.[656]

Die Definitionen der genannten, als sanktionswürdig eingestuften Praktiken gelten für alle Tätigkeiten der Weltbank gleichermaßen.[657] Innerhalb der Bank herrscht das Verständnis, dass sie auf entsprechende Verstöße reagieren muss und zwar unabhängig davon, ob und wie solches Verhalten nach nationalem

---

650 *Diamant/Sullivan/Smith*, University of Pennsylvania Journal of Business Law, Vol. 18:4, 2016, S. 985 (995).

651 Vgl. https://www.adb.org/site/integrity/integrity-violations.

652 Vgl. http://www.iadb.org/en/topics/transparency/integrity-at-the-idb-group/prohibited-practices-at-the-idb,2704.html.

653 Vgl. http://www.ebrd.com/downloads/integrity/PPractices.pdf.

654 Vgl. https://www.afdb.org/fileadmin/uploads/afdb/Documents/Generic-Documents/AfDB_Sanctions_Procedures_-_November_2014.pdf.

655 Vgl. *Deming*, The International Lawyer, Vol. 44, No. 2 (Summer 2010), S. 871 (874); *Diamant/Sullivan/Smith*, University of Pennsylvania Journal of Business Law, Vol. 18:4, 2016, S. 985 (995); vgl. auch den ebendort auf S. 1009 ff. geführten Vergleich zum U.S.-amerikanischen Recht.

656 *Williams*, Public Contract Law Journal, Vol. 36, No. 3 (Spring 2007), S. 277 (288); *Diamant/Sullivan/Smith*, University of Pennsylvania Journal of Business Law, Vol. 18:4, 2016, S. 985 (992).

657 *Søreide/Gröning/Wandall*, Chicago Journal of International Law, Vol. 16, No. 2 (2016), S. 525 (534).

Recht seitens der kreditnehmenden Staaten sanktioniert wird.[658] Individuen oder Unternehmen, die entsprechende Verstöße begehen, werden von der Weltbank als Täter *(Offender)* angesehen, wobei sie nach der Terminologie der Weltbank meist als *Respondents* tituliert werden.[659]

1. Beweisrecht

a) Beweisanforderungen

Die speziellen Beweisanforderungen der *Sanctions Procedures* sind einer ihrer essenziellen prozessrechtlichen Komponenten. Da die Frage nach diesen Maßstäben in den folgenden Kapiteln immer wieder auftaucht, soll die Skizzierung der Thematik vorangestellt sein.

In den *Sanctions Procedures* ist vorgesehen, dass Beweies vorgelegt werden müssen, die eine Zuwiderhandlung als überwiegend wahrscheinlich erscheinen lassen. Dies gilt sowohl für *INT* in Bezug auf den Abschlussbericht und die darin benannten Beweismittel sowie für die Nachweise, die den Entscheidungen des *SDO* auf erster Stufe zugrundeliegen.[660] Wörtlich heißt es in den *Sanctions Procedures:*

> *„Sufficient Evidence: evidence sufficient to support a reasonable belief, taking into consideration all relevant factors and circumstances, that it is more likely than not that the Respondent has engaged in a Sanctionable Practice.“*[661]

Der gleiche Beweismaßstab gilt für die Entscheidung des *Sanctions Board* auf zweiter Stufe. Hierzu findet sich in den *Sanctions Procedures* Folgendes:

> *„Standard of Proof. The Sanctions Board shall determine whether the evidence presented by INT, as contested by the Respondent, supports the conclusion that it is more likely than not that the Respondent engaged in a Sanctionable Practice. "More likely than not" means*

---

658 *Søreide/Gröning/Wandall*, Chicago Journal of International Law, Vol. 16, No. 2 (2016), S. 525 (534).

659 Ebd.

660 Dies sind alle Verfahrensschritte vor Eröffnung des Verfahrens vor dem *Sanctions Board*, vgl. Sect. III A. 2.01 (a) (Antrag auf vorläufigen Ausschluss eines *Respondent* von WBG-Projekten seitens *INT* beim *SDO*), Sect. III. A. 2.01 (c) (i) (Erlass des vorläufigen Ausschlusses durch den *SDO*), Sect. III. A. 3.01 (a) (i) (Abgabe des Verfahrens durch *INT* an *SDO* und damit Einleitung des Sanktionsverfahrens), Sect. III. A. 4.01 (a) (Verfügung der *Notice of Sanctions Proceedings* an den *Respondent* durch den *SDO*) World Bank Sanctions Procedures.

661 Sect. II (u) World Bank Sanctions Procedures.

that, upon consideration of all the relevant evidence, a preponderance of the evidence supports a finding that the Respondent engaged in a Sanctionable Practice."[662]

Eine solche Abwägung von Wahrscheinlichkeiten stellt deutlich niedrige Beweisanforderungen als dies der strafrechtliche Standard erfordert.[663] Im US-amerikanischen Recht muss eine Zuwiderhandlung *Beyond a Reasonable Doubt* bewiesen werden.[664] Auch im deutschen Recht gilt ein vergleichbarer Maßstab, der keine absolute, andere Möglichkeiten gänzlich ausschließende Gewissheit erfordert.[665] Es genügt dagegen ein nach der Lebenserfahrung hinlängliches Maß an Sicherheit, welchem keine vernünftigen Zweifel entgegenstehen.[666] Da die Weltbank den administrativen Charakter ihres Systems betont, sieht sie den Standard der überwiegenden Wahrscheinlichkeit, der mit den vorgenannten Maßstäben keineswegs vergleichbar ist,[667] jedoch als ausreichend an.[668] Formelle Beweisregeln finden letztlich keine Anwendung.[669] Dies führt zu einer hohen Verurteilungswahrscheinlichkeit, da es aufgrund dieses Maßstabs schließlich einfacher ist, Verantwortlichkeiten für Verstöße zu begründen.[670]

b) Beweisverwertung

Zusätzlich zu dem vergleichsweise niedrigen Beweismaßstab gilt ein großzügiges Vorgehen in Bezug auf die Verwertung von Beweismitteln. Jede Form des Beweises kann von *INT* oder dem *Respondent* angebracht werden und ist als Grundlage einer Entscheidung des *SDO* beziehungsweise des *Sanctions Board*

662 Sect. III, Part A., Art. 8, § 8.02 (b) (i) *World Bank Sanctions Procedures*.

663 http://www.worldbank.org/en/about/unit/integrity-vice-presidency/investigations.

664 http://www.worldbank.org/en/about/unit/integrity-vice-presidency/investigations; *Boisson de Chazournes/Fromageau*, The European Journal of International Law, Vol. 23 No. 4 (2012), S. 963 (973).

665 *Miebach* in: MüKo StPO, § 261 Rn. 57.

666 Ebd.

667 *Leroy*, Advisory Opinion on Certain Issues Arising in Connection with Recent Sanctions Cases, Opinion No. 2010/01, S. 11 unter 46.

668 http://www.worldbank.org/en/about/unit/integrity-vice-presidency/investigations; *Forder*, American Society of International Law Proceedings, Vol. 106 (2012), S. 122 (124).

669 *Forder*, American Society of International Law Proceedings, Vol. 106 (2012), S. 122 (124).

670 *Diamant/Sullivan/Smith*, University of Pennsylvania Journal of Business Law, Vol. 18:4, 2016, S. 985 (992).

zugelassen.[671] Dabei kommt diesen Organen ein weit gefasster Ermessensspielraum in Bezug auf die Bewertung von Relevanz, Erheblichkeit, Gewicht und Suffizienz der angebotenen Beweise zu.[672] Angaben vom Hörensagen und schriftlichen Beweisen *(Documentary Evidence)* wird ein ebenfalls im Ermessen von *SDO* oder dem *Sanctions Board* stehendes Gewicht beigemessen.[673] Außerdem können sämtliche Feststellungen hinsichtlich subjektiver Merkmale nach dem Ermessen dieser Organe durch Indizien belegt werden.[674] Formelle Beweisregeln finden hingegen ausdrücklich keine Anwendung.[675] Dies zeigt, dass der jeweilige Entscheidungsträger sein Urteil auf der Gesamtheit der Beweislage bildet.[676] Sofern divergierende Beweismittel gegeben sind, muss letztlich entschieden werden, ob die Masse der Beweise genügt, um eine 51 %-ige oder höhere Wahrscheinlichkeit, dass ein Tatbestandsmerkmal erfüllt ist, zu begründen.[677]

Betrachtet man die im Einzelfall durchaus weitreichenden Konsequenzen einer Sanktion, mag man Kritik an diesem System finden, welches es vergleichsweise einfach gestaltet, einen *Respondent* für einen Verstoß verantwortlich zu machen. Die Weltbank begründet dies jedoch (zu Recht) mit der schlichten Notwendigkeit dieser Vorgehensweise. Schließlich fehlen ihr hoheitliche Ermittlungsbefugnisse, die ihr den Zugang zu im Einzelfall belastbareren Beweismitteln

---

671 Sect. III, Part A., Art. VII, § 7.01 World Bank Sanctions Procedures; *Leroy*, Advisory Opinion on Certain Issues Arising in Connection with Recent Sanctions Cases, Opinion No. 2010/01, S. 10 unter 44.

672 Sect. III, Part A., Art. VII, § 7.01 World Bank Sanctions Procedures.

673 Sect. III, Part A., Art. VII, § 7.01 World Bank Sanctions Procedures.

674 Sect. III, Part A., Art. VII, § 7.01 World Bank Sanctions Procedures. Insbesondere im Kontext zu kollusiven Absprachen beruhen die Entscheidungen häufig auf Indizien wie ohne Abstimmung nicht erklärbare Kongruenz von abgegebenen Angeboten, eine hohe Anzahl an identischen Einzelposten in abgegebenen Angeboten und äußerliche Ähnlichkeiten der Angebotsunterlagen, vgl. *Ellis*, International Law News, Vol. 43, No. 1 (Winter 2013). Aber auch die Übergabe von Geld durch einen Bieter an einen Beamten im Zusammenhang mit einer Ausschreibung genügt in der Regel, sofern es aufgrund der Umstände klar ist, dass diese Zahlung den Auswahlprozess beeinflussen sollte. Solche Umstände machen den Nachweis bestimmter subjektiver Merkmale des Bestechenden obsolet, vgl. *Leroy*, Advisory Opinion on Certain Issues Arising in Connection with Recent Sanctions Cases, Opinion No. 2010/01, S. 16 unter 65.

675 Sect. III, Part A., Art. VII, § 7.01 World Bank Sanctions Procedures.

676 *Ellis*, International Law News, Vol. 43, No. 1 (Winter 2013).

677 *Harker/Castellano*, Briefing Papers, Iss. 17-3 (February 2017), S. 1 (9); Ellis, International Law News, Vol. 43, No. 1 (Winter 2013).

beschaffen würden.[678] Daher ist die Bank darauf angewiesen, dass sie ihre Schlüsse aus den verfügbaren Beweismitteln zieht und ziehen darf.[679] Würden strengere Beweismaßstäbe gelten, wäre es nicht nur erheblich erschwert, Nachweise für Zuwiderhandlungen gegen die fünf sanktionsfähigen Handlungen zu erbringen, sondern oftmals gar unmöglich.[680] Dies würde sowohl den Entwicklungsauftrag als auch die treuhänderische Verpflichtung der WBG unterminieren, da unzuverlässige Auftragnehmer nur in Ausnahmefällen von Projekten ausgeschlossen werden könnten. Diese Werte preiszugeben, kann sich die Bank in vielerlei Hinsicht nicht leisten, sodass die beschriebenen niedrigen Beweisanforderungen eine Notwendigkeit im System der Weltbank darstellen.

Eine angemessene Qualität der Beweise wird letztlich durch sorgfältige Evaluierungen sichergestellt, für die einerseits gesonderte Einheiten innerhalb von *INT* sowie andererseits der zuständige *SDO* und letztlich auch das *Sanctions Board* selbst Gewähr bieten.[681] Gleichzeitig hat auch der *Respondent* die Möglichkeit, Beweismittel anzugreifen und dadurch deren Verlässlichkeit in Frage zu stellen.[682]

---

678 *Ellis*, International Law News, Vol. 43, No. 1 (Winter 2013). Dies ist auch bei der FSA der Fall, vgl. *Köbel* in: Duttge, Tatort Gesundheitsmarkt, S. 87 (99 f.), der bemängelt, dass so nur die „krudesten Bestechungsformen" zu Tage treten würden. Dennoch wird das System als wirkungsmächtig angesehen, sodass strafrechtliche Verfahren in der Regel ausbleiben. Siehe hierzu C.II. Anders als die Weltbank ist das Europäische Amt zur Betrugsbekämpfung (*OLAF*) mit eigenen Untersuchungsbefugnissen ausgestattet worden. Diese erlauben interne Ermittlungen in Organen, Einrichtungen, Ämtern und Agenturen der EU sowie Ermittlungen gegen (externe) Wirtschaftsunternehmen. Zu den Befugnissen gehört beispielsweise das Betreten von Räumen, um Geschäftsbücher, Daten, Bestände etc. zu prüfen, vgl. *Wessing*, FS Volk, S. 867 (873). Allerdings sind die Kontrolleure von *OLAF* nicht mit eigenen Zwangsmaßnahmen ausgestattet. Dies macht eine Begleitung durch nationale Ermittlungsbehörden samt Erlass der erforderlichen Beschlüsse und Anordnungen erforderlich, sofern bspw. Unterlagen nicht freiwillig herausgegeben werden. Vgl. hierzu *Nelles/Ahlbrecht* in: Volk, MAH Verteidigung in Wirtschafts- und Steuerstrafsachen, § 16 Rn. 99; *Partsch*, EuZW 2917, S. 878.

679 *Ellis*, International Law News, Vol. 43, No. 1 (Winter 2013).

680 *Ellis*, International Law News, Vol. 43, No. 1 (Winter 2013).

681 *Leroy/Fariello*, The World Bank Group Sanctions Process and Its Recent Reforms, S. 25.

682 Ebd.

2. Corrupt Practice

Die *Anti-Corruption-*, *Procurement-* und *Consultant Guidelines* der Weltbank definieren Korruption *(Corrupt Practice)* als

> *"[...] the offering, giving, receiving, or soliciting, directly or indirectly, of anything of value to influence improperly the actions of another party."*[683]

Korruption liegt Verstößen gegen das Weltbankregelwerk prozentual am häufigsten zugrunde. Von den 63 Fällen, in denen *INT* im Geschäftsjahr 2017 ermittelte, hatten 31 den Hauptvorwurf Korruption zum Gegenstand.[684]

Viele Fälle, die dem *Sanctions Board* wegen des Verdachts von Korruption vorgelegt wurden, haben illegale Zahlungen an für Ausschreibungsverfahren zuständige Amtsträger als Gegenleistung für vertrauliche Informationen im Zusammenhang mit dem Bieterprozess zum Gegenstand.[685] Häufig kommt es vor, dass Amtsträger der Mitgliedstaaten Weltbank-finanzierte Verträge im Gegenzug für *Kickback*-Zahlungen vergeben.[686]

a) *Tathandlung*

Gemäß der oben aufgeführten Definition ist Bestechung sowohl in aktiver als auch passiver Form erfasst.[687] Maßgeblich ist, dass der *Respondent* dem Bestochenen etwas von Wert (*Anything of Value*) direkt oder indirekt hat zukommen lassen oder angeboten hat.[688] Der Begriff des *Soliciting* umfasst sowohl das

---

683 *World Bank Procurement Guidelines*, S. 6; *World Bank Consultant Guidelines*, S. 10; *World Bank Anti-Corruption Guidelines*, 7 (a) – hier und im Folgenden soll jeweils nur auf die zum Zeitpunkt der Bearbeitung gültigen neusten Fassungen eingegangen werden.

684 *The World Bank Group*, Annual Update INT FY17, S. 26.

685 *Deming*, The International Lawyer, Vol. 44, No. 2 (Summer 2010), S. 871 (875); *Diamant/Sullivan/Smith*, University of Pennsylvania Journal of Business Law, Vol. 18:4, 2016, S. 985 (1039).

686 *Baghir-Zada*, Debarment as an Anti-Corruption Tool, S. 72; *Diamant/Sullivan/Smith*, University of Pennsylvania Journal of Business Law, Vol. 18:4, 2016, S. 985 (1039).

687 *Williams*, Public Contract Law Journal, Vol. 36, No. 3 (Spring 2007), S. 277 (287); *Deming*, The International Lawyer, Vol. 44, No. 2 (Summer 2010), S. 871 (875).

688 *Deming*, The International Lawyer, Vol. 44, No. 2 (Summer 2010), S. 871 (875); *Diamant/Sullivan/Smith*, University of Pennsylvania Journal of Business Law, Vol. 18:4, 2016, S. 985 (1039).

Fordern und Akzeptieren von Bestechungszahlungen an sich selbst als auch das Verleiten eines anderen, einen Dritten zu bestechen.[689]

Weder die *Guidelines* der Weltbank noch eine der Entscheidungen des *Sanctions Board* definieren, was als „etwas von Wert" anzusehen ist.[690] In der Regel geht es um den Transfer von Geld.[691] Allerdings wurde auch die Einstellung der Tochter eines Projektmanagers,[692] des Sohnes eines Weltbankangestellten[693] oder die Veranstaltung eines *Entertainment Trips*[694] als eine solche Sache von Wert angesehen. Die Definition von *Corrupt Practice* erfasst mithin jegliche Art vollendeter und versuchter Bestechung, unabhängig davon, in welchem Bereich diese erfolgt und von welcher Güte der erlangte Vorteil ist.[695]

Nach dem Verständnis des *Sanctions Board* stellen das Gewähren und Anbieten eines Vorteils zwei Seiten derselben Medaille dar.[696] Dabei wird das Tatbestandsmerkmal des Anbietens sowohl durch ein explizites Angebot eines Vorteils, als auch durch das Versprechen oder die Verpflichtung zu einer Zahlung, erfüllt.[697] Daher ist es für die Verwirklichung des Tatbestands letztlich unerheblich, ob der Vorteil tatsächlich von der Empfängerseite erhalten wurde oder nicht.[698]

b) Unrechtsvereinbarung

Die Bestechungsvereinbarung muss nicht ausdrücklich geschlossen werden. Es genügt, wenn Schweigen als Antwort unter den gegebenen Umständen so unnatürlich erscheint, dass es als Einwilligung zu verstehen ist.[699] Ein solcher

---

689 *Diamant/Sullivan/Smith*, University of Pennsylvania Journal of Business Law, Vol. 18:4, 2016, S. 985 (1040).

690 *Diamant/Sullivan/Smith*, University of Pennsylvania Journal of Business Law, Vol. 18:4, 2016, S. 985 (1039).

691 *Baghir-Zada*, Debarment as an Anti-Corruption Tool, S. 72; *Deming*, The International Lawyer, Vol. 44, No. 2 (Summer 2010), S. 871 (875).

692 Sanctions Board Decision No. 78, §§ 53 – 54 (2015); *Diamant/Sullivan/Smith*, University of Pennsylvania Journal of Business Law, Vol. 18:4, 2016, S. 985 (1039).

693 Sanctions Board Decision No. 66, § 24 (2014).

694 Sanctions Board Decision No. 85, §§ 22 ff. (2016).

695 *Diamant/Sullivan/Smith*, University of Pennsylvania Journal of Business Law, Vol. 18:4, 2016, S. 985 (1040).

696 Sanctions Board Decision No. 60, § 70 (2013); No. 78, § 54 (2015).

697 *Diamant/Sullivan/Smith*, University of Pennsylvania Journal of Business Law, Vol. 18:4, 2016, S. 985 (1040).

698 *Deming*, The International Lawyer, Vol. 44, No. 2 (Summer 2010), S. 871 (875).

699 Sanctions Board Decision No. 50, § 30 (2012).

Sachverhalt lag Entscheidung Nr. 50 des *Sanctions Board* zugrunde. Dort wurden Gelder durch einen von drei Konsortialpartnern (einer davon der *Respondent*) umgeschichtet, sodass dieser deutlich mehr als zunächst vereinbart erhalten sollte.[700] Dabei war klar, dass dies mit illegitimen Zahlungen an Amtsträger einer Agentur, die von dem darlehensnehmenden Staat mit der Durchführung des Projekts beauftragt worden war, im Zusammenhang stand.[701] Es bestand die Absicht, an die Agentur 17 % des Vertragswertes als „*Management Fee*" zu zahlen.[702] Der Geschäftsleiter des *Respondent* erlangte von der Reallokation von Geldern aufgrund des dadurch entstehenden Streits zwischen den anderen beiden Partnern, welcher ihm durch E-Mail-Korrespondenz zugetragen wurde, und während mehrerer Treffen Kenntnis.[703] Zu dem Vorhaben, an die Agentur Gelder zu zahlen, äußerte er sich jedoch zu keinem Zeitpunkt explizit.[704] Dies wurde durch das *Sanctions Board* als Zeichen stillschweigender Zustimmung gewertet.[705]

Auch wenn die *Guidelines* dies nicht explizit benennen, kann sich ein *Respondent* seiner Verantwortung nicht entziehen, indem er einen Dritten einsetzt, um Bestechungszahlungen zu tätigen.[706] Daher kann er auch dann wegen *Corrupt Practices* sanktioniert werden, wenn er Aufträge an einen Dritten erteilt, dessen Handeln billigt oder ihm hierzu Rat erteilt, im Rahmen von engen Aufsichtsverhältnissen eine Erlaubnis zu solchem Handeln impliziert wird oder eine Aufsichtspflicht vorsätzlich durch Untätigkeit verletzt wird.[707]

c) Anderer

Welche Personen von dem Begriff *Party* erfasst werden, wird in den Fußnoten der Guidelines näher beschrieben:

> *„[...] ‚another party' refers to a public official acting in relation to the procurement[708] [or] selection[709] process or contract execution. In this context ‚public official' includes World*

700 Sanctions Board Decision No. 50, §§ 8 ff. (2012).

701 Ebd.

702 Sanctions Board Decision No. 50, § 40 (2012).

703 Sanctions Board Decision No. 50, § 37 (2012).

704 Sanctions Board Decision No. 50, §§ 37, 40 (2012).

705 Sanctions Board Decision No. 50, § 37 (2012).

706 *Diamant/Sullivan/Smith*, University of Pennsylvania Journal of Business Law, Vol. 18:4, 2016, S. 985 (1040).

707 Ebd.

708 World Bank Procurement Guidelines, S. 6 Fn. 20.

709 World Bank Consultant Guidelines, S. 10 Fn. 19.

Bank staff and employees of other organizations taking or reviewing procurement[710] *[or] selection decisions.*[711]«

Bemerkenswert ist, dass der Begriff Amtsträger (*Public Official*) dahingehend eingeschränkt wird, dass nur solche Personen erfasst werden, die mit der Auftragsvergabe, der Auswahl von Beratern oder der Vertragsabwicklung betraut sind.[712] Hinsichtlich der Verbindung des Amtsträgers zur Weltbank wird ein weiter Maßstab angelegt. So wurde auch ein Berater, der für nur kurze Zeit für die Bank tätig sein sollte, nie ein fester Mitarbeiter war und nicht einmal bezüglich der gegenständlichen Verträge förmlich eingesetzt worden war, als Amtsträger im Sinne der genannten Definition eingestuft.[713] Maßgeblich kam es dem *Sanctions Board* darauf an, dass der Beraterin oder dem Berater tatsächliche Verantwortung im Rahmen eines Beschaffungsprozesses zukam und er über die Auftragsvergabe (mit-)entschied.[714] Denn Personen, die über diese tatsächliche Möglichkeit der Einflussnahme auf den Auftragsvergabeprozess verfügen, sind attraktives Ziel einer Einflussnahme[715] und stellen damit ein Risiko für das zu schützende Investment dar.

d) Unredliche Einflussnahme

Auch das Verständnis, was als unredliche Einflussnahme (*Improper Influence*) zu kategorisieren ist, ist weit.[716] Jegliche Handlungen, die mit dem Zweck vorgenommen werden, das Vergabe- oder Auswahlverfahren oder die Vertragsausführung im Hinblick auf die Erlangung eines ungerechtfertigten Vorteils zu manipulieren, werden in diesem Kontext als unredliche Beeinflussung verstanden.[717] Sogar Zahlungen dafür, dass ein Berater der Weltbank im Zusammenhang mit der Auftragsvergabe seine Aufgaben ohne unfaire Behandlung von Bewerbern ausführt, werden als unredliche Beeinflussung verstanden.[718] Eine

---

710 World Bank Procurement Guidelines, S. 6 Fn. 20.

711 World Bank Consultant Guidelines, S. 10 Fn. 19.

712 Diamant/Sullivan/Smith, University of Pennsylvania Journal of Business Law, Vol. 18:4, 2016, S. 985 (1043).

713 Sanctions Board Decision No. 60, § 77 (2013).

714 Sanctions Board Decision No. 60, § 78 (2013).

715 Sanctions Board Decision No. 60, § 77 (2013).

716 *Diamant/Sullivan/Smith*, University of Pennsylvania Journal of Business Law, Vol. 18:4, 2016, S. 985 (1043).

717 World Bank Procurement Guidelines, S. 6 Fn. 19; World Bank Consultant Guidelines, S. 9 Fn. 18.

718 Sanctions Board Decision No. 60, § 80 (2013).

solche Beeinflussung ist mithin nicht an eine Pflichtverletzung gekoppelt.[719] Letztlich wird wertneutral jegliche Motivation zum Handeln oder Unterlassen einer Handlung, die in Verbindung zu den jeweiligen Amtspflichten steht, unabhängig davon, ob die jeweilige Handlung pflichtgemäß gewesen wäre, erfasst.[720] Unerheblich ist ferner, ob dem jeweiligen Amtsträger im Hinblick auf die Handlung Ermessen zukam oder sich für ihn auch ohne die Beeinflussung keine Handlungsalternative ergeben hätte.[721] Allein die Verbindung der Zuwendung eines Vorteils mit einer Handlung eines Amtsträgers (nach der zuvor benannten Definition) genügt für die Annahme eines solchen *Improper Influence.*

e) Subjektiver Tatbestand

Derjenige, der bestiCht, muss mit dem Ziel gehandelt haben, einen Amtsträger zu beeinflussen.[722] Die Norm selbst und auch das übrige Regelwerk geben zu den Anforderungen an den Vorsatz hinsichtlich des Subjekts der Bestechung keine Aufschlüsse.[723] Daher ist unklar, ob der *Respondent* die Amtsträgereigenschaft des Empfängers hat kennen oder zumindest an diese hat glauben müssen.[724] Auf Basis der hierzu ergangenen Entscheidung des *Sanctions Board* kann letztlich zumindest festgehalten werden, dass der *Respondent* mindestens verstehen muss, dass er einen Amtsträger besticht.[725]

Im Übrigen gilt in subjektiver Hinsicht, dass die unredliche Beeinflussung eines anderen anvisiert gewesen sein muss.[726] Der Begriff des Vorsatzes *(Intent)*

---

719 *Diamant/Sullivan/Smith*, University of Pennsylvania Journal of Business Law, Vol. 18:4, 2016, S. 985 (1045).

720 Sanctions Board Decision No. 60, § 77 (2013).

721 Im Gegensatz zu dem Recht der Weltbank sind solche „*Facilitation Payments*" nach dem *FCPA* nicht sanktionierbar, vgl. *Diamant/Sullivan/Smith*, University of Pennsylvania Journal of Business Law, Vol. 18:4, 2016, S. 985 (1046).

722 Sanctions Board Decision No. 60, § 75 (2013).

723 *Leroy/Fariello*, The World Bank Group Sanctions Process and Its Recent Reforms, S. 8; *Diamant/Sullivan/Smith*, University of Pennsylvania Journal of Business Law, Vol. 18:4, 2016, S. 985 (1044).

724 *Diamant/Sullivan/Smith*, University of Pennsylvania Journal of Business Law, Vol. 18:4, 2016, S. 985 (1044).

725 Sanctions Board Decision No. 94, §§26 ff. (2017); *Diamant/Sullivan/Smith*, University of Pennsylvania Journal of Business Law, Vol. 18:4, 2016, S. 985 (1044).

726 *Diamant/Sullivan/Smith*, University of Pennsylvania Journal of Business Law, Vol. 18:4, 2016, S. 985 (1046).

ist hierbei - wie bei sämtlichen Tatbeständen des Sanktionskatalogs[727] - mit Vorsicht heranzuziehen, da der Wortlaut der Norm eben von keinem solchen spricht. Dies wurde bei der Formulierung bewusst gewählt, da man das Sanktionsverfahren nicht als seiner Natur nach strafrechtliches, sondern mehr als gemischt zivilrechtliches und administratives Verfahren einordnet.[728] Darüber hinaus fehlen *INT* Investigativbefugnisse, die den ohnehin schon schwierigen Nachweis von Vorsatz nahezu unmöglich machen würden.[729]

Unklar ist auch, ob der Bestechende Kenntnis hinsichtlich der unredlichen Beeinflussung haben muss oder ob der Glaube daran ausreicht.[730] Außerdem ist nicht geklärt, ob es genügt, dass der *Respondent* glaubt, dass er jemanden unredlich beeinflusst oder ob sich dieser subjektive Glaube an eine solche Beeinflussung auch an dem speziellen Verständnis der Weltbank ausrichten muss.[731] Im Zweifel wird auch hier eine weite, den größtmöglichen Schutz für die Investition bietende Auslegung angebracht sein.

3. Fraudulent Practice

Unter Betrug (*Fraudulent Practice*) wird, den *Anti-Corruption-*, *Procurement-* und *Consultant Guidelines* zufolge, Folgendes verstanden:

> *„[...] any act or omission, including a misrepresentation, that knowingly or recklessly misleads, or attempts to mislead, a party to obtain a financial or other benefit or to avoid an obligation."*[732]

727 *Boisson de Chazournes/Fromageau*, The European Journal of International Law, Vol. 23 No. 4 (2012), S. 963 (973).

728 *Leroy*, Advisory Opinion on Certain Issues Arising in Connection with Recent Sanctions Cases, Opinion No. 2010/01, S. 12 unter 52; vgl. auch *Boisson de Chazournes/Fromageau*, The European Journal of International Law, Vol. 23 No. 4 (2012), S. 963 (973 f.).

729 *Boisson de Chazournes/Fromageau*, The European Journal of International Law, Vol. 23 No. 4 (2012), S. 963 (973 f.); *Leroy*, Advisory Opinion on Certain Issues Arising in Connection with Recent Sanctions Cases, Opinion No. 2010/01, S. 12 unter 52.

730 *Diamant/Sullivan/Smith*, University of Pennsylvania Journal of Business Law, Vol. 18:4, 2016, S. 985 (1046); vgl. auch *Leroy/Fariello*, The World Bank Group Sanctions Process and Its Recent Reforms, S. 8.

731 *Diamant/Sullivan/Smith*, University of Pennsylvania Journal of Business Law, Vol. 18:4, 2016, S. 985 (1047).

732 World Bank Procurement Guidelines, S. 6; World Bank Consultant Guidelines, S. 10; World Bank Anti-Corruption Guidelines, 7 (b).

Nahezu 75 % aller Fälle, die dem *Sanctions Board* vorgelegt werden, umfassen mindestens den Vorwurf einer *Fraudulent Practice*.[733]

a) Falschdarstellung und unvollständige Erklärung

Die *Guidelines* der Bank liefern keine Beschreibung, was unter einer Falschdarstellung (*Misrepresentation*) oder Abgabe einer unvollständigen Erklärung (*Omission*) zu verstehen ist.[734] Die Rechtsprechung des *Sanctions Board* ordnet jedoch beispielsweise unrichtige Angebotsinformationen (etwa gefälschte Zertifikate, Finanzberichte oder Unterschriften)[735] oder die Vorlage falscher Dokumente (etwa Scheinrechnungen) im Rahmen der Vertragsausführung als Falschdarstellungen ein.[736] Auch das Versäumnis der Offenlegung eines Interessenskonflikts, stellt nach Auffassung des *Sanctions Boards* eine Falschdarstellung oder die Abgabe einer unvollständigen Erklärung dar.[737]

b) Anderer

Von dem Begriff *Party* wird im Rahmen des Tatbestands ein engerer Personenkreis als bei *Corrupt Practices* erfasst, er bezieht sich allein auf Amtsträger.[738] Die Begriffe *Benefit* und *Obligation* beziehen sich auf den Vergabe- oder Auswahlprozess oder die Vertragsausführung.[739]

---

733 *Diamant/Sullivan/Smith*, University of Pennsylvania Journal of Business Law, Vol. 18:4, 2016, S. 985 (1023).

734 *Diamant/Sullivan/Smith*, University of Pennsylvania Journal of Business Law, Vol. 18:4, 2016, S. 985 (1025).

735 *Deming*, The International Lawyer, Vol. 44, No. 2 (Summer 2010), S. 871 (876); *Diamant/Sullivan/Smith*, University of Pennsylvania Journal of Business Law, Vol. 18:4, 2016, S. 985 (1023); siehe auch *The World Bank Group Sanctions Board*, Law Digest, December 2011, S. 58 Rn. 105, 120; Sanctions Board Decision No. 59, § 7 (2013).

736 *Diamant/Sullivan/Smith*, University of Pennsylvania Journal of Business Law, Vol. 18:4, 2016, S. 985 (1025).

737 Sanctions Board Decision No. 65, § 49 (2014); *Deming*, The International Lawyer, Vol. 44, No. 2 (Summer 2010), S. 871 (876); *Diamant/Sullivan/Smith*, University of Pennsylvania Journal of Business Law, Vol. 18:4, 2016, S. 985 (1025).

738 Eine Einordnung von Mitarbeiterinnen und Mitarbeitern der Weltbank unter den Begriff *Public Official* wie bei *Fraudulent Practices* erfolgt – zumindest ausdrücklich – nicht, vgl. World Bank Procurement Guidelines, S. 6 Fn. 21; World Bank Consultant Guidelines, S. 10 Fn. 20.

739 Vgl. World Bank Procurement Guidelines, S. 6 Fn. 21; World Bank Consultant Guidelines, S. 10 Fn. 20.

Die Fehldarstellung muss sich schließlich auf ebendiese Prozesse beziehen.[740]

c) *Subjektiver Tatbestand*

In Fallgestaltungen, die betrügerische Praktiken (*Fraudulent Practices*) zum Gegenstand haben, dreht sich die Kernproblematik in der Regel darum, ob wissentlich (*Knowing*) oder mit Dolus eventualis bzw. grober Fahrlässigkeit[741] (*Reckless*) vorgegangen wurde.[742] Die *Anti-Corruption Guidelines* beschreiben die Erfordernisse, die an diese Merkmale geknüpft werden, näher:

> *„To act ‚knowingly or recklessly', the fraudulent actor must either know that the information or impression being conveyed is false, or be recklessly indifferent as to whether it is true or false. Mere inaccuracy in such information or impression, committed through simple negligence, is not enough to constitute fraudulent practice."*[743]

(i) Knowingly

Da die *Sanctions Procedures* in Art. 7, Sect. 7.01 den Beweis durch Indizien zulassen, kann das Merkmal des bewussten Vorgehens in der Regel bereits aufgrund der Angaben des *Respondent* bewiesen werden.[744] Dies ist jedoch in solchen Konstellationen schwieriger, in denen falsche Angaben mittelbar durch einen Bewerber gemacht werden, etwa wenn dieser in seinem Angebot falsche Informationen eines Subunternehmers miteinreicht.[745] In diesen Fällen ist es in der Regel kompliziert, dem *Respondent* nachzuweisen, dass er von den Umständen, die die betrügerische Vorgehensweise begründen, Kenntnis hatte.[746]

---

740 Ebd.

741 Siehe zur Abgrenzung von *Recklessness* und Dolus Eventualis/bewusster Fahrlässigkeit die sogleich folgenden Ausführungen.

742 *Diamant/Sullivan/Smith*, University of Pennsylvania Journal of Business Law, Vol. 18:4, 2016, S. 985 (1027). Vergleiche zum Abweichen zur deutschen Regelung, wonach Betrug im Sinne des § 263 StGB allein vorsätzlich begangen werden kann, *Richter*, CB 2015, S. 291 (295).

743 World Bank Anti-Corruption Guidelines, 7 (b) Fn. 13.

744 Vgl. Sanctions Board Decision No. 46, § 24 (2012); No. 48, § 24 (2012); No. 83, § 51 (2012); *Diamant/Sullivan/Smith*, University of Pennsylvania Journal of Business Law, Vol. 18:4, 2016, S. 985 (1028).

745 *Richter*, CB 2015, S. 291 (295); *Diamant/Sullivan/Smith*, University of Pennsylvania Journal of Business Law, Vol. 18:4, 2016, S. 985 (1028).

746 *Diamant/Sullivan/Smith*, University of Pennsylvania Journal of Business Law, Vol. 18:4, 2016, S. 985 (1028).

(ii) Recklessly vs. Dolus eventualis und Fahrlässigkeit

Daher erfolgt oftmals ein Rückgriff auf die Variante des *Reckless*, die weniger hohe Hürden stellt und erfordert, dass der *Respondent* ein substantielles Risiko für den Vergabeprozess der Bank durch das Einreichen falscher oder irreführender Dokumente erkannt, dieses jedoch missachtet bzw. trotz dieses erkannten Risikos gehandelt hat.[747]

Die Weltbank selbst schätzt die Übersetzung von *Reckless* als schwierig ein:

> *„[...] 'recklessness' finds no easy counterpart in continental European languages, while the civil law concept of dolus eventualis, while roughly equivalent to recklessness, has no precise translation into English (or common law concepts).“*[748]

Es besteht ein entscheidender Unterschied zwischen *Recklessness* und Dolus eventualis, der für die Nachvollziehbarkeit der insoweit angelegten Maßstäbe im Recht der Weltbank relevant ist. Jedenfalls nach herrschender Ansicht kommt es zur Unterscheidung zwischen Dolus eventualis und bewusster Fahrlässigkeit im deutschen Recht auf die Geisteshaltung des Täters an.[749] Sofern dieser ernsthaft auf den Nichteintritt des Erfolges vertraute (und dies auch durfte), kann er nicht wegen vorsätzlichen Vorgehens verurteilt werden.[750] Hat er sich aber mit dem Erfolgseintritt abgefunden, sind die Voraussetzungen des Dolus eventualis gegeben.[751]

Im anglo-amerikanischen Verständnis von *Recklessness* findet eine solche Unterscheidung hingegen keinen Raum.[752] Es kommt allein darauf an, dass der Täter erkannt hat, dass er mit einer angestrebten Handlung ein unangemessen hohes Risiko für die Verletzung eines geschützten Rechtsguts schafft und trotz dieser Erkenntnis handelt.[753] Da die subjektive Einstellung – also die Frage, ob

---

747 Sanctions Board Decision No. 51, § 33 (2012); *Diamant/Sullivan/Smith*, University of Pennsylvania Journal of Business Law, Vol. 18:4, 2016, S. 985 (1028).

748 *Leroy*, Advisory Opinion on Certain Issues Arising in Connection with Recent Sanctions Cases, Opinion No. 2010/01, S. 14 unter 58 ff. Vgl. auch Chiesa in: Dubber/Hörnle, The Oxford Handbook of Criminal Law, S. 1089 (1109).

749 Vgl. *Kaspar* in: Leitner/Rosenau, Wirtschafts- und Steuerstrafrecht, 1. Aufl. 2017, StGB § 15 Rn. 9 ff.; *Schmitz/Bürger* in: Flore/Tsambikakis, Steuerstrafrecht, 2. Aufl. 2016, § 15 Rn. 16 f. m.w.N.

750 *Fischer*, StGB, 64. Aufl. 2017, § 15 Rn. 9c; *Schmitz/Bürger* in: Flore/Tsambikakis, Steuerstrafrecht, 2. Aufl. 2016, § 15 Rn. 16.

751 *Fischer*, StGB, 64. Aufl. 2017, § 15 Rn. 9b.

752 *Chiesa* in: Dubber/Hörnle, The Oxford Handbook of Criminal Law, S. 1089 (1110).

753 Ebd.

der Täter davon ausgeht, eine Verletzung des Rechtsguts verhindern zu können oder nicht – außer Betracht bleibt, vereint das Konzept von *Recklessness* sowohl bewusste Fahrlässigkeit als auch Dolus eventualis.[754]

Sofern nicht nachgewiesen werden kann, dass der *Respondent* sich eines Risikos für das geschützte Rechtsgut bewusst war, bleibt zu prüfen, ob dieses Wissen bei Einhaltung der gebotenen Sorgfaltspflicht hätte gegeben sein müssen.[755] Dies bedeutet, letztlich einen Fahrlässigkeitsmaßstab anzulegen und zu erörtern, ob der Standard, den eine vernünftige Person unter den gegebenen Umständen – Industriestandards, bestimmte *Business Policies*, die *World Bank Procurement, Consultant Guidelines* und Ausschreibungsunterlagen eingerechnet – anlegen würde, gewahrt wurde.[756] Es ist festzustellen, dass dieses Verständnis vielmehr dem Konzept einfacher Fahrlässigkeit als dem von Dolus eventualis oder bewusster Fahrlässigkeit entspricht,[757] wenn auch einfache Fahrlässigkeit den Erklärungen der Bank zufolge nicht ausreicht, um den Tatbestand der *Fraudulent Practice* zu erfüllen. Dennoch fällt auf, dass häufig ein Maßstab für *Recklessness* angelegt wird, der nicht nur demjenigen der bewussten, sondern auch der einfacher Fahrlässigkeit entspricht.[758] Daher ist das Risiko sehr hoch, dass schon ein unüberlegter Akt einer Mitarbeiterin oder eines Mitarbeiters den Tatbestand des Betruges im Sinne der vorstehenden Ausführungen erfüllt.[759]

d) Kein Schadensnachweis erforderlich

Auffällig ist, dass nach der aktuell geltenden Definition von *Fraudulent Practice* kein Schaden nachgewiesen werden muss. Nach älteren Versionen des Tatbestandes musste ein Nachteil *(Detriment)* für den darlehensnehmenden Staat eingetreten sein, wobei die Auslegung des Schadens wiederum sehr

---

754 Ebd.

755 *Diamant/Sullivan/Smith*, University of Pennsylvania Journal of Business Law, Vol. 18:4, 2016, S. 985 (1028).

756 Sanctions Board Decision No. 51, § 33 (2012).

757 Vgl. auch die (nicht verbindlichen) Empfehlungen der *Legal Vice Presidency*, die von „*shocking indifference*" spricht und damit den *Anti-Corruption Guidelines* entspricht, die eben solche „*simple negligence*" nicht als ausreichend für die Bejahung von betrügerischem Handeln ansehen, vgl. hierzu ebendort 1029 f. sowie World Bank Anti-Corruption Guidelines, 7 (b) Fn. 13. Hierzu auch *Diamant/Sullivan/Smith*, University of Pennsylvania Journal of Business Law, Vol. 18:4, 2016, S. 985 (1028).

758 *Richter*, CB 2015, S. 291 (295); *Diamant/Sullivan/Smith*, University of Pennsylvania Journal of Business Law, Vol. 18:4, 2016, 985, 1030 ff. mit weiteren Beispielen.

759 *Richter*, CB 2015, S. 291 (295).

breit erfolgte.[760] So wurden sowohl greifbare als auch nicht greifbare Nachteile erfasst.[761] Ein solcher lag demnach bereits dann vor, wenn die Erklärung der falschen Tatsachen möglicherweise geeignet war, den Darlehensnehmer zu schädigen, selbst wenn letztlich der Vertrag ordnungsgemäß erfüllt wurde.[762] Dies ist dem Umstand geschuldet, dass das *Sanctions Board* Falschdarstellungen und die Abgabe unrichtiger Erklärungen als grundsätzlich schädlich für die Tätigkeit der Weltbank ansieht.[763] Denn diese sind dem Vergabeprozess abträglich, indem sie eine faire und effiziente Vergabe gefährden sowie Ressourcen des Darlehensnehmers verschwenden. [764] Außerdem wird in solchen Fällen der Kreditnehmer dazu gebracht, mit einem Bieter, der sich zu solchen Verstößen hinreißen lässt, einen Vertrag einzugehen.[765] Dies bedeutet gleichzeitig, dass ein mit Geldern der Weltbank geförderter Vertrag Gefahren, die ein solcher Bieter birgt, ausgesetzt wird.[766] Das Tatbestandsmerkmal des *Detriment* wurde im Jahre 2004 aus den *Guidelines* entfernt, da man der Ansicht war, dass es Falschdarstellungen ohnehin schon immanent ist, dass sie sich nachteilig auswirken.[767]

e) Zurechnung von Mitarbeiterhandlungen

Einige Fälle beschäftigen sich unter anderem mit der Frage der Verantwortlichkeit des Geschäftsherren für betrügerisches Verhalten von Arbeitnehmern.[768] Hierbei richtet sich das *Sanctions Board* danach, ob der Arbeitnehmer im Zusammenhang mit und im Rahmen der sich aus dem Arbeitsverhältnis ergebenden Möglichkeiten gehandelt hat und wenigstens in Teilen dadurch motiviert wurde, seinem Geschäftsherren zu dienen.[769] Sofern sich ein Unternehmen darauf beruft, dass ein Mitarbeiter den Verstoß alleine zu verantworten hat, solches Verhalten nicht in der Firmenstruktur angelegt ist und ohne Genehmigung

---

760 *Diamant/Sullivan/Smith*, University of Pennsylvania Journal of Business Law, Vol. 18:4, 2016, S. 985 (1035).

761 *The World Bank Group Sanctions Board*, Law Digest, December 2011, S. 56 Rn. 96.

762 *Diamant/Sullivan/Smith*, University of Pennsylvania Journal of Business Law, Vol. 18:4, 2016, S. 985 (1035).

763 Sanctions Board Decision No. 47, § 29 (2012).

764 Ebd.

765 Ebd.

766 Ebd.

767 *Diamant/Sullivan/Smith*, University of Pennsylvania Journal of Business Law, Vol. 18:4, 2016, S. 985 (1036).

768 Ebd.

769 Sanctions Board Decision No. 83, § 69 (2015).

oder Wissen des *Respondent* erfolgte (sog. *Rogue-Employee*-Verteidigung), untersucht das *Sanctions Board*, ob zum Zeitpunkt des Fehlverhaltens ausreichende Kontrollmechanismen und Aufsichtsinstrumente in dem Unternehmen implementiert waren.[770] Sofern dies nicht der Fall war, wird das Verhalten dem Unternehmen angelastet. Es ist darüber hinaus nicht erforderlich, dass bewiesen wird, dass das jeweilige *Respondent*-Unternehmen das Handeln seines Arbeitnehmers (mindestens) stillschweigend geduldet, akzeptiert oder gelenkt hat.[771] Vielmehr wird darauf abgestellt, dass die durch den Mitarbeiter abgegebenen unzutreffenden Angaben eine – wenn auch pflichtwidrige – Art war, seine Aufgaben zu erfüllen.[772]

Diesen Grundsätzen zufolge sanktionierte das *Sanctions Board* ein Unternehmen, dessen stellvertretender Geschäftsführer Angebotsunterlagen gefälscht hatte, obwohl es sich mit dem Argument verteidigte, dass dieser insofern ohne Zustimmung oder Wissen des Unternehmens vorgegangen sei.[773] Als maßgeblich wurde letztlich erachtet, dass das Unternehmen keine Kontrollmechanismen vorgehalten hatte, die solches Fehlverhalten hätten aufdecken können.[774] Dies galt in dem entschiedenen Fall insbesondere deshalb, weil der stellvertretende Geschäftsführer wenig Erfahrung in dem Geschäftsumfeld, in dem er tätig war, hatte und damit besondere Risiken barg.[775] Gerade aufgrund dieser Unerfahrenheit wären Aufsichtsmaßnahmen angezeigt gewesen. Außerdem waren in dem Vergütungssystem des *Respondent* hohe Boni für abgeschlossene Verträge vorgesehen, was besondere Anreize für die Herbeiführung solcher Verträge um jeden Preis schuf – auch dies wurde als Faktor, der ein Kontrollsystem als umso notwendiger erscheinen ließ, eingeordnet.[776]

---

770 Ebd.

771 Sanctions Board Decision No. 48, § 29 (2012) – Die Voraussetzungen des *Respondent Superior*-Standards adaptiert das *Sanctions Board* mithin nicht. Siehe auch *Diamant/Sullivan/Smith*, University of Pennsylvania Journal of Business Law, Vol. 18:4, 2016, S. 985 (1036).

772 Sanctions Board Decision No. 48, § 29 (2012).

773 Sanctions Board Decision No. 48, § 16 (ii) (2012).

774 Sanctions Board Decision No. 48, § 30 (2012).

775 Ebd.

776 Sanctions Board Decision No. 48, § 31 (2012).

f) Subjektiver Tatbestand

Weitere Voraussetzung des Tatbestandes ist, dass die unvollständige Erklärung oder Falschdarstellung von Gewinnstreben, anderen Vorteilen oder der Vermeidung einer Obligation getrieben wird.[777] Bei dem *„More Likely Than Not“*-Maßstab, der an den Beweis von Tatsachen im Rahmen des Sanktionsprozesses gestellt wird, handelt es sich um eine vergleichsweise niedrige Hürde.[778] Daher kann dieses Tatbestandsmerkmal in der Regel ohne größere Schwierigkeiten bewiesen werden.[779] Das *Sanctions Board* hat zu entscheiden, ob die vorliegenden Beweise den Schluss zulassen, dass es wahrscheinlicher ist, dass der *Respondent* eine Zuwiderhandlung begangen hat, als das Gegenteil dieser Annahme.[780] Dies entspricht einem deutlich weniger strengen Maßstab als dem des hinreichenden Tatverdachts nach deutschem Recht,[781] welcher verlangt, dass nach dem gesamten Akteninhalt bei vorläufiger Tatbewertung die Verurteilung des Beschuldigten *mit Wahrscheinlichkeit* zu erwarten ist.[782]

In Bezug auf das Motiv, das der *Respondent* aufweisen muss, genügt es zur Erfüllung dieses Standards in der Regel darzulegen, dass eine falsche Darstellung im Rahmen des Bieterprozesses oder während der Vertragsausführung erfolgte.[783] Eine solche impliziert nach diesem Maßstab meist schon einen entsprechenden Willen in Bezug auf den finanziellen Vorteil, die Beeinflussung des Vergabeprozesses oder die Vertragsausführung.[784] Diesen Grundsätzen entsprechend sah das *Sanctions Board* die notwendigen Voraussetzungen einer Falschdarstellung in seinem Urteil Nr. 83 erfüllt. In dem Sachverhalt, der der Entscheidung zugrunde lag, waren Falschdarstellungen angefertigt worden, um Ausschreibungsanforderungen zu genügen[785] sowie eine falsche Quittung

---

777 *Diamant/Sullivan/Smith*, University of Pennsylvania Journal of Business Law, Vol. 18:4, 2016, S. 985 (1034).

778 Siehe hierzu oben E.VIII.1.a).

779 *Diamant/Sullivan/Smith*, University of Pennsylvania Journal of Business Law, Vol. 18:4, 2016, S. 985 (1034).

780 *Diamant/Sullivan/Smith*, University of Pennsylvania Journal of Business Law, Vol. 18:4, 2016, S. 985 (1034); Siehe zu dem „More-Likely-Than-Not-Grundsatz“ näher E.VIII.1.a).

781 *Richter*, CB 2015, S. 291 (295).

782 *Meyer-Goßner/Schmitt*, StPO, 61. Aufl. 2018, § 170 Rn. 1.

783 Vgl. World Bank Procurement Guidelines, 1.16 (a) (ii).

784 *Diamant/Sullivan/Smith*, University of Pennsylvania Journal of Business Law, Vol. 18:4, 2016, S. 985 (1034).

785 Sanctions Board Decision No. 83, § 52 (2015).

erstellt worden, um die Vertragsausführung zu manipulieren.[786] In einem weiteren Fall wurde in das schlichte Bieten im Rahmen eines Vergabeprozesses das Motiv, nach einem finanziellen Vorteil zu streben, hineingelesen, da es nach Auffassung des *Sanctions Board* schlicht keinen Sinn ergibt, sich an einem solchen Prozess zu beteiligen, ohne dabei einen Vorteil im Blick zu haben.[787] Betrachtet man die Gesamtheit[788] der Entscheidungen des *Sanctions Boards,* so wurde in keinem Fall das Motiv, einen finanziellen Vorteil erlangen zu wollen, verneint, sofern eine Falschdarstellung erfolgt war.[789]

Für die Praxis bedeutet dies, dass eine wissentliche oder bedingt vorsätzliche[790] Einreichung einer solchen Falschdarstellung in aller Regel genügt, um das für das an dieser Stelle diskutierte Tatbestandsmerkmal notwendige Motiv zu belegen.[791] Insbesondere im Hinblick auf die Einreichung fremder Unterlagen durch Dritte wie Sub-Unternehmer, hinsichtlich derer der übergeordnete Unternehmer auch meist keine Überprüfungsmöglichkeit hat, ist ein hohes Haftungsrisiko gegeben.[792] Hinzu treten außerdem die niedrigen Anforderungen des „*More Likely Than Not*"-Grundsatzes, die die Bejahung eines Verstoßes zusätzlich vereinfacht.[793] Als Handlungsempfehlung an Betroffene kann in solchen Fällen nur gelten, weitestgehende Transparenz gegenüber der Weltbank walten zu lassen, um den Betrugsvorwurf zu entkräftigen sowie schon im Vorhinein eigene Beschäftigte für dieses Thema zu sensibilisieren.[794]

Besondere Anforderungen an einen subjektiven Tatbestand gehen aus der Definition von *Fraudulent Practices* im Übrigen nicht hervor.[795]

---

786 Sanctions Board Decision No. 83, § 63 (2015).

787 Sanctions Board Decision No. 48, § 26 (2012).

788 Die vorliegende Arbeit erfasst alle Sanctions Board Decisions bis No. 114 (November 2018).

789 *Diamant/Sullivan/Smith*, University of Pennsylvania Journal of Business Law, Vol. 18:4, 2016, S. 985 (1035).

790 Aufgrund des oftmals anstatt des dem Wortlaut entsprechenden Dolus-Eventualis-Maßstabs angelegten Fahrlässigkeitsmaßstabs genügt auch letzterer den Anforderungen, die an das Motiv gestellt werden.

791 *Diamant/Sullivan/Smith*, University of Pennsylvania Journal of Business Law, Vol. 18:4, 2016, S. 985 (1035).

792 *Richter*, CB 2015, S. 291 (295).

793 *Richter*, CB 2015, S. 291 (296).

794 *Richter*, CB 2015, S. 291 (295).

795 *Leroy/Fariello*, The World Bank Group Sanctions Process and Its Recent Reforms, S. 8.

4. Collusive Practice

Unter *Collusive Practice* wird den *Guidelines* zufolge verstanden:

> *„[...] an arrangement between two or more parties designed to achieve an improper purpose, including to influence improperly the actions of another party.*[796] *[...] ‚parties' refers to participants in the procurement or selection process (including public officials) attempting either themselves, or through another person or entity not participating in the procurement or selection process, to simulate competition or to establish bid*[797] *[or] contract*[798] *prices at artificial, non-competitive levels, or are privy to each other's bid prices or other conditions.“*[799]

Diese heute geltende, weite Interpretation solcher unzulässiger Absprachen *(Collusive Practice)* hat sich aus einem engen, auf künstliche Preisabsprachen zwischen Bietern ausgerichteten Verständnis entwickelt.[800] Sie umfasst jegliche Form vorgetäuschten Wettbewerbs, die Etablierung künstlicher und nicht wettbewerbsfähiger Angebots- oder Vertragspreise sowie das schlichte Eingeweihtsein in Angebotspreise oder andere Konditionen weiterer Mitbietender.[801] Der Tatbestand erfasst sämtliche Personen, die sich an einer heimlichen Absprache beteiligt haben und damit auch Teilnehmer und Nichtbeteiligte des Vergabe- oder Auswahlprozesses (letzteres bezieht sich auf die Wahl von Beratern).[802]

Fällen von *Collusive Practice* liegen typischerweise Kartelle zwischen Bietern in Vergabeverfahren zugrunde.[803] Das *Sanctions Board* entscheidet in vergleichsweise wenigen Verfahren über den Vorwurf einer heimlichen Absprache.[804]

---

796 World Bank Procurement Guidelines, S. 7; World Bank Consultant Guidelines, S. 10; World Bank Anti-Corruption Guidelines, 7 (c).

797 World Bank Procurement Guidelines, S. 7 Fn. 22.

798 World Bank Consultant Guidelines, S. 10 Fn. 21.

799 World Bank Procurement Guidelines, S. 7 Fn. 22; World Bank Consultant Guidelines, S. 10 Fn. 21.

800 *Diamant/Sullivan/Smith*, University of Pennsylvania Journal of Business Law, Vol. 18:4,2016, S. 985 (1048).

801 World Bank Procurement Guidelines, S. 7 Fn. 22; World Bank Consultant Guidelines, S. 10 Fn. 21.

802 World Bank Procurement Guidelines, S. 7 Fn. 22; World Bank Consultant Guidelines, S. 10 Fn. 21; *Diamant/Sullivan/Smith*, University of Pennsylvania Journal of Business Law, Vol. 18:4, 2016, S. 985 (1048).

803 *Søreide/Gröning/Wandall*, Chicago Journal of International Law, Vol. 16, No. 2 (2016), S. 525 (533 f.); *Diamant/Sullivan/Smith*, University of Pennsylvania Journal of Business Law, Vol. 18:4, 2016, S. 985 (1049).

804 Im Volltext ist allein Sanctions Board Decision No. 87 (2016) verfügbar, die anderen fünf Entscheidungen, die es zu *Collusive Practice* gibt, werden im *Law Digest* auf

Sofern über solche entschieden wurde, dienten sie etwa dem Zweck der Erlangung einer unverhältnismäßig großen Anzahl von Verträgen.[805] Es gab ferner Absprachen (unter anderem auch mit Amtsträgern) hinsichtlich der Vertragsvergabe an einen bestimmten Auftragnehmer, der wiederum Bestechungsgelder zahlte[806] sowie einen Fall abgestimmter Angebotspreise, durch die bestimmte Bieter bestimmte Verträge erhielten.[807]

Das *Sanctions Board* hat bislang[808] noch keinen Fall entschieden, der unter die aktuellen *Guidelines* aus dem Jahre 2011, in der überarbeiteten Version von 2014, fällt.[809] Allerdings befand das *Sanctions Board* in der Entscheidung No. 87 über einen Verstoß gegen die *Procurement Guidelines* aus dem Jahre 2004 in der überarbeiteten Version von 2006.[810] Die Definition von *Collusive Practice*, die aus dieser Version der *Guidelines* hervorgeht, entspricht im Wesentlichen derjenigen, die den heutigen Stand abbildet. Allein die Fußnote, die den Begriff *Parties* näher definiert, ist weniger umfassend:

> *„[…] ‚parties' refers to participants in the procurement process (including public officials) attempting to establish bid prices at artificial, non-competitive levels."*[811]

Daher wird zur näheren Erläuterung der Tatbestandsmerkmale auf diese Entscheidung zurückgegriffen.

S. 25-32 komprimiert dargestellt. Vgl. *Diamant/Sullivan/Smith*, University of Pennsylvania Journal of Business Law, Vol. 18:4, 2016, S. 985 (1049).

805 *The World Bank Group Sanctions Board*, Law Digest, December 2011, S. 25 mit Verweis auf Sanctions Board Decision No. 1 (2007).

806 Sanctions Board Decision No. 87, § 13 (2016); *The World Bank Group Sanctions Board, Law Digest*, December 2011, S. 25 mit Verweis auf Sanctions Board Decision No. 1 (2007).

807 Sanctions Board Decision No. 87, § 13 (2016).

808 Die Arbeit erfasst alle Entscheidungen des *Sanctions Board* bis einschließlich Sanctions Decision No. 114, s.o.

809 Vgl. Sanctions Board Decision No. 87, § 73 (2016), die sich mit Verstößen gegen die *Procurement Guidelines 2004*, in der überarbeiteten Version von 2006, beschäftigt. Entscheidungen zu neueren *Guidelines* liegen bislang nicht vor. Vgl. auch *Diamant/Sullivan/Smith*, University of Pennsylvania Journal of Business Law, Vol. 18:4, 2016, S. 985 (1050).

810 Sanctions Board Decision No. 87, § 73 (2016).

811 Ebd.

a) Absprache

Der Tatbestand erfordert zunächst ein Arrangement zwischen zwei oder mehr Parteien. Als solches Arrangement wurde in der vorliegenden Entscheidung die Absprache zwischen einem Berater des Ministeriums eines darlehensnehmenden Staates und den Angestellten eines Unternehmens, das sich auf die streitgegenständliche Ausschreibung bewarb, gesehen.[812] Das *Respondent*-Unternehmen hatte die Ausschreibungsunterlagen von dem Berater bereits ca. eineinhalb Monate vor der offiziellen Ausschreibung erhalten.[813] E-Mails zeigten, dass Angestellte des *Respondent* die Unterlagen sichteten und kommentierten.[814] Auf Verlangen eines Angestellten veränderte der Berater sogar schließlich die Ausschreibungsunterlagen dahingehend, dass andere Bieter überzogene Anforderungen erfüllen mussten, um die Ausschreibung zu gewinnen.[815]

b) Kollusion

Die Absprachen müssen darüber hinaus geeignet sein, einen unrechtmäßigen Zweck zu erreichen, was auch das unangemessene Beeinflussen eines Dritten beinhaltet. Unerheblich ist dabei, ob eine Absprache Auswirkungen auf den Markt hatte.[816] Das *Sanctions Board* entschied in dem soeben dargestellten Fall, dass die Absprachen zwischen dem Berater und dem *Respondent* geeignet waren, den Wettbewerb im Ausschreibungsverfahren zu unterbinden.[817] Dies werde insbesondere durch die Ergänzung der Ausschreibungsunterlagen um überzogene Anforderungen an die Bieter belegt, da diese sicherstellen sollten, dass der *Respondent* den Auftrag erhält und andere Bieter unterliegen.[818] Ferner hätten die Angestellten des *Respondent* die Wahrnehmung gehabt, dass sie aufgrund des Arrangements mit dem Berater bevorteilt würden.[819] Letztlich werde die Annahme, dass im vorliegenden Fall ein auf die Erreichung eines

812 Sanctions Board Decision No. 87, § 84 (2016).
813 Ebd.
814 Ebd.
815 Ebd.
816 *Diamant/Sullivan/Smith*, University of Pennsylvania Journal of Business Law, Vol. 18:4, 2016, S. 985 (1053).
817 Sanctions Board Decision No. 87, § 87 (2016).
818 Ebd.
819 Ebd.

unrechtmäßigen Zwecks ausgelegtes Arrangement gegeben ist, dadurch gestützt, dass der *Respondent* den Auftrag erhielt.[820]

Die Fälle, die unter die Versionen der Definition von *Collusive Practice* mit einem engeren Verständnis, das in den *Guidelines* bis 2004 zu finden ist, subsumiert wurden, können erst recht unter die heute geltende, weitere Definition gefasst werden. Daher können diese Beispiele auch herangezogen werden um zu verdeutlichen, welche Handlungen das *Sanctions Board* unter Kollusion fasst. In aller Regel drehen sich die entschiedenen Fällen um abgesprochene und kongruente Preise, die dem jeweiligen Angebot des Bieters zugrundeliegen.[821] Auch ein *Gentleman's Agreement*, mit dem zwischen drei Bietern vereinbart wurde, dass aufgrund der limitierten Auftragsgelegenheiten in einer Kleinstadt der Gewinner einer Ausschreibung in der nächsten nicht mitbietet oder sich absichtlich mit der Angabe überhöhter Preise nicht qualifiziert, wurde als unrechtmäßige Absprache eingeordnet.[822]

In einigen Konstellationen gelang der Nachweis kollusiver Absprachen aufgrund der extremen physischen Ähnlichkeiten zwischen den Angeboten, die eine gemeinsame Erstellung vermuten ließen.[823] So wurden in einem Einzelfall identische Umschläge, identische Deckblätter, die gleiche Schriftart und Stil sowie ein identischer Dateipfad in den Angebotsunterlagen verwendet sowie die gleiche Anzahl an Feldern in den Angeboten freigelassen.[824] Außerdem fanden sich die gleiche Handschrift in bestimmten Feldern sowie identische (Rechtschreib-)Fehler.[825] Letztlich wurden die Angebotsunterlagen eines Unternehmens wiederverwendet, was auffiel, da dessen Name nur teilweise mit Korrekturflüssigkeit verdeckt worden war.[826]

c) Kollusionsbedingte Preiserhöhung nicht notwendig

Beachtlich ist schlussendlich auch, dass es nach der Rechtsprechung des *Sanctions Board* nicht darauf ankommt, dass die Absprache zu erhöhten Preisen

820 Ebd.

821 *The World Bank Group Sanctions Board*, Law Digest, December 2011, S. 49 Rn. 73, S. 50 Rn. 76, 77, 78.

822 *The World Bank Group Sanctions Board*, Law Digest, December 2011, S. 51 Rn. 81.

823 *The World Bank Group Sanctions Board*, Law Digest, December 2011, S. 50 Rn. 76, 79, S. 52 Rn. 84.

824 *The World Bank Group Sanctions Board*, Law Digest, December 2011, S. 50 Rn. 79.

825 Ebd.

826 Ebd.

geführt hat.[827] Maßgeblich ist mithin, wie ein Preis zustande gekommen ist und nicht allein seine quantitative Betrachtung.[828] Schließlich sei es nie auszuschließen, dass auch vergleichsweise niedrige Preise noch niedriger ausgefallen wären, hätte es keine kollusive Absprache gegeben.[829]

d) Subjektiver Tatbestand

Die subjektiven Voraussetzungen des Tatbestandes sind bislang seitens des *Sanctions Board* nicht diskutiert worden. Allerdings lässt die Formulierung *„designed to achieve an improper purpose“* auf einen Willen zur Erreichung der mit einer kollusiven Absprache verfolgten Ziele schließen, welcher zu belegen ist.[830]

5. Coercive Practice

Unter Nötigung[831] *(Coercive Practice)* verstehen die *Guidelines*:

> *„[...] imparing or harming, or threatening to impair or harm, directly or indirectly, any party or the property of the party to influence improperly the actions of a party.[832] [...] ‚party' refers to a participant in the procurement[833] [or] selection[834] process or contract execution.“*

Bis März 2017 hat das *Sanctions Board* nicht einen Fall von *Coercive Practice* behandelt.[835] Daher ist wenig Hintergrundinformation zu einzelnen Bestandteilen dieses Tatbestands verfügbar.[836] Allerdings liefert der *User Guide,* der zu den *Anti-Corruption Guidelines* verfasst wurde, ein Beispiel.[837] Dieses beschreibt, wie der Ausschreibungsprozess zu einem Straßenbauprojekt durch

---

827 *The World Bank Group Sanctions Board*, Law Digest, December 2011, S. 49 Rn. 71.
828 Ebd.
829 Ebd.
830 *Diamant/Sullivan/Smith*, University of Pennsylvania Journal of Business Law, Vol. 18:4, 2016, S. 985 (1050).
831 Vgl. *Richter*, CB 2015, S. 291 (292).
832 World Bank Procurement Guidelines, S. 7; World Bank Consultant Guidelines, S. 10; World Bank Anti-Corruption Guidelines, 7 (d).
833 World Bank Procurement Guidelines, S. 7 Fn. 23.
834 World Bank Consultant Guidelines, S. 10 Fn. 22.
835 Vgl. auch für den Stand bis Dezember 2015 *Diamant/Sullivan/Smith,* University of Pennsylvania Journal of Business Law, Vol. 18:4, 2016, S. 985 (1055).
836 Vgl. *Diamant/Sullivan/Smith*, University of Pennsylvania Journal of Business Law, Vol. 18:4, 2016, S. 985 (1056).
837 *The World Bank*, The World Bank's Anti-Corruption Guidelines: A User's Guide, S. 7.

die Einschüchterung des Wettbewerbs durch einen Mitbewerber beeinträchtigt wurde.[838] Dieser drohte den anderen Bewerbern mit Störung ihrer künftigen Geschäftstätigkeit sowie den Angestellten dieser Unternehmen mit Gefahr für ihre körperliche Unversehrtheit, sofern sie sich weigern, ihre Angebote künstlich zu verteuern.[839] Zur Erreichung desselben Ziels erfolgten „Abfindungszahlungen" an Mitbewerber.[840] In einem Fall wurden sogar Mitarbeiter eines Mitbewerbers gefangen gehalten, um diesen davon abzuhalten, die Frist zur Einreichung seines Angebotes zu wahren.[841] Ebenfalls als *Coercive Practice* wird die Bedrohung von Regierungsbeamten eingeordnet.[842]

6. Obstructive Practice

Schließlich wird nach den *Guidelines* die fünfte sanktionsfähige Handlung, die Behinderung von Ermittlungen[843] *(Obstructive Practice)*, wie folgt verstanden:

> *„[...] deliberately destroying, falsifying, altering, or concealing of evidence material to the investigation or making false statements to investigators in order to materially impede a Bank investigation into allegations of a corrupt, fraudulent, coercive, or collusive practice; and/or threatening, harassing, or intimidating any party to prevent it from disclosing its knowledge of matters relevant to the investigation or from pursuing the investigation, or acts intended to materially impede the exercise of the Bank's inspection and audit rights [...]*[844]*/acts intended to materially impede the exercise of the Bank's contractual rights of audit or access to information."*[845]

a) Eigenständiges Delikt vs. Sanktionszumessungsfaktor

Auch in Bezug auf diese Kategorie von Verstößen hat das *Sanctions Board* bislang vergleichsweise wenige Entscheidungen erlassen.[846] Die Einführung von *Obstructive Practices* als sanktionsfähiges Handeln im Jahre 2006 wird darauf zurückgeführt, dass Unternehmen und Individuen davon abgehalten werden

---

838 Ebd.

839 Ebd.

840 Ebd.

841 Ebd.

842 *Dubois/Nolan*, The Yale Journal of International Law Online, Vol. 26 (Fall 2010), S. 15 (18).

843 Vgl. *Richter*, CB 2015, S. 291 (292).

844 World Bank Procurement Guidelines, S. 7; World Bank Consultant Guidelines, S. 10.

845 World Bank Anti-Corruption Guidelines, 7 (e).

846 Sanctions Board Decision No. 60 (2013); No. 77 (2015).

sollten, Ermittlungen der Bank derart zu behindern, dass keine andere *Sanctionable Practice* mehr nachgewiesen werden kann.[847] Dementsprechend tendiert das *Sanctions Board* zu vergleichsweise strengen Sanktionen, sofern es einen Fall von *Obstructive Practice* für gegeben hält.[848]

Vor Einführung dieses neuen Tatbestandes hatten entsprechende Handlungen allein als erschwerender Faktor *(Aggravating Factor)* bei der Bemessung einer Sanktion Auswirkungen.[849] Dies führte dazu, dass es theoretisch möglich war, jegliche Sanktion durch entsprechende schwerwiegende Sabotage der Ermittlungen der Bank zu verhindern. Schließlich kann ein erschwerender Faktor überhaupt nur dann greifen, wenn zuvor ein Verstoß festgestellt wurde, an den eine Sanktion als Basis anknüpft.

Bislang liegen nur wenige Fälle vor, in denen eine Sanktionierung wegen des Tatbestands *Obstructive Practices* erfolgt wäre.[850] Der Hauptvorwurf resultiert in der Regel aus anderen Verstößen, neben denen gegebenenfalls auch die Behinderung von Ermittlungen der Bank sanktioniert wird.[851]

Der Tatbestand der *Obstructive Practice* wird in Fällen bejaht, in denen der *Respondent* teilweise oder gänzlich Informationen und Dokumente vorenthält, bezüglich derer *INT* aufgrund der vertraglich vereinbarten *Audit Rights* einen Anspruch auf Zugang hat.[852] In *Sanctions Board Decision* Nummer 93 entschied das *Sanctions Board*, dass die Weigerung des *Respondent*, *INT* seine Prüfrechte ausüben zu lassen, als *obstructive* zu sehen ist.[853] Das Argument des *Respondent*, dass er sich nicht selbst belasten wolle, da ein nationales Strafverfahren gegen ihn laufe, erachtete das *Sanctions Board* nicht als relevant. Die Prüfrechte resultierten aus den vertraglichen Verpflichtungen, die gegenüber der WBG eingegangen worden seien, sodass das Recht auf Selbstbelastungsfreiheit nicht greife.[854]

---

847 *Diamant/Sullivan/Smith*, University of Pennsylvania Journal of Business Law, Vol. 18:4, 2016, S. 985 (1010).

848 *The World Bank Group*, Annual Update INT FY16, S. 7.

849 *Diamant/Sullivan/Smith*, University of Pennsylvania Journal of Business Law, Vol. 18:4, 2016, S. 985 (1017).

850 Vgl. *Diamant/Sullivan/Smith*, University of Pennsylvania Journal of Business Law, Vol. 18:4, 2016, S. 985 (1010); siehe auch Sanctions Board Decision No. 87 (2016), in welcher die *Respondents* nur wegen *Collusive* und *Corrupt Practices* sanktioniert wurden.

851 *Diamant/Sullivan/Smith*, University of Pennsylvania Journal of Business Law, Vol. 18:4, 2016, S. 985 (1010).

852 Vgl. Sanctions Board Decision No. 110, §§ 28 ff. (2018).

853 Sanctions Board Decision No. 93, §§ 81 ff. (2017).

854 Sanctions Board Decision No. 93, §§ 82 ff. (2017).

Hierauf berief sich das *Sanctions Board* auch in einer weiteren Entscheidung, in der der *Respondent* seine Weigerung zur Kooperation mit einer Kollision von Weltbankrecht und nationalem Recht begründete.[855]

Sofern *Obstructive Practices* nicht als selbständiger Verstoß, sondern lediglich als sanktionszumessungsrechtlich erschwerender Faktor *(Aggravating Factor)* – *Interference with Investigative Process*[856] – gewertet wird, resultiert dies in einer Verlängerung der Sanktion von einem bis zu drei Jahren.[857] Die Definition dieses Faktors kommt derjenigen von *Obstructive Practices* nach den *Guidelines* sehr nahe, sodass *INT* letztlich hinsichtlich derselben Tat die Wahl verbleibt, diese als eigenen Verstoß oder nur als Bemessungsfaktor einzuordnen.[858] Diese Entscheidung stellt sich als Ermessensentscheidung ohne nähere Handlungsvorgaben für *INT* dar.[859] Ob das jeweilige Verhalten als *Obstructive Practice* oder als *Aggravating Factor* angeklagt wird, hängt wohl letztlich von der Schwere des Verstoßes und der Beweislage ab.[860]

b) Beeinträchtigung von Ermittlungen

Klassische Fälle von Beeinträchtigungen von Bankermittlungen sind das Zerstören von Beweismitteln und das Einschüchtern, Bedrohen oder Belästigen von Zeugen, damit diese ihr Wissen in Bezug auf eine sanktionsfähige Handlung nicht preisgeben.[861] Letzteres wird nicht schon dadurch erfüllt, dass

---

855 Sanctions Board Decision No. 104, §§ 23 ff. (2017).

856 „*Interference with investigative process: Deliberately destroying, falsifying, altering, or concealing evidence material to the investigation or making false statements to investigators in order to materially impede a Bank investigation and/or threatening, harassing or intimidating any party to prevent it from disclosing its knowledge of matters relevant to the investigation or from pursuing the investigation; or acts intended to materially impede the exercise of the Bank's contractual rights of audit or access to information.*" Vgl. Art. IV § C. 1. World Bank Sanctioning Guidelines.

857 *Diamant/Sullivan/Smith*, University of Pennsylvania Journal of Business Law, Vol. 18:4, 2016, S. 985 (1010). Dies stellt einen der anerkannten erschwerenden Faktoren dar, siehe hierzu näher unter E.IX.5.b).

858 *Diamant/Sullivan/Smith*, University of Pennsylvania Journal of Business Law, Vol. 18:4, 2016, S. 985 (1010).

859 *Diamant/Sullivan/Smith*, University of Pennsylvania Journal of Business Law, Vol. 18:4, 2016, S. 985 (1011).

860 *Diamant/Sullivan/Smith*, University of Pennsylvania Journal of Business Law, Vol. 18:4, 2016, S. 985 (1015).

861 *The World Bank*, Sanctions Reform: Expansion of Sanctions Beyond Procurement and Sanctioning of Obstructive Practice, S. 5; *Diamant/Sullivan/Smith*, University of

beispielsweise ein Geschäftspartner gebeten wird, sich gegenüber der Bank nicht zu äußern.[862] Dennoch ist auch hinsichtlich solchen Verhaltens erhöhte Vorsicht geboten, schließlich können im Einzelfall doch Umstände ersichtlich sein, die ein bedrohendes, belästigendes oder einschüchterndes Bild der Situation erzeugen.[863]

Sofern Dokumente zerstört werden, kommt es darauf an, dass diese für die Untersuchung wesentlich waren oder eine Verfälschung diese erheblich beeinträchtigen sollte.[864] Ebenso wie die Manipulation von Dokumenten ist auch das Löschen von Daten selbstverständlich als Behinderung einzuordnen.[865] Falsche Angaben im Rahmen von Ermittlungen gegenüber *INT* sind als *Obstructive Practice* zu qualifizieren, wenn diese von weiteren Handlungen begleitet werden, die auf ein gezieltes Behindern der Ermittlungen schließen lassen.[866] Das *Sanctions Board* hat außerdem das Vorenthalten von Dokumenten und das Verweigern des Zugangs zu Servern als hinderliches Vorgehen eingestuft.[867]

In Bezug auf die Behinderung von Untersuchungen kommt es maßgeblich darauf an, dass *INT* der Zugang zu solchen Informationen verwehrt wird, die ihr den *Audit Rights* der Weltbank zufolge zugänglich sein sollten.[868] Diese beziehen sich in der Regel auf Konten und Unterlagen, die Aufschluss hinsichtlich der Erfüllung des Weltbank-finanzierten Vertrags geben.[869] Diesen Grundsätzen entsprechend reicht die Pflicht des jeweiligen *Respondent,* auf Anfrage von *INT* bestimmte Unterlagen offenzulegen, auch nicht weiter.[870] Hieran ist im Einzelfall

---

Pennsylvania Journal of Business Law, Vol. 18:4, 2016, 985, 1019; *Dubois/Nolan*, The Yale Journal of International Law Online, Vol. 26 (Fall 2010), S. 15 (18).

862 Sanctions Board Decision No. 47, § 47 (2012).

863 Vgl. *Diamant/Sullivan/Smith*, University of Pennsylvania Journal of Business Law, Vol. 18:4, 2016, S. 985 (1020 f).

864 Sanctions Board Decision No. 77, § 43 (2015).

865 Vgl. Sanctions Board Decision No. 60, § 12 (2013).

866 Sanctions Board Decision No. 87, §§ 113, 117 (2016).

867 Sanctions Board Decision No. 87, § 117 (2016).

868 *Richter*, CB 2015, S. 291 (295); *Harker/Castellano*, Briefing Papers, Iss. 17-3 (February 2017), S. 1 (4); *Diamant/Sullivan/Smith*, University of Pennsylvania Journal of Business Law, Vol. 18:4, 2016, S. 985 (1013); zu den Prüfrechten der Weltbank siehe World Bank Procurement Guidelines, 1.16 (e); World Bank Consultant Guidelines, S. 1.23 (e).

869 *Diamant/Sullivan/Smith*, University of Pennsylvania Journal of Business Law, Vol. 18:4, 2016, S. 985 (1021).

870 *Diamant/Sullivan/Smith*, University of Pennsylvania Journal of Business Law, Vol. 18:4, 2016, S. 985 (1014).

zu messen, ob eine die Ermittlungen hindernde Handlung vorgenommen wurde, oder ob es das gute Recht eines *Respondent* war, die Herausgabe bestimmter Informationen zu verweigern.[871] Allerdings ist insoweit zu berücksichtigen, dass das *Sanctions Board* hinsichtlich der Einstufung, ob Informationen von den Prüfrechten der Bank erfasst sind oder nicht, einen großzügigen Maßstab anwendet.[872] So waren in einem entschiedenen Fall auch Unterlagen erfasst, die aus Zeiträumen vor Abschluss des Vertrags, der die Rechte der Weltbank überhaupt erst begründete, stammten.[873] Dies wurde damit begründet, dass diese für eine Zahlung relevant waren, wegen der *INT* unter anderem ermittelte.[874] Maßgeblich ist für die Bestimmung des Prüfrechts mithin, ob eine Information einen Bezug zu den jeweils vertraglich geschuldeten Leistungen hat.[875]

Umstritten ist, ob aus den Prüfrechten der Weltbank auch die Befugnis von *INT* zur Befragung von Arbeitnehmern eines *Respondent*-Unternehmens resultiert.[876] Hierzu liegt keine eindeutige Entscheidung vor. Allerdings sieht das *Sanctions Board* keinen erschwerenden Faktor in der Weigerung, Fragen von *INT* zu beantworten, sofern dies nicht mit weiteren, die Ermittlungen offenkundig sabotierenden, Handlungen einhergeht.[877]

Problematisch erscheint, dass in Fällen, in denen tatsächlich kein Verhalten vorliegt, dass den Tatbestand von *Obstructive Practices* erfüllt, Weigerungen zur Kooperation mit den Ermittlungen von *INT* einen selbständigen Verstoß begründen können.[878] Für diesen steht gleichsam der gesamte Sanktionskatalog offen.[879] Daher ist uneingeschränkt zu empfehlen, etwaige Verstöße in Zusammenarbeit mit der Bank aufzuarbeiten, zumal sich dies auch bei etwaigen späteren Sanktionsentscheidungen zumessungsrechtlich günstig auswirkt.[880]

---

871 Ebd.

872 *Diamant/Sullivan/Smith*, University of Pennsylvania Journal of Business Law, Vol. 18:4, 2016, S. 985 (1014).

873 Sanctions Board Decision No. 56, § 62 (2013).

874 Sanctions Board Decision No. 56, § 61 (2013).

875 Vgl. *Diamant/Sullivan/Smith*, University of Pennsylvania Journal of Business Law, Vol. 18:4, 2016, S. 985 (1014).

876 *Diamant/Sullivan/Smith*, University of Pennsylvania Journal of Business Law, Vol. 18:4, 2016, S. 985 (1014).

877 *Diamant/Sullivan/Smith*, University of Pennsylvania Journal of Business Law, Vol. 18:4, 2016, S. 985 (1015).

878 *Richter*, CB 2015, S. 291 (295).

879 Ebd.

880 Ebd.

c) *Subjektiver Tatbestand*

Im Hinblick auf den subjektiven Tatbestand fällt auf, dass es *INT* nicht immer gelingt, ein absichtliches Handeln in Bezug auf Hinderungspraktiken nachzuweisen.[881] Dies führt zu der zuvor beschriebenen Alternativität des Vorwurfs von *Obstructive Practices* als selbständiger Verstoß beziehungsweise der Einordnung als *Aggravating Factor*. Jedenfalls muss ein *Respondent* mit der Absicht gehandelt haben, Ermittlungen der Weltbank, respektive die Durchsetzung ihrer Prüfrechte, zu erschweren.[882]

7. Zwischenfazit

Da die Tätigkeit der Weltbank stetig an Umfang gewinnt, ist die Beobachtung der Entwicklung des Verständnisses sanktionsfähiger Praktiken von signifikanter Bedeutung.[883]

Der Rechtsanwender kann sich von folgenden Grundsätzen bei der Frage, ob sich ein bestimmtes Verhalten unter eine der *Sanctionable Practices* subsumieren lässt, leiten lassen: Die Bank legt in der Regel einen sehr weiten Maßstab an, der sich an einem bedingungslosen Schutz ihrer Investitionstätigkeit ausrichtet.[884] Danach sind auch die jeweiligen Definitionen der fünf Zuwiderhandlungen an der Auftragsvergabe, der Auswahl von Beraterinnen und Beratern und der Vertragsdurchführung ausgerichtet. Sie haben eine reduzierte Bestimmtheit, was dazu führt, dass das *Sanctions Board* im Einzelfall sehr frei entscheiden kann.[885]

Wie bereits dargestellt, kann der durch Bestechung gewährte Vorteil jeglicher Art und Güte sein und muss sich nicht zwingend auf eine Pflichtverletzung des irgendwie der Weltbank zuzurechnenden Amtsträgers beziehen. Eine bloße Falschdarstellung wird in aller Regel seitens des *Sanctions Board* als Beleg für das Motiv, einen finanziellen Vorteil im Sinne einer *Fraudulent Practice* erlangen zu wollen, gesehen. Um eine solche zu bejahen, muss es darüber hinaus nicht zu einem monetären Schaden gekommen sein, da ein hinlänglicher Nachteil bereits in der bloßen Abgabe von Falschdarstellungen gesehen wird. Es kommt ferner

881 *Diamant/Sullivan/Smith*, University of Pennsylvania Journal of Business Law, Vol. 18:4, 2016, S. 985 (1015).

882 Ebd.

883 *Diamant/Sullivan/Smith*, University of Pennsylvania Journal of Business Law, Vol. 18:4, 2016, S. 985 (1057).

884 Vgl. *Richter*, CB 2015, S. 291 (294).

885 Vgl. *Kölbel*, MSchrKrim 2008, S. 22 (26) zur interpretatorischen Gestaltungsmacht bei Normen des Wirtschaftsstrafrechts, die eine reduzierte Bestimmtheit aufweisen.

allein darauf an, dass einem Angebot eines Bieters unzulässige Absprachen zugrunde liegen, um eine *Collusive Practice* zu bejahen. Spürbare Auswirkungen auf den Markt müssen hieraus nicht resultieren.

Diese Beispiele verdeutlichen, dass sich die Ahndung von Fehlverhalten durch die Bank danach richtet, ob dieses geeignet ist, deren System zu sabotieren. Das Sanktionssystem ist daher kein Selbstzweck, die Bank verfolgt nicht Verstöße um des Verfolgenswillens und erhebt keinen Anspruch, jegliches Fehlverhalten, das im Zusammenhang mit ihren Projekten erfolgt, zu sanktionieren. Vielmehr greift sie nur solche Verstöße auf, die ihr Ziel, die Entwicklung ihrer Mitglieder zu fördern, hintertreiben. Sonstige Zuwiderhandlungen werden an die zuständigen nationalen Behörden übergeben.[886]

8. Verjährung

Zusätzlich zu dem strengen Normenregime der fünf sanktionsfähigen Praktiken gilt eine Verjährungsdauer von zehn Jahren.[887] Präzisiert bedeutet dies, dass die einem *Statement of Accusations of Evidence*[888] zugrundeliegenden Handlungen bei Einreichung durch *INT* bei dem *SDO* nicht länger als zehn Jahre zurückliegen dürfen.[889] Eine Verjährungshemmung, etwa durch Ermittlungen von *INT*, erfolgt hingegen nicht.[890]

Besonderheiten gelten, sofern es sich um ein Projekt handelt, für das die *World Bank Procurement Guidelines* bzw. die *World Bank Consultant Guidelines* Anwendung finden.[891] Bei diesen kommt es, abweichend zu den oben genannten Grundsätzen, nicht auf den Zeitpunkt der Vornahme einer sanktionsfähigen Handlung, sondern vielmehr auf den Abschluss der Vertragsdurchführung an.[892] In diesen Fällen kann die sanktionsfähige Handlung also auch schon mehr als zehn Jahre zurückliegen und dennoch Gegenstand eines Sanktionsverfahrens

---

886 *The World Bank*, OSD Report 2007-2015, S. 8 Fn. 11.

887 *Richter*, CB 2015, S. 291 (296).

888 Das *Statement of Accusations of Evidence* entspricht einem abgeschlossenen Ermittlungsbericht, der dem *Suspension and Debarment Officer* als erster Kontrollinstanz des Sanktionssystems vorgelegt wird. Dieser entscheidet auf Grundlage dieses Berichts über den Fortlauf des Verfahrens. Siehe hierzu umfassend unten E.IX.1.a)(iv). f.

889 Sect. III, Part A., Art. III, § 4.01 (d) (ii) World Bank Sanctions Procedures.

890 *Richter*, CB 2015, S. 291 (296).

891 Ebd.

892 Sect. III, Part A., Art. III, § 4.01 (d) (ii) World Bank Sanctions Procedures; *Richter*, CB 2015, S. 291 (296).

bei der Weltbank werden.[893] Mithin kann es zu Verjährungsfristen von weit über zehn Jahren kommen, was bei internen Untersuchungen und auch bei Unternehmenskäufen im Zuge von *Due Diligence* zu beachten ist.[894]

9. Umgang mit Regelungslücken

Das *Sanctions System* der Weltbank stellt das wohl ausdifferenzierteste System seiner Art dar.[895] Dennoch hält das Regelwerk mit seinem überschaubaren Umfang selbstverständlich nicht für jede Fragestellung Lösungen vor. Regelungslücken sind daher unausweichlich. Die Praxis des Sanktionssystems hat zur Schließung solcher Lücken verschiedene Ansätze gezeigt.

a) Auslegungsmethoden

Die wichtigste Quelle für die Interpretation materieller und prozessualer Vorschriften[896] stellt – ähnlich wie im deutschen Rechtssystem – der Wortlaut dar, dessen Grenze nicht überschritten werden darf.[897] Sofern der Wortlaut allerdings mehrere Interpretationsmöglichkeiten offen lässt, ziehen die Organe der Weltbank externe Quellen hinzu, um eine geeignete Auslegung durchführen zu können.[898] Dabei ist die eigene Gesetzgebungshistorie der Bank eine der gewichtigsten Auslegungshilfen, wobei sie streng genommen nur in wenigen Fällen weiterhelfen kann, da sie nur geringe Orientierung bietet.[899] Darüber hinaus bietet die Rechtsprechung des *Sanctions Board* mittlerweile eine wichtige Auslegungshilfe, wobei diese aufgrund der vergleichsweise geringen Anzahl öffentlich verfügbarer Urteile letztlich auch limitiert ist.[900] Außerdem ist zu bedenken,

---

893 *Richter*, CB 2015, S. 291 (296).

894 Sect. III, Part A., Art. III, § 4.01 (d) (ii) World Bank Sanctions Procedures; *Richter*, CB 2015, S. 291 (296).

895 *Leroy/Fariello*, The World Bank Group Sanctions Process and Its Recent Reforms, S. 8; *Søreide/Gröning/Wandall*, Chicago Journal of International Law, Vol. 16, No. 2 (2016), S. 525 (526).

896 *Leroy*, Advisory Opinion on Certain Issues Arising in Connection with Recent Sanctions Cases, Opinion No. 2010/01, S. 6 unter 26.

897 *Leroy*, Advisory Opinion on Certain Issues Arising in Connection with Recent Sanctions Cases, Opinion No. 2010/01, S. 4 unter 13.

898 Ebd.

899 *Leroy*, Advisory Opinion on Certain Issues Arising in Connection with Recent Sanctions Cases, Opinion No. 2010/01, S. 4 unter 14.

900 Vgl. *Leroy*, Advisory Opinion on Certain Issues Arising in Connection with Recent Sanctions Cases, Opinion No. 2010/01, S. 4 unter 15.

dass das *Sanctions Board* kein Organ ist, das für die Etablierung von Leitlinien der Bank zuständig ist, und eine zu weit reichende Interpretation des rechtlichen und politischen Rahmenwerks außerhalb seines Einflussbereichs liegt.[901]

b) Analogie zu etablierten Rechtsgrundsätzen

Die Weltbank erkennt darüber hinaus allgemeine Rechtsprinzipien als legitime Auslegungsquellen an.[902] In solchen Fällen werden Analogien zu etablierten rechtlichen Konzepten und Vollzugssystemen – insbesondere aus dem US-amerikanischen Rechtsraum – gebildet.[903] Auch die *World Bank Legal Vice Presidency* geht davon aus, dass es notwendig ist, etablierte Rechtsgrundsätze in Betracht zu ziehen, um ein breites Verständnis für die einzelnen Katalogtaten zu entwickeln.[904] Dieser Ansicht folgt das *Sanctions Board*, welches bei seinen Entscheidungen auf solche Grundsätze[905] oftmals zurückgegriffen hat.[906] Dieses Vorgehen steht schließlich auch im Einklang mit der Praxis internationaler Strafgerichte.[907]

---

901 Ebd.

902 *Leroy*, Advisory Opinion on Certain Issues Arising in Connection with Recent Sanctions Cases, Opinion No. 2010/01, S. 5 unter 18; *Boisson de Chazournes/Fromageau*, The European Journal of International Law, Vol. 23 No. 4 (2012), S. 963 (972); *The World Bank*, Oxford Public International Law, 15 April 2012, S. 3; vgl. auch Sanctions Board Decision No. 57, § 8 (2013).

903 *Diamant/Sullivan/Smith*, University of Pennsylvania Journal of Business Law, Vol. 18:4, 2016, S. 985 (993).

904 *Diamant/Sullivan/Smith*, University of Pennsylvania Journal of Business Law, Vol. 18:4, 2016, S. 985 (993).

905 Vgl. etwa Sanctions Board Decision No. 57, § 8 (2013), in der es um einen - im Sanktionsrecht der Weltbank nicht vorgesehenen - Antrag auf Überprüfung einer Entscheidung des *Sanctions Board* aufgrund neuer Tatsachen ging. Hier erkannte das *Sanctions Board* an, dass von dieser Regel Ausnahmen zu machen sind, sofern außergewöhnliche Umstände dies erfordern. Hierunter wird das Auffinden neuer entscheidender Beweismittel, Prozessbetrug oder anderes schwerwiegendes Fehlverhalten im Ausgangsverfahren sowie sachliche Fehler *(Clerical Mistake)* in der Entscheidung verstanden. Demgegenüber wird der *Respondent* nicht mit neuer Argumentation oder Beweismitteln gehört, die er schon im Ausgangsverfahren hätte präsentieren können.

906 *Diamant/Sullivan/Smith*, University of Pennsylvania Journal of Business Law, Vol. 18:4, 2016, S. 985 (993).

907 *Chiesa* in: Dubber/Hörnle, The Oxford Handbook of Criminal Law, S. 1089 (1093); vgl. auch Art. 38 (1) (c) des *Statute of the International Court of Justice*, in dem es heißt: „*The Court, whose function is to decide in accordance with international law such*

Sofern ein Organ seine Argumentation auf ein solches Prinzip zu stützen beabsichtigt, muss es dessen Existenz zunächst durch eine Beschreibung des Prinzips samt Belegen, in welchen Rechtsordnungen dies zu welchen Zwecken eingesetzt wird, etablieren.[908] Erforderlich ist aus Sicht der Weltbank für die Annahme der Generalität eines Prinzips, dass es sowohl in einer relevanten Rechtsordnung des *Common Law* als auch einer des *Civil Law* anerkannt ist.[909]

Nachdem eine solche Begründung eines Prinzips erfolgt ist, entscheidet die *Legal Vice Presidency*[910] darüber, ob es sinnvoll innerhalb des Weltbanksystems angewendet werden kann und die jeweiligen Konsequenzen die Tätigkeit der Bank nicht nachteilig beeinflussen.[911] Es erfolgt mithin eine generelle Betrachtung der Auswirkungen, die die Anwendung eines neuen rechtlichen Prinzips auf das System der Bank hat. Folglich verschiebt sich der Fokus von der Einzelfallentscheidung, in der eine Lücke des Systems das Heranziehen eines neuen Prinzips erforderlich gemacht hat, zu einer deutlich breiteren Betrachtung.[912] In diese ist auch einzustellen, dass seit der Harmonisierung der Sanktionskataloge der internationalen Entwicklungsbanken *AfDB, ADB, EBRD, IDB* und der Weltbank ein gesteigertes Bedürfnis nach Rechtssicherheit und der Anwendung gleicher Grundsätze besteht.[913] Dies ermahnt die an der Rechtsentwicklung bei der Weltbank Beteiligten, neue Prinzipien nur sparsam und mit dem nötigen Augenmaß einzusetzen. Deshalb prüft das *Sanctions Board*, bevor es neues

---

disputes as are submitted to it, shall apply: the general principles of law recognized by civilized nations."

908 *Leroy*, Advisory Opinion on Certain Issues Arising in Connection with Recent Sanctions Cases, Opinion No. 2010/01, S. 5 unter 18.

909 *Leroy*, Advisory Opinion on Certain Issues Arising in Connection with Recent Sanctions Cases, Opinion No. 2010/01, S. 5 unter 19.

910 Die als Hüterin des rechtlichen Rahmenwerks agiert, *Leroy*, Advisory Opinion on Certain Issues Arising in Connection with Recent Sanctions Cases, Opinion No. 2010/01, S. 5 unter 20.

911 *The World Bank*, Oxford Public International Law, 15 April 2012, S. 3; *Dies.*, The World Bank Group's Sanctions Regime: Information Note, S. 15, *Leroy*, Advisory Opinion on Certain Issues Arising in Connection with Recent Sanctions Cases, Opinion No. 2010/01, S. 5 unter 20.

912 Vgl. *Leroy*, Advisory Opinion on Certain Issues Arising in Connection with Recent Sanctions Cases, Opinion No. 2010/01, S. 5 unter 21.

913 *The World Bank*, The World Bank Group's Sanctions Regime: Information Note, S. 15; *Dies.*, Oxford Public International Law, 15 April 2012, S. 3; vgl. auch *Leroy*, Advisory Opinion on Certain Issues Arising in Connection with Recent Sanctions Cases, Opinion No. 2010/01, S. 5 unter 21.

Richterrecht im Falle von Regelungslücken setzt, wie sich andere administrative Tribunale internationaler Entwicklungsbanken zu den jeweiligen Fragestellungen verhalten haben.[914]

Eine wichtige Rolle bei der Frage, ob ein neuer Grundsatz Eingang in das Recht des Sanktionssystems finden kann, ist beispielsweise der *nulla-poena-sine-lege*-Grundsatz. Dieser wird derart interpretiert, dass ein neues Prinzip nur dann herangezogen werden kann, wenn es sich dem Sinn und Zweck nach quasi bereits aus den schon existenten Definitionen der sanktionablen Praktiken logisch ergibt.[915] Daher verbietet sich eine *ex-post*-Neuinterpretation, die gänzlich neue Aspekte, an denen ein *Respondent* mithin sein Verhalten und seine Verteidigung nicht ausrichten konnte, anführt.[916] Ferner wird auf Erwägungen aus dem Naturrecht zurückgegriffen, um eine Lösung bei konfligierenden Rechtsquellen zu finden.[917] Daher wird in Sonderfällen, in denen keine formelle Rechtsquelle eine Lösung bereithält, eine Billigkeitsentscheidung *(ex aequo et bono)* losgelöst von positivem Recht[918] als bestmögliche Lösung angesehen.[919]

c) Rechtsvergleichender Ansatz

Nationale Rechtsordnungen können im Einzelfall ebenso geeignete Orientierungspunkte bei der Lösung schwieriger und durch das Weltbankrecht nicht geregelter Fälle bieten.[920] Allerdings kommen nationale Rechtskonzepte vorwiegend im Zusammenhang mit Reformierungen des bestehenden Regelwerks zum Tragen, damit nicht neue Konstrukte rückwirkend Eingang in die

---

914 Vgl. Sanctions Board Decision No. 80, § 12 (2015); *The World Bank*, The World Bank Group's Sanctions Regime: Information Note, S. 15.

915 *The World Bank*, Oxford Public International Law, 15 April 2012, S. 3; *Leroy*, Advisory Opinion on Certain Issues Arising in Connection with Recent Sanctions Cases, Opinion No. 2010/01, S. 5 f. unter 21.

916 Vgl. *Leroy*, Advisory Opinion on Certain Issues Arising in Connection with Recent Sanctions Cases, Opinion No. 2010/01, S. 5 f. unter 21.

917 Vgl. *Leroy*, Advisory Opinion on Certain Issues Arising in Connection with Recent Sanctions Cases, Opinion No. 2010/01, S. 6 unter 22.

918 Vgl. zu diesem Konzept *Stauder*, SchiedsVZ 2014, S. 287 (289); *Wilske/Markert* in: BeckOK ZPO, 24. Ed. 1.3.2017, ZPO § 1051 Rn. 12.2.

919 Vgl. *Leroy*, Advisory Opinion on Certain Issues Arising in Connection with Recent Sanctions Cases, Opinion No. 2010/01, S. 6 unter 22.

920 *Leroy*, Advisory Opinion on Certain Issues Arising in Connection with Recent Sanctions Cases, Opinion No. 2010/01, S. 6 unter 24; *Boisson de Chazournes/Fromageau*, The European Journal of International Law, Vol. 23 No. 4 (2012), S. 963 (972).

rechtliche Bewertung eines Falles finden.[921] Auch binden nationale Regelungen gerade nicht die rechtliche Einschätzung durch die Organe der Weltbank.[922] Diese können sie zur Interpretation heranziehen, sind hierzu aber keineswegs verpflichtet.[923]

d) Hierarchie verschiedener Rechtsquellen

Sofern verschiedene herangezogene Rechtsquellen kollidieren, ist im Übrigen folgende Hierarchie in absteigender Reihenfolge zu wahren:

- *Articles of Agreement*
- Politische Leitlinien der Weltbank
- Regelwerk der Weltbank
- Allgemeine Rechtsprinzipien
- Naturrecht
- Nationales Recht

IX. Funktionsweise des Sanktionsverfahrens

Das Sanktionsverfahren wird durch drei wesentliche Stufen geprägt. Dies ist zum einen die investigative Tätigkeit der *INT*, die erste Prüfung der Vorwürfe durch das *SDO* sowie die abschließende Entscheidung durch das *Sanctions Board*. Die einzelnen Schritte sollen im Folgenden näher beschrieben werden, um den Sanktionsprozess nachvollziehbar zu machen. Sie ergeben sich aus dem *Sanctions Board Statute* und den *Sanctions Procedures*.[924]

1. Ermittlungsverfahren

a) Ablauf

(i) Hinweis

Das Verfahren beginnt mit einem Hinweis an die Weltbank, dass gegen ihre Vorgaben im Sinne der sanktionierbaren Praktiken verstoßen wurde.[925] Solche Hinweise können aus mannigfaltigen Ressourcen stammen, wobei *Whistleblower*

---

921 Ebd.

922 Sanctions Board Decision No. 65, § 42 (2014).

923 Ebd.

924 *Dubois/Nolan*, The Yale Journal of International Law Online, Vol. 26 (Fall 2010), S. 15 (18).

925 Ebd.

und andere vertrauliche Zeugenangaben die wichtigste Rolle spielen.[926] Im Geschäftsjahr 2016 stammten 66 % der eingegangenen Hinweise aus solchen Quellen, die sich etwa aus Auftragnehmern, Mitbewerbern, Bürgern, Regierungsbeamten, Mitarbeitern von *NGOs* und anderer internationaler Entwicklungsbanken zusammensetzen.[927] Auf die restlichen 34 % wurde durch Mitarbeiterinnen und Mitarbeiter der Weltbank aufmerksam gemacht.[928] Solche freiwilligen Hinweise sind essentiell für die Aufdeckung von Zuwiderhandlungen. Dies gilt insbesondere vor dem Hintergrund, dass *INT* mangels hoheitlicher Ermittlungsbefugnisse, die sie etwa zu Durchsuchungen, Vernehmungen, etc. ermächtigen würde, über kaum andere Erkenntnisquellen verfügt.[929]

(ii) Ermittlungsbeginn

Sobald ein Hinweis *INT* erreicht, beginnt sie zu ermitteln.[930] Die Meldungen werden zunächst vorläufig bewertet, um abzuschichten, wegen welcher Anzeigen vollwertige Ermittlungen angestellt werden und welchen nicht näher nachgegangen wird.[931] *INT* allein trägt die Verantwortung für die Entscheidung, in welchen Fällen ermittelt wird.[932] Erste Voraussetzung ist, dass eine Anzeige sich auf mindestens eine der sanktionsfähigen Handlungen bezieht und diese im Kontext eines Weltbank-finanzierten Projekts steht.[933] Hinsichtlich der Einordnung, wie schwer Vorwürfe wiegen, werden Aspekte wie die Glaubwürdigkeit eines Anzeigenden und die Verfügbarkeit von Beweismitteln geprüft.[934] Wichtige Punkte

---

926 *The World Bank Group*, Annual Update INT FY16, S. 7; *dies.*, Annual Update INT FY17, S. 9; *Harker/Castellano*, Briefing Papers, Iss. 17-3 (February 2017), S. 1 (4).

927 *Harker/Castellano*, Briefing Papers, Iss. 17-3 (February 2017), S. 1 (4); *The World Bank Group*, Annual Update INT FY16, S. 21; *dies.*, Annual Update INT FY17, S. 9, 23.

928 *The World Bank Group*, Annual Update INT FY16, S. 21; *dies.*, Annual Update INT FY17, S. 23; *Dubois/Nolan*, The Yale Journal of International Law Online, Vol. 26 (Fall 2010), S. 15 (18).

929 *Dubois/Nolan*, The Yale Journal of International Law Online, Vol. 26 (Fall 2010), S. 15 (21); *The World Bank Group*, Annual Update INT FY16, S. 7; *Diamant/Sullivan/Smith*, University of Pennsylvania Journal of Business Law, Vol. 18:4, 2016, S. 985 (997).

930 *Majtan*, The George Washington International Law Review, Vol. 45, No. 2 (2013), S. 291 (324); *Harker/Castellano*, Briefing Papers, Iss. 17-3 (February 2017), S. 1 (3).

931 *The World Bank Group*, Annual Update INT FY17, S. 23 f.

932 *The World Bank*, OSD Report 2007-2015, S. 11.

933 *The World Bank Group*, Annual Update INT FY17, S. 23; *Harker/Castellano*, Briefing Papers, Iss. 17-3 (February 2017), S. 1 (4).

934 *The World Bank Group*, Annual Update INT FY17, S. 23.

sind außerdem die Höhe des *Engagements* der Weltbank, die Belastbarkeit von Informationen und Beweismitteln, gegebenenfalls Auswirkungen entwicklungstechnischer Art, Ermittlungsmöglichkeiten und die damit einhergehenden Risiken sowie Imageschäden für die Weltbank.[935] Sofern Ermittlungen vollwertig eröffnet werden, macht *INT* Gebrauch von den der Weltbank zustehenden Prüfrechten und befragt Zeugen, sammelt Dokumente, besichtigt Projekte[936] und holt Stellungnahmen von Unternehmen und Individuen, die den jeweiligen Verstoß begangen haben sollen, ein.[937] Darüber hinaus bestehen nach den *World Bank Procurement Guidelines*[938] und den *World Bank Consultant Guidelines*[939] Prüfrechte, auf die sich *INT* berufen kann. Demnach sind alle in Verbindung mit den Ausschreibungsverfahren und der Vertragsausführung stehenden Konten, Aufzeichnungen und andere Dokumente herauszugeben.[940] Sofern sich die Person oder das Unternehmen, gegen die oder das ermittelt wird, weigert entsprechend zu kooperieren, kann *INT* das Druckmittel der Sanktion wegen *Obstructive Practices* heranziehen, um so eine Zusammenarbeit zu forcieren.[941] Allerdings hat es sich in der Vergangenheit auch gelohnt, die Reichweite dieser Prüfrechte in Frage zu stellen. In *Sanctions Board Decision* Nummer 63 wurde entschieden, dass eine restriktive Auslegung dieser Rechte durch den *Respondent* keinen vorsätzlichen Eingriff in die Ermittlungen darstellten und daher nicht als erschwerender Faktor gewertet werden könnten.[942] Eine in diese Richtung abzielende Verteidigung hat mithin gute Aussicht auf Erfolg und kann, wie in dem dargestellten Fall, zur Verminderung von Sanktionen führen.

---

935 *Harker/Castellano*, Briefing Papers, Iss. 17-3 (February 2017), S. 1 (4). *The World Bank Group*, Annual Update INT FY17, S. 23.

936 *Dubois/Nolan*, The Yale Journal of International Law Online, Vol. 26 (Fall 2010) S. 15 (18).

937 *Dubois*, Litigation, Vol. 39, No. 1, Good Deeds (Winter 2013), S. 38 (40); *Harker/Castellano*, Briefing Papers, Iss. 17-3 (February 2017), S. 1 (4).

938 Unter 1.16 (e).

939 Unter 1.23 (e).

940 Vgl. World Bank Procurement Guidelines, 1.16 (e); World Bank Consultant Guidelines, 1.23 (e).

941 *Diamant/Sullivan/Smith*, University of Pennsylvania Journal of Business Law, Vol. 18:4, 2016, S. 985 (997).

942 Sanctions Board Decision No. 63, §§ 103 (2014).

(iii) Show-Cause Letter

Bevor *INT* ein Verfahren einleitet, erhält derjenige, gegen den sich dieses richtet, einen sogenannten *Show-Cause Letter*, der Vorwürfe des Falls zusammenfasst und dem Empfänger die Möglichkeit gibt, sich zu diesen zu äußern und gegen sie zu verteidigen.[943] Erfahrungsberichte aus der Praxis zeigen, dass eine Verteidigung durchaus sinnvoll und geeignet ist, zumindest die Anzahl der Vorwürfe und Streitpunkte zu verringern.[944] In praktischer Hinsicht kann diese jedoch dadurch erschwert sein, dass *INT* in diesem Verfahrensstadium nicht verpflichtet ist, Beweise offenzulegen und dementsprechend dem *Respondent* wenig Information zur Verfügung steht.[945] Hierdurch sieht er sich unter Umständen in eine Position gedrängt, in der er Negativtatsachen beweisen soll.[946] Dies zwingt im Einzelfall zu detaillierten Darstellungen, die eine spätere Verteidigung in einem möglichen *Sanctions Process* erschweren kann.[947]

(iv) Final Investigations Report und Statement of Accusations and Evidence

Am Ende der Ermittlungen verfasst *INT* einen *Final Investigations Report*.[948] Dieser wird zunächst dem Präsidenten der Weltbank vorgelegt und sodann auf der Homepage der Bank veröffentlicht.[949] Sofern nach Ansicht der Ermittlungseinheit Vorwürfe substantiiert sind, wird ferner ein *Statement of Accusations and Evidence* verfasst und einem der *SDO*[950]

943 *Harker/Castellano*, Briefing Papers, Iss. 17-3 (February 2017), S. 1 (5); *Diamant/Sullivan/Smith*, University of Pennsylvania Journal of Business Law, Vol. 18:4, 2016, S. 985 (998).

944 *Diamant/Sullivan/Smith*, University of Pennsylvania Journal of Business Law, Vol. 18:4, 2016, S. 985 (998).

945 Ebd.

946 *Diamant/Sullivan/Smith*, University of Pennsylvania Journal of Business Law, Vol. 18:4, 2016, S. 985 (999).

947 Ebd.

948 *Richter*, CB 2015, S. 291 (292); *Diamant/Sullivan/Smith*, University of Pennsylvania Journal of Business Law, Vol. 18:4, 2016, S. 985 (999).

949 *Redacted Investigation Reports* sind einsehbar unter: http://www.worldbank.org/en/about/unit/integrity-vice-presidency/publications#2.

950 Jede der vier für den *Sanctions Process* relevanten Institutionen der WBG verfügt über einen eigenen *SDO*, vgl. *The World Bank Group*, Annual Update INT FY16, S. 25. Entsprechend ihrer Relevanz hat nur der *Evaluation and Suspension Officer* der *IBRD/IDA* ausschließlich diese Tätigkeit zur Aufgabe, die Officers der *IFC*, *MIGA* und *World Bank Guarantee Operations* üben Ihre Tätigkeit als Officers zusätzlich zu

vorgelegt.[951] Dieses stellt eine Art Anklageschrift dar.[952] Der insoweit geltende Maßstab stellt keine übermäßigen Anforderungen, sodass *INT* lediglich darstellen muss, dass es wahrscheinlicher ist, dass eine Zuwiderhandlung begangen wurde, als das Gegenteil dieser Annahme („*More-Likely-Than-Not*-Grundsatz").[953] Die Substantiierungsrate betrug im Geschäftsjahr 2017 65 %.[954] Diese konnte in den letzten Jahren dadurch deutlich erhöht werden, dass *INT* eine sorgfältigere Auswahl hinsichtlich der zu ermittelnden Fälle traf.[955]

Das *SAE* ist eine umfassende Darstellung der vermeintlich sanktionsfähigen Praktiken samt zugrundeliegender Fakten und Beweismittel sowie sämtlicher entlastender und mildernder Faktoren.[956] Dessen Übersendung an den *SDO* stellt den formellen Beginn des *Sanctions Process* dar.[957] Während des Geschäftsjahres 2016 präsentierte *INT* den jeweiligen *SDOs* insgesamt 45, während des Jahres 2017 25 *SAEs.*[958]

Seit 2010 bemüht sich *INT* verstärkt um zügige Verfahrensbeendigungen.[959] Erklärtes Ziel ist es, die Dauer der Verfahren, mithin den Zeitpunkt zwischen Beginn der Ermittlungen bis zur Abgabe des *Final Investigation Reports* an die relevanten Stellen innerhalb der Weltbank, zwischen 12 und 18 Monaten zu halten.[960] Im Geschäftsjahr 2016 wurde in 52 Fällen ermittelt.[961] Hiervon wurden 65 % der Verfahren innerhalb von 18 Monaten und 46 % innerhalb von 12

anderen Aufgaben aus, vgl. *Dubois*, Litigation, Vol. 39, No. 1, Good Deeds (Winter 2013), S. 38 (40).

951 *Richter*, CB 2015, S. 291 (292); *Dubois*, American Society of International Law, Vol. 107 (2013), S. 255 (256); *Leroy/Fariello*, The World Bank Group Sanctions Process and Its Recent Reforms, S. 3; zu den Handlungsoptionen des *SDO* vgl. E.IX.2.a).

952 *Richter*, CB 2015, S. 291 (292).

953 *Diamant/Sullivan/Smith*, University of Pennsylvania Journal of Business Law, Vol. 18:4, 2016, S. 985 (997 f.).

954 *The World Bank Group*, Annual Update INT FY17, S. 24.

955 *Diamant/Sullivan/Smith*, University of Pennsylvania Journal of Business Law, Vol. 18:4, 2016, S. 985 (998).

956 *Diamant/Sullivan/Smith*, University of Pennsylvania Journal of Business Law, Vol. 18:4, 2016, S. 985 (999); *The World Bank*, OSD Report 2007-2015, S. 12.

957 *Diamant/Sullivan/Smith*, University of Pennsylvania Journal of Business Law, Vol. 18:4, 2016, S. 985 (999).

958 *The World Bank Group*, Annual Update INT FY16, S. 25; *dies.*, Annual Update INT FY17, S. 28.

959 *The World Bank Group*, Annual Update INT FY17, S. 26.

960 Ebd.

961 Ebd.

Monaten beendet.[962] Die Durchschnittsdauer betrug 15 Monate.[963] Allerdings betrug die Verfahrensdauer von 20 Verfahren auch mehr als 18 Monate.[964] Seit 2014 bewegen sich die Zahlen in etwa auf gleichem Niveau.[965]

b) Vorläufiger Ausschluss von Auftragnehmern

Um die Ressourcen der Weltbank effektiv zu schützen, besteht seit 2009 die Möglichkeit, Unternehmen und Individuen schon während der Ermittlungen durch *INT* und damit zeitlich deutlich vor dem Erlass einer Sanktion vorläufig auszuschließen *(Temporary Suspension)*.[966] Dies ist notwendig, um zu verhindern, dass sich solche Akteure parallel zu den laufenden Ermittlungen noch für weitere Bankprojekte qualifizieren und auch diese dadurch gefährdet werden.[967] Außerdem wird durch dieses Instrument verhindert, dass beschuldigte Auftragnehmer Ermittlungen langfristig blockieren, um bis zur endgültigen Sperrung ein möglichst weites Fenster zu schaffen, innerhalb dessen sie sich grundsätzlich noch für weitere Projekte qualifizieren können.[968]

(i) Antrag

Noch bevor *Sanctions Proceedings* formell eingeleitet werden, kann der jeweilige *SDO* auf Antrag von *INT* eine solche Suspendierung aussprechen, wenn er davon überzeugt ist, dass die Beweislage ausreichend ist, um mindestens eine sanktionsfähige Handlung zu belegen, für die er eine Sperre von zwei Jahren und mehr aussprechen würde.[969] Das Kriterium des Minimalausschlusses von

962 Ebd.

963 Ebd.

964 Ebd.

965 Vgl. *Diamant/Sullivan/Smith*, University of Pennsylvania Journal of Business Law, Vol. 18:4, 2016, S. 985 (1000).

966 *Hostetler*, Yale Human Rights and Development Journal, Vol. 14, Iss. 1 (2011), S. 231 (251); *Leroy/Fariello*, The World Bank Group Sanctions Process and Its Recent Reforms, S. 3, 13; *Diamant/Sullivan/Smith*, University of Pennsylvania Journal of Business Law, Vol. 18:4, 2016, S. 985 (1000).

967 *Dubois*, American Society of International Law, Vol. 107 (2013), S. 255 (256); *Leroy/Fariello*, The World Bank Group Sanctions Process and Its Recent Reforms, S. 13.

968 *Leroy/Fariello*, The World Bank Group Sanctions Process and Its Recent Reforms, S. 13.

969 Vgl. Sect. III, Part A., Art. II, § 2 (a), (b) World Bank Sanctions Procedures; *Leroy/Fariello*, The World Bank Group Sanctions Process and Its Recent Reforms, S. 3, 13; *Dubois*, American Society of International Law, Vol. 107 (2013), S. 255 (256).

voraussichtlich zwei Jahren dient dazu, dass die Dauer der Suspendierung nicht diejenige des Ermittlungsverfahrens übersteigt.[970]

(ii) Besondere Beweisanforderungen

Auch wenn derselbe Standard wie im *Sanctions Process* besteht *(Sufficient Evidence)*, so müssen in dem Stadium, in dem *Temporary Suspensions* möglich sind, doch andere Aspekte herangezogen werden, schließlich fehlt es an der Beendigung eines Verfahrens und damit an einer gesicherten Beweislage.[971] *INT* muss davon überzeugt sein, dass es genügend Beweismittel gibt, die einen Verstoß begründen, dass es sehr wahrscheinlich ist, dass die Ermittlungen erfolgreich beendet werden können und ein *SAE* innerhalb eines Jahres beim *SDO* eingereicht wird.[972] Ob ausreichende Beweise für einen vorläufigen Ausschluss gegeben sind, hängt von Faktoren wie Beweiskraft, Anzahl und Vollständigkeit, Übereinstimmung von Beweismitteln und den jeweils daraus zu ziehenden Schlussfolgerungen ab.[973] Grundsätzlich lässt sich festhalten, dass je früher der Antrag auf vorläufige Suspendierung durch *INT* gestellt wird, desto stichhaltiger muss auch die bereits gegebene Beweislage sein, um eine solche Sperre zu rechtfertigen.[974]

(iii) Erlass durch den SDO

Sofern die soeben benannten Voraussetzungen gegeben sind, ist der *SDO* verpflichtet, dem Antrag von *INT* Folge zu leisten.[975] Hiergegen steht es den Betroffenen frei, sich innerhalb von 30 Tagen nach Erhalt der Benachrichtigung über den vorläufigen Ausschluss zu wehren und den *SDO* zu ersuchen, diese aufzuheben.[976] Sofern der *SDO* dadurch davon überzeugt werden kann, dass ein

---

970 *Leroy/Fariello*, The World Bank Group Sanctions Process and Its Recent Reforms, S. 13.

971 Ebd.

972 *Harker/Castellano*, Briefing Papers, Iss. 17-3 (February 2017), S. 1 (5).

973 *Leroy/Fariello*, The World Bank Group Sanctions Process and Its Recent Reforms, S. 13. *Harker/Castellano*, Briefing Papers, Iss. 17-3 (February 2017), S. 1 (5).

974 *Leroy/Fariello*, The World Bank Group Sanctions Process and Its Recent Reforms, S. 14.

975 *Diamant/Sullivan/Smith*, University of Pennsylvania Journal of Business Law, Vol. 18:4, 2016, S. 985 (1001); *Harker/Castellano*, Briefing Papers, Iss. 17-3 (February 2017), S. 1 (5).

976 Sect. III, Part A., Art. II, § 2.03. World Bank Sanctions Procedures; *Leroy/Fariello*, The World Bank Group Sanctions Process and Its Recent Reforms, S. 3; *Diamant/Sullivan/Smith*, University of Pennsylvania Journal of Business Law, Vol. 18:4, 2016, S. 985 (1001).

Fehler unterlaufen ist, kann die vorläufige Suspendierung jederzeit aufgehoben werden.[977]

(iv) Dauer

Die vorläufige Suspendierung ist zunächst auf sechs Monate angelegt.[978] Sie kann bis zum Ablauf der ersten fünf Monate auf Verlangen von *INT* um sechs weitere Monate verlängert werden.[979] Allerdings ist hierfür erforderlich, dass *INT* dem *SDO* eine Mitteilung über den Stand der Ermittlungen abgibt, inklusive der noch angestrebten Beweismittel sowie einer Schätzung, wie viel länger die Aufklärungstätigkeiten noch andauern sollen.[980] Außerdem muss *INT* versichern, dass die Ermittlungen sorgfältig betrieben werden und sich tatsächlich in die Länge ziehen.[981] Von einer Verlängerung der vorläufigen Suspendierung unterrichtet *SDO* den *Respondent* spätestens am letzten Tage der ersten *Temporary Suspension*.[982] Sofern nach Ablauf einer (nicht verlängerten) Frist dem *SDO* kein *SAE* vorgelegt wird, endet der Ausschluss automatisch.[983]

c) Freiwillige Offenlegung

Ein für die Unternehmensverteidigung interessantes Instrument[984] ist das im Jahre 2007 etablierte *Voluntary Disclosure Programm*, welches Unternehmen und Individuen ermöglicht, Sanktionen der Weltbank zu vermeiden, indem sie vergangene Verstöße gegen das Regelwerk der Bank offenlegen sowie standardisierte und nicht verhandelbare Bedingungen erfüllen, um künftige Zuwiderhandlungen bestmöglich zu vermeiden.[985] Sofern die Bedingungen des durch *INT* geführten Programms erfüllt werden, entgeht der jeweilige *Respondent* nicht nur der Sperrung von Weltbank-Projekten, sondern bleibt auch anonym und verhindert auf diese Weise Imageschäden.[986] Aufgrund dieser Vorteile empfiehlt

977 Sect. III, Part A., Art. II, § 2.04 (d) World Bank Sanctions Procedures.

978 Sect. III, Part A., Art. II, § 2.04 (a) World Bank Sanctions Procedures.

979 Ebd.

980 Ebd.

981 Ebd.

982 Ebd.

983 Ebd.

984 *Richter*, CB 2015, S. 291 (297).

985 *Majtan*, The George Washington International Law Review, Vol. 45, No. 2 (2013), S. 291 (334); *Dubois*, Litigation, Vol. 39, No. 1, Good Deeds (Winter 2013), S. 38 (42).

986 *McCarthy* in: Travers, Serious Economic Crime, S. 57 (59); *Dubois*, Litigation, Vol. 39, No. 1, Good Deeds (Winter 2013), S. 38 (42); *dies./Matechak*, International

es sich, interne Revisionsprüfungen durchzuführen, um der Weltbank gefundenes Fehlverhalten frühzeitig offenbaren zu können.[987] Die Option der freiwilligen Offenlegung wurde etabliert, um die Begrenzungen von Ermittlungen der Weltbank wegen fehlender Zwangsbefugnisse durch die Zusammenarbeit mit dem Privatsektor zu überwinden.[988]

(i) Teilnahmevoraussetzungen

Die Teilnahme an dem *VDP* ist gänzlich freiwillig, sie steht jedoch nur solchen Auftragnehmern offen, gegen die nicht bereits (auch auf staatlicher Ebene) ermittelt wird.[989] Sie erfolgt durch Einreichung eines Formulars (*Entry Request Form)*[990].[991] Daraufhin fragt die Bank weitere Informationen über die Unternehmensstruktur, das Geschäftsfeld usw. des möglichen Teilnehmers ab, bevor sie ihn zu dem Programm zulässt.[992] Innerhalb von 30 Tagen nach Aufnahme in das Programm erfolgt ein Treffen zwischen der Bank und dem Teilnehmer, um die Bedingungen des Programms im Detail zu besprechen.[993] Verletzungen dieser Bedingungen ziehen einen gravierenden Zehn-Jahres-Ausschluss nach sich, es sei denn, sie beruhen auf einer eigenständigen, vorsätzlichen und eigennützigen Handlung eines Mitarbeiters, Vertreters oder Repräsentanten.[994] Sofern ein solcher Fall zur Kenntnis des betroffenen Unternehmens gelangt, ist es verpflichtet

---

Government Contractor, Vol. 3, No. 9 (September 2006), § 73, S. 1; *Deming*, The International Lawyer, Vol. 44, No. 2 (Summer 2010), S. 871 (881).

987 *Richter*, CB 2015, S. 291 (297).

988 *Harker/Castellano*, Briefing Papers, Iss. 17-3 (February 2017), S. 1 (9).

989 *Dubois/Matechak*, International Government Contractor, Vol. 3, No. 9 (September 2006), § 73, S. 1; *Majtan*, The George Washington International Law Review, Vol. 45, No. 2 (2013), S. 291 (334); *Deming*, The International Lawyer, Vol. 44, No. 2 (Summer 2010), S. 871 (881).

990 Abrufbar unter http://siteresources.worldbank.org/INTVOLDISPRO/Resources/VDPEntry RequestForm.pdf – anzugeben sind zunächst nur wenige Informationen über das Unternehmen sowie eine Kontaktperson.

991 *Majtan*, The George Washington International Law Review, Vol. 45, No. 2 (2013), S. 291 (334); *Dubois/Matechak*, International Government Contractor, Vol. 3, No. 9 (September 2006), § 73, S. 1.

992 *Dubois/Matechak*, International Government Contractor, Vol. 3, No. 9 (September 2006), § 73, S. 1.

993 Ebd.

994 *Majtan*, The George Washington International Law Review, Vol. 45, No. 2 (2013), S. 291 (335); *Dubois/Matechak*, International Government Contractor, Vol. 3, No. 9 (September 2006), § 73, S. 2 f.

dieses Verhalten der Bank gegenüber offenzulegen und angemessene Maßnahmen zu ergreifen.[995]

(ii) Internal Investigation und Implementierung von Compliance-Maßnahmen

Voraussetzung für den Entfall von Sanktionen unter dem *Voluntary Disclosure Programm* ist, dass sich die Teilnehmer zu regelkonformem Verhalten in der Zukunft verpflichten und der Weltbank die Ergebnisse einer *Internal Investigation* bezüglich zurückliegenden Fehlverhaltens im Zusammenhang mit von der Weltbank finanzierten Projekten zugänglich machen.[996] Die einzelnen Verträge sind als bemakelt *(Tainted)* oder nicht bemakelt *(Untainted)* zu kennzeichnen.[997] Die *Investigation* bezieht sich auf sämtliche Vertragsverhältnisse im Zusammenhang mit Weltbank-Projekten der letzten fünf Jahre.[998] Außerdem sind alle sanktionierbaren Zuwiderhandlungen anderer Unternehmen oder Individuen, die zur Kenntnis des Programmteilnehmers gelangt sind, aufzudecken.[999] Die Bank evaluiert Vollständigkeit und inhaltliche Richtigkeit der Ergebnisse und stellt erforderlichenfalls weitere Ermittlungen in den als bemakelt gekennzeichneten Vertragsverhältnissen an.[1000]

Die anzustellende *Internal Investigation* muss dem umfassenden *World Bank Internal Investigation and Report Protocol* folgen.[1001] Zum einen erfordert dieses,

995 *Dubois/Matechak*, International Government Contractor, Vol. 3, No. 9 (September 2006), § 73, S. 3.

996 *Harker/Castellano*, Briefing Papers, Iss. 17-3 (February 2017), S. 1 (9); *Dubois*, Litigation, Vol. 39, No. 1, Good Deeds (Winter 2013), S. 38 (42); *dies./Matechak*, International Government Contractor, Vol. 3, No. 9 (September 2006), § 73, S. 1; *Boisson de Chazournes/Fromageau,* The European Journal of International Law, Vol. 23 No. 4 (2012), S. 963 (971); *Deming*, The International Lawyer, Vol. 44, No. 2 (Summer 2010), S. 871 (882).

997 *Dubois/Matechak*, International Government Contractor, Vol. 3, No. 9 (September 2006), § 73, S. 2.

998 *Dubois*, Litigation, Vol. 39, No. 1, Good Deeds (Winter 2013), S. 38 (42).

999 *Majtan*, The George Washington International Law Review, Vol. 45, No. 2 (2013), S. 291 (334); *Dubois/Matechak*, International Government Contractor, Vol. 3, No. 9 (September 2006), § 73, S. 2.

1000 *Deming*, The International Lawyer, Vol. 44, No. 2 (Summer 2010), S. 871 (882); *Dubois*, Litigation, Vol. 39, No. 1, Good Deeds (Winter 2013), S. 38 (42).

1001 Vgl. http://siteresources.worldbank.org/INTVOLDISPRO/Resources/2720448-1300821628018/VDP_Protocol_6.pdf.

dass sämtliche relevanten Daten identifiziert und gesichert werden.[1002] Andererseits wird vorgegeben, wie die Durchsicht und Prüfung der Dokumente zu erfolgen hat.[1003] Außerdem müssen Interviews mit allen Personen geführt werden, die über Wissen hinsichtlich der jeweiligen Zuwiderhandlung verfügen.[1004] Diese müssen in der Anwesenheit von zwei (weiteren) Zeugen dokumentiert werden.[1005] Letztlich wird auch die Form der Zusammenfassung der Ergebnisse der Untersuchung, die sechs Monate ab Beginn der *Investigation* abgegeben werden sollen, vorgegeben.[1006]

Innerhalb von 60 Tagen nach Beitritt zu dem Programm muss der *Respondent* eine Aufstellung seines bisher vorhandenen *Corporate-Compliance*-Programms vorlegen.[1007] Dieses gilt es in der Regel zu verbessern. Hierbei hat sich das jeweilige Unternehmen auch an Empfehlungen der Bank zu orientieren.[1008] Insbesondere *Best Practices*, die durch das *International Chamber of Commerce*, das *World Economic Forum*, *Transparency International* und weitere Institutionen, die sich der Korruptionsbekämpfung widmen, aufgestellt wurden, liefern maßgebliche Orientierung.[1009] Letztlich geht es darum, dass künftig keine sanktionsfähigen Verhaltensweisen mehr an den Tag gelegt werden.[1010] Dabei richten sich die Compliance-Anforderungen nicht nur an das Unternehmen, das sich dem Programm unterworfen hat, sondern auch an Dritte, die mit diesem in geschäftlichem Austausch stehen.[1011] Element der nach dem *VDP* erforderlichen Compliance-Struktur sind ferner Regelungen hinsichtlich Bewirtungen,

---

1002 *Dubois/Matechak*, International Government Contractor, Vol. 3, No. 9 (September 2006), § 73, S. 2.

1003 *Dubois/Matechak*, International Government Contractor, Vol. 3, No. 9 (September 2006), § 73, S. 2.

1004 Ebd.

1005 Ebd.

1006 *Majtan*, The George Washington International Law Review, Vol. 45, No. 2 (2013), S. 291 (335); *Dubois/Matechak*, International Government Contractor, Vol. 3, No. 9 (September 2006), § 73, S. 2.

1007 *Dubois/Matechak*, International Government Contractor, Vol. 3, No. 9 (September 2006), § 73, S. 2.

1008 *Harker/Castellano*, Briefing Papers, Iss. 17-3 (February 2017), S. 1 (9); *Dubois/Matechak*, International Government Contractor, Vol. 3, No. 9 (September 2006), § 73, S. 2.

1009 *Dubois/Matechak*, International Government Contractor, Vol. 3, No. 9 (September 2006), § 73, S. 2.

1010 Ebd.

1011 Ebd.

Geschenken und Spenden sowie strenge Finanzkontrollen, Buchführung und Wirtschaftsprüfung.[1012] Außerdem werden Regelungen bezüglich einer Unternehmenskultur, die ethisch richtiges Auftreten fördert sowie gewisse Moralstandards verlangt, vorgegeben.[1013]

Schließlich wird auf Kosten des *Respondent* ein unabhängiger Monitor eingesetzt, der über einen Zeitraum von drei Jahren den Fortschritt in der Etablierung eines geeigneten CMS überwacht und diesen an die Bank berichtet.[1014]

(iii) Praktische Erwägungen

Zusammenfassend bleibt festzuhalten, dass ein Unternehmen durch Teilnahme am *VDP* zunächst dem Schicksal entgehen mag, sanktioniert und durch Erscheinen auf der schwarzen Liste der Weltbank gebrandmarkt zu werden. Gleichzeitig droht eine unter Umständen längere Sperre als sie unter normalen Umständen für eine Katalogtat verhängt worden wäre, was die Teilnehmer des Programms dazu motivieren soll, sich an die Verbote zu halten. Ein Ausschluss über zehn Jahre erfolgt, wenn während der Teilnahme am *VDP* erneute Zuwiderhandlungen erfolgen, Daten zerstört oder vorenthalten werden, die solches Verhalten belegen, Berichtspflichten in Bezug auf Verstöße nicht nachgekommen wird, kein CMS etabliert und keine dieses überwachende Person engagiert wird oder Gefahren für die Gesundheit und Sicherheit von Menschen nicht beseitigt werden.[1015]

Die Teilnahme an dem Programm hindert freilich nicht nationale Verfolgungsbehörden, Unternehmen und Individuen wegen der Gesetzesverstöße zur Verantwortung zu ziehen. Allerdings besteht ein erheblicher Unterschied zu der Situation, in der ein *Respondent* auf der Homepage der Bank als zur Teilnahme an Weltbank-finanzierten Projekten nicht länger qualifiziert aufgeführt

---

1012 Ebd.

1013 Nr. 2 World Bank Group Integrity Compliance Guidelines; vgl. auch *Richter*, CB 2015, S. 291 (298), der kritisiert, dass solche „weichen Faktoren" kaum überprüfbar sind. Daher empfiehlt er, dass Unternehmen ein wie auch immer geartetes Wertemanagement zum Teil ihres Compliance-Management-Systems machen.

1014 *Majtan*, The George Washington International Law Review, Vol. 45, No. 2 (2013), S. 291 (335); *Harker/Castellano*, Briefing Papers, Iss. 17-3 (February 2017), S. 1 (9); *Dubois*, Litigation, Vol. 39, No. 1, Good Deeds (Winter 2013), S. 38 (42); *dies./Matechak*, International Government Contractor, Vol. 3, No. 9 (September 2006), § 73, S. 2.

1015 *Dubois/Matechak*, International Government Contractor, Vol. 3, No. 9 (September 2006), § 73, S. 3.

wird. Sofern ein solcher Eintrag in der schwarzen Liste der Bank erfolgt, können nationale Behörden von der Bank Informationen bezüglich dieser Sperrungen anfordern und werden diese auch erhalten.[1016] Im Gegensatz hierzu sichert eine Teilnahme am *VDP* der Partei die Vertraulichkeit aller im Rahmen des Programms offengelegten Informationen zu, sodass die Bank diese nicht weitergeben wird.[1017] Sofern also Verstöße nicht auf andere Art und Weise zutage treten, erfolgt keine gesonderte Verfolgung auf nationaler Ebene, womit ein Reputationsverlust und Kosten durch weitere Verfahren, Sanktionen etc. ausbleiben.

Den benannten Vorteilen einer Teilnahme an dem *VDP* stehen durchaus hohe Ausgaben durch die Aufklärung von Verstößen und der Implementierung von CMS durch Anwälte und andere Experten, die Kosten, die seitens der Weltbank für die Prüfung der *Internal Investigation* und des Untersuchungsberichts in Rechnung gestellt werden, und die Aufwendungen für den Monitor gegenüber.[1018] Unternehmen mit weniger als 50 Beschäftigten bietet die Weltbank allerdings finanzielle Unterstützung an, damit diese das straffe Anforderungsprogramm überhaupt bewältigen können,[1019] was das Interesse an einem funktionierenden Prozess seitens der Bank belegt. Allerdings zeigt sich, dass Unternehmen von der Möglichkeit, an dem *VDP* teilzunehmen, weniger oft Gebrauch machen, als dies zunächst erwartet wurde.[1020] Dies liegt daran, dass die im Rahmen des Programms auferlegten Pflichten, insbesondere die Zehn-Jahres-Sperre im Falle von Verstößen gegen diese, als übermäßig belastend empfunden werden.[1021]

1016 *Dubois/Matechak*, International Government Contractor, Vol. 3, No. 9 (September 2006), § 73, S. 3.

1017 *Dubois/Matechak*, International Government Contractor, Vol. 3, No. 9 (September 2006), § 73, S. 3; *Boisson de Chazournes/Fromageau*, The European Journal of International Law, Vol. 23 No. 4 (2012), S. 963 (971).

1018 *Deming*, The International Lawyer, Vol. 44, No. 2 (Summer 2010), S. 871 (882); *Majtan*,The George Washington International Law Review, Vol. 45, No. 2 (2013), S. 291 (335); *Dubois/Matechak*, International Government Contractor, Vol. 3, No. 9 (September 2006), § 73, S. 3; *Deming*, The International Lawyer, Vol. 44, No. 2 (Summer 2010), S. 871 (882).

1019 *Majtan*, The George Washington International Law Review, Vol. 45, No. 2 (2013), S. 291 (335).

1020 Ebd.

1021 *Fariello/Bo* in: Wouters/Ninio/Doherty/Cissé, The World Bank Legal Review Vol. 6, S. 428.

2. Überprüfung durch den Suspension and Debarment Officer

Die Überprüfung des *Statement of Accusation and Evidence* obliegt dem *SDO*. Sie wird in der Regel von einem erfahrenen Juristen und einem Praktikanten *(„Legal Intern“)* durchgeführt und dauert durchschnittlich 60 Tage.[1022] Die Entscheidung darüber, ob das *SAE* ausreichend ist, um die von *INT* gemachten Vorwürfe zu substantiieren, stellt die erste Stufe des zweigliedrigen Sanktionsprozesses dar.[1023] Hierbei gilt wiederum der Maßstab, dass es aufgrund der Darstellungen überwiegend wahrscheinlich sein muss, dass der *Respondent* eine sanktionierbare Handlung begangen hat.[1024] Der *SDO* arbeitet in der Regel zwei Monate an dieser Analyse.[1025]

Der *SDO* ist eine unabhängige Stelle, die die Arbeit von *INT* einer eigenen Bewertung unterzieht und dadurch für einen fairen und objektiven Prozess sorgen soll.[1026] Dass dieses System funktioniert, zeigt sich daran, dass in 36 % aller Fälle mindestens einer der von *INT* behaupteten Verstöße als nicht ausreichend mit Beweismitteln belegt eingestuft wurde.[1027] Vollständige Zurückweisungen erfolgten allerdings nur in 4 % der eingereichten *SAEs*, mithin liegt in 96 % aller Fälle mindestens ein substantiierter Vorwurf vor.[1028]

a) Überprüfung des SAE

Sofern der *SDO* einen Vorwurf als im *SAE* nicht begründet sieht, verweist er den Fall zurück an *INT*, welcher daraufhin zwei Handlungsoptionen offenstehen: Entweder können die unsubstantiierten Anschuldigungen fallen gelassen oder

---

1022 *The World Bank*, OSD Report 2007-2015, S. 12.

1023 *Majtan*, The George Washington International Law Review, Vol. 45, No. 2 (2013), S. 291 (324); *The World Bank*, OSD Report 2007-2015, S. 11; *Dubois*, American Society of International Law, Vol. 107 (2013), S. 255 (256).

1024 *Dickinson/Lammers/Heavener*, Implications of the World Bank Sanctions Regime for International Business (2014); *Diamant/Sullivan/Smith*, University of Pennsylvania Journal of Business Law, Vol. 18:4, 2016, S. 985 (1001).

1025 *Diamant/Sullivan/Smith*, University of Pennsylvania Journal of Business Law, Vol. 18:4, 2016, S. 985 (1002).

1026 *The World Bank*, OSD Report 2007-2015, S. 11; *Diamant/Sullivan/Smith*, University of Pennsylvania Journal of Business Law, Vol. 18:4, 2016, S. 985 (1002).

1027 *The World Bank*, OSD Report 2007-2015, S. 11; *Harker/Castellano*, Briefing Papers, Iss. 17-3 (February 2017), S. 1 (5).

1028 *The World Bank*, OSD Report 2007-2015, S. 11.

weitere Ermittlungen angestellt werden, um den Vorwurf doch noch begründen zu können.[1029] Letzteres dauert in der Regel etwa vier Monate.[1030]

b) *Notice of Sanctions Proceedings*

Sofern der *SDO* zu dem Ergebnis kommt, dass die Einschätzung von *INT* korrekt ist und hinreichende Belege gegeben sind, die einen Verstoß begründen, so verfasst er eine sogenannte *Notice of Sanctions Proceedings* an den *Respondent.*[1031] Diese stellt die formelle Benachrichtigung über den Beginn von *Sanctions Proceedings* gegen eine Partei dar.[1032] Diese enthält eine von *SDO* empfohlene Sanktion,[1033] die Belehrung über die Anfechtung der *Notice of Sanctions Proceedings* innerhalb von 30 Tagen nach deren Erhalt[1034] sowie das *Statement of Accusations and Evidence* der *INT* samt Ausfertigungen der *Sanctions Procedures* und der *Sanctions Board Policy.*[1035] Von der Entsendung einer *Notice of Sanctions Proceedings* erhalten der Vorsitzende des *Sanctions Board* sowie der *Integrity Vice President* durch Abschriften Kenntnis.[1036]

c) *Explanation*

Da die *Notice of Sanctions Proceedings* sämtliche von *INT* angeführten Beweismittel enthält, stellt sie ein wichtiges Dokument für die Verteidigung dar.[1037] Nunmehr kann die Validität von Beweismitteln und Haftungsfragen nach der Einschätzung der bislang an dem Verfahren beteiligten Organe angegriffen

---

1029 *Deming*, The International Lawyer, Vol. 44, No. 2 (Summer 2010), S. 871 (878); *Harker/Castellano*, Briefing Papers, Iss. 17-3 (February 2017), S. 1 (5).

1030 *Diamant/Sullivan/Smith*, University of Pennsylvania Journal of Business Law, Vol. 18:4, 2016, S. 985 (1002).

1031 Sect. III, Part A., Art. IV, § 4.01 (a) World Bank Sanctions Procedures.

1032 *The World Bank*, OSD Report 2007-2015, S. 13.

1033 Welche sich nach den *Sanctions Procedures* sowie den *World Bank Group Sanctioning Guidelines* richten, siehe hierzu näher E.IX.5.; *Dubois*, American Society of International Law, Vol. 107 (2013), S. 255 (256).

1034 Sect. III, Part A., Art. IV, § 4.01 (b) World Bank Sanctions Procedures.

1035 Sect. III, Part A., Art. IV, § 4.01 (b) World Bank Sanctions Procedures.

1036 Sect. III, Part A., Art. IV, § 4.01 (a) World Bank Sanctions Procedures.

1037 *Diamant/Sullivan/Smith*, University of Pennsylvania Journal of Business Law, Vol. 18:4, 2016, S. 985 (1002).

sowie um eine etwaige Sanktion gerungen werden.[1038] Dem *Respondent* steht es frei, sich mit einem Schriftsatz („*Explanation*") gegen die Vorwürfe zu wehren. Die Schutzschrift ist in englischer Sprache abzufassen,[1039] soll 20 Seiten nicht überschreiten und Belege für die Ausführungen des *Respondent* enthalten.[1040] Vor dem Hintergrund, dass die Weltbank über keine Eingriffs- und Zwangsbefugnisse verfügt, ist die *Explanation* eine geeignete Möglichkeit, entlastende Umstände aufzuzeigen und ggfs. durch Beweise zu belegen, um auf eine reduzierte Sanktion hinzuwirken.[1041]

Der *SDO* entscheidet innerhalb von 30 Tagen nach Erhalt der *Explanation*, quasi die Schutzschrift des *Respondent*, ob er die *Notice of Sanctions Proceedings* zurückzieht, eine andere Sanktion angesichts seitens des *Respondent* vorgebrachten mildernden Umständen vorschlägt oder bei den darin enthaltenen Vorwürfen bleibt.[1042] Hiervon unterrichtet er wiederum die drei zuvor benannten Parteien sowie zusätzlich den Sekretär des *Sanctions Boards*.[1043] Sofern der *SDO* aufgrund der Verteidigung des *Respondent* von seiner ursprünglichen Entscheidung eine *Notice of Sanctions Proceedings* zu erlassen absieht, steht es *INT* frei, erneut ein *Statement of Accusations and Evidence* einzureichen, woraufhin der Prozess der Überprüfung durch den *SDO* von neuem beginnt.[1044]

Sofern der *SDO* eine Suspendierung von mehr als sechs Monaten ausspricht, was regelmäßig gegeben ist,[1045] ist der *Respondent* automatisch von dem Datum der Ausstellung der *Notice of Sanctions Proceedings* bis zur finalen Entscheidung vorläufig gesperrt.[1046] Auch dies kann er innerhalb von 30 Tagen nach Zustellung der Entscheidung angreifen, indem er begründet, warum die *Notice of Sanctions Proceedings* unbegründet ist und zurückgezogen werden und/oder die vorgeschlagene Sanktion überdacht werden sollte.[1047]

1038 *Dubois*, American Society of International Law, Vol. 107 (2013), S. 255 (256); *Diamant/Sullivan/Smith*, University of Pennsylvania Journal of Business Law, Vol. 18:4, 2016, S. 985 (1002).

1039 Sect. III, Part A., Art. V, § 5.02 (a) World Bank Sanctions Procedures.

1040 Sect. III, Part A., Art. IV, § 4.02 (b) World Bank Sanctions Procedures.

1041 *Harker/Castellano*, Briefing Papers, Iss. 17-3 (February 2017), S. 1 (10).

1042 Sect. III, Part A., Art. IV, § 4.03 (a) World Bank Sanctions Procedures.

1043 Sect. III, Part A., Art. IV, § 4.03 (b) World Bank Sanctions Procedures.

1044 Sect. III, Part A., Art. IV, § 4.03 (c) World Bank Sanctions Procedures.

1045 *The World Bank*, OSD Report 2007-2015, S. 11.

1046 Sect. III, Part A., Art. IV, § 4.02 (a) World Bank Sanctions Procedures; *Dubois*, American Society of International Law, Vol. 107 (2013), S. 255 (256).

1047 Sect. III, Part A., Art. IV, § 4.02 (b) World Bank Sanctions Procedures.

Sofern eine solche *Explanation* eingereicht wird, erhalten wiederum der Vorsitzende des *Sanctions Board* sowie der *Integrity Vice President* eine Kopie.[1048] Innerhalb von 30 Tagen nach Erhalt der Schutzschrift entscheidet der *SDO* über die vorläufige Suspendierung und setzt hiervon den *Respondent,* den Vorsitzenden des *Sanctions Boards* sowie den *Integrity Vice President* in Kenntnis.[1049] Sofern eine vorläufige Suspendierung nach alledem Bestand hat, wird sie auf der *Client Connection*-Webseite der Bank veröffentlicht.[1050]

d) Unanfechtbarkeit einer Notice of Sanctions Proceedings

In den Fällen, in denen die *Notice of Sanctions Proceedings* nicht innerhalb von 90 Tagen nach ihrer Zustellung angegriffen wird, tritt diese in Kraft, d.h., die von dem *SDO* vorgeschlagene Sanktion wird vollzogen[1051] und damit auch auf der Homepage der Bank mit einer Benachrichtigung über *Uncontested Sanctions Proceedings*[1052] veröffentlicht.[1053] Hiervon unterrichtet der *SDO* den *Respondent,* den Sekretär des *Sanctions Board* sowie den *Integrity Vice President.*[1054] Die Erfahrungswerte der vergangenen Jahre zeigen, dass nur etwa 30 % der *Respondents* eine *Explanation* einreichen, um sich gegen die *Notice of Sanctions Proceedings* zu wehren, sodass sich der Großteil der Verfahren bereits auf der ersten Stufe erledigt.[1055]

1048 Sect. III, Part A., Art. IV, § 4.02 (b) World Bank Sanctions Procedures.

1049 Sect. III, Part A., Art. IV, § 4.02 (c) World Bank Sanctions Procedures.

1050 Sect. III, Part A., Art. IV, § 4.02 (e) World Bank Sanctions Procedures, vgl. auch https://clientconnection.worldbank.org/servlet/main?menuPK=234032&pagePK=232663&piPK=234033, wobei die Inhalte nicht öffentlich, sondern – wie der Name bereits sagt – nur für Kunden der Weltbank einsehbar sind.

1051 Sect. III, Part A., Art. IV, § 4.04 World Bank Sanctions Procedures; *Dubois*, American Society of International Law, Vol. 107 (2013), S. 255 (256).

1052 *The World Bank*, OSD Report 2007-2015, S. 11.

1053 *Deming*, The International Lawyer, Vol. 44, No. 2 (Summer 2010), S. 871 (878); *Diamant/Sullivan/Smith*, University of Pennsylvania Journal of Business Law, Vol. 18:4, 2016, S. 985 (1003).

1054 Sect. III, Part A., Art. IV, § 4.04 World Bank Sanctions Procedures.

1055 *The World Bank*, OSD Report 2007-2015, S. 73 Fn. 35; *Harker/Castellano*, Briefing Papers, Iss. 17-3 (February 2017), S. 1 (7); *Diamant/Sullivan/Smith*, University of Pennsylvania Journal of Business Law, Vol. 18:4, 2016, S. 985 (1003).

e) Übertritt in 2. Verfahrensstufe vor dem Sanctions Board

Sofern der *Respondent* die *Notice of Sanctions Proceedings* im vorgegebenen Zeitraum anficht, läutet dies Stufe zwei des Entscheidungsprozesses ein und die Sache wird an das *Sanctions Board* weitergeleitet.[1056] *INT* hat Gelegenheit zur *Response*, mit der sich der *Respondent* gegen die Verfahrenseröffnung wehrt, innerhalb von 30 Tagen eine *Reply* entgegenzusetzen.[1057] Sowohl der *Respondent* als auch *INT*, aber auch der Vorsitzende des *Sanctions Board*, können verlangen, dass eine Anhörung vor dem *Board* erfolgt.[1058]

3. Entscheidungen des Sanctions Board

Sofern ein Verfahren dem *Sanctions Board* vorgelegt wird, entscheidet dieses eine Angelegenheit *de novo*, also vollständig neu, ohne sich dabei an während des Verfahrens ergangenen Entscheidungen zu orientieren, sowie nach dem Stand, der zum Zeitpunkt der Entscheidung gegeben ist.[1059] *INT* wird im Rahmen des Prozesses vor dem *Board* von mindestens einem Vertreter repräsentiert. Dem *Respondent* steht es frei, sich selbst zu verteidigen oder dies durch einen Anwalt oder sonstige Personen durchführen zu lassen.[1060] Die Entscheidung des *Boards* ist final und damit nicht angreifbar.[1061]

a) Mündliche Verhandlung

Wenn ein Antrag auf Anhörung gestellt wurde, verläuft diese derart, dass zunächst *INT* und sodann der *Respondent* den Fall aus der jeweiligen Sicht darstellt, woraufhin *INT* nochmals die Gelegenheit erhält, sich zu den Ausführungen

---

1056 *Majtan*, The George Washington International Law Review, Vol. 45, No. 2 (2013), S. 291 (324); *Diamant/Sullivan/Smith*, University of Pennsylvania Journal of Business Law, Vol. 18:4, 2016, S. 985 (1003).

1057 *The World Bank*, OSD Report 2007-2015, S. 16.

1058 Sect. III, Part A., Art. VI, § 6.01 World Bank Sanctions Procedures; *The World Bank*, OSD Report 2007-2015, S. 16.

1059 *Dubois*, American Society of International Law, Vol. 107 (2013), S. 255 (256); *Boisson de Chazournes/Fromageau*, The European Journal of International Law, Vol. 23 No. 4 (2012), S. 963 (970); *Hovell*, The American Journal of International Law, Vol. 110, No. 1 (January 2016), S. 1 (25).

1060 Sect. III, Part A., Art. VI, § 6.02 World Bank Sanctions Procedures.

1061 Sect. III, Part A., Art. VIII, § 8.03 World Bank Sanctions Procedures; *Dubois*, American Society of International Law, Vol. 107 (2013), S. 255 (256).

des *Respondent* zu äußern.[1062] Die Praxis zeigt, dass in aller Regel in eine mündliche Verhandlung eingetreten wird.[1063]

Es ist zu beachten, dass die Parteien nur noch solche Argumente und Beweismittel heranziehen können, die sie bereits in den schriftlichen Stellungnahmen gegenüber dem *SDO* bzw. dem *Sanctions Board* benannt oder angeführt haben.[1064] Das Recht, Zeugen zu benennen und im Rahmen der Anhörung zu befragen, kommt allein dem *Sanctions Board* zu.[1065] Der *Respondent* darf hieran nur insofern partizipieren, als dass eine Stellungnahme zugelassen wird.[1066] Kreuzverhöre sollen damit vermieden werden, wobei die Anführung von Gegenbeweisen und -darstellungen zulässig ist.[1067] Dem *Sanctions Board* ist es (selbstverständlich bzw. notwendigerweise) gestattet, *INT* und dem *Respondent* bzw. seinem Prozessbevollmächtigten Fragen zu stellen.[1068]

b) Entscheidungsparameter

Bei der Entscheidungsfindung wird das *Sanctions Board* maßgeblich von dem bereits erwähnten „*More-Likely-Than-Not*-Grundsatz" geleitet.[1069] Damit eine Sanktion verhängt wird, muss es überwiegend wahrscheinlich sein, dass der *Respondent* eine oder mehrere sanktionsfähige Verstöße begangen hat.[1070] Dafür muss ein Übergewicht von Beweisen, die für eine solche Annahme sprechen, gegeben sein.[1071] Die Beweislast für einen Verstoß des *Respondent* liegt nach dem Recht der Bank zunächst bei *INT*,[1072] geht jedoch auf den *Respondent* über, wenn Beweise vorgebracht werden, die eine Zuwiderhandlung nach dem geltenden Maßstab belegen.[1073]

1062 *Diamant/Sullivan/Smith*, University of Pennsylvania Journal of Business Law, Vol. 18:4, 2016, S. 985 (1003).

1063 *The World Bank*, Oxford Public International Law, 15 April 2012, S. 3.

1064 Sect. III, Part A., Art. VI, § 6.03 (b) (iii) World Bank Sanctions Procedures.

1065 Sect. III, Part A., Art. VI, § 6.03 (b) (iv) World Bank Sanctions Procedures.

1066 Sect. III, Part A., Art. VI, § 6.03 (b) (iv) World Bank Sanctions Procedures.

1067 Sect. III, Part A., Art. VI, § 6.03 (b) (iv) World Bank Sanctions Procedures.

1068 Sect. III, Part A., Art. VI, § 6.03 (c) World Bank Sanctions Procedures.

1069 Sect. III, Part A., Art. VIII, § 8.01 World Bank Sanctions Procedures.

1070 Sect. III, Part A., Art. VIII, § 8.01 World Bank Sanctions Procedures.

1071 Sect. III, Part A., Art. VIII, § 8.02 (b) (i) World Bank Sanctions Procedures.

1072 Sect. III, Part A., Art. VIII, § 8.02 (b) (ii) World Bank Sanctions Procedures.

1073 *Richter*, CB 2015, S. 291 (296); *Canni*, Public Contract Law Journal, Vol. 40, No.1 (Fall 2010), S. 147 (156).

Sofern das *Sanctions Board* zu der Annahme gelangt ist, dass das Vorliegen einer Zuwiderhandlung überwiegend wahrscheinlich ist, ist eine „angemessene“ Sanktion zu verhängen, wobei die Empfehlungen des *SDO* nicht bindend sind.[1074] Sollte sich im Laufe des Verfahrens nicht herausstellen, dass eine oder mehrere Zuwiderhandlung des *Respondent* mit überwiegender Wahrscheinlichkeit angenommen werden können, so wird das Verfahren beendet.[1075] In jedem Fall veröffentlicht das *Sanctions Board* eine schriftliche Entscheidung, die die relevanten Fakten des Falles abhandelt, das Verschulden des *Respondent* sowie die an ihn und ggfs. auch an verbundene Unternehmen zu verhängenden Sanktionen determiniert und die Gründe hierfür benennt.[1076]

Entscheidungsgrundlage ist allein die Akte, bestehend aus der *Notice of Sanctions Proceedings*, der darauf gegebenenfalls abgegebenen *Explanation* des *Respondent*, der auf diese folgenden *Response* seitens *INT*, die hierauf ergehende *Reply* des *Respondent* sowie alle weiteren schriftlichen Stellungnahmen, die Argumente und Beweise anführen, und schließlich jegliche Argumentation, die in einer Anhörung vor dem *Sanctions Board* erfolgt ist.[1077] Dieses ist völlig unabhängig in seiner Entscheidung und daher weder an die Entscheidung des *SDO*, noch an Präzedenzfälle, nationale Gesetze oder Urteile gebunden.[1078] Sanktioniert werden daher nur diejenigen, die nach dem System der *Sanctions Proceedings* als für Zuwiderhandlungen verantwortlich angesehen werden.[1079] Dies beruht auch darauf, dass keine diskriminierenden Unterscheidungen zwischen Ländern mit und ohne funktionierende Strafverfolgungssystemen gemacht werden sollen.[1080] Schließlich wäre ein solches Vorgehen geeignet, einzelne Staaten zu verärgern und damit funktionierende Gesprächskanäle zu sabotieren.[1081]

1074 Sect. III, Part A., Art. VIII, § 8.01 (ii) World Bank Sanctions Procedures.

1075 Sect. III, Part A., Art. VIII, § 8.01 (i) World Bank Sanctions Procedures.

1076 Sect. III, Part A., Art. VIII, § 8.01 World Bank Sanctions Procedures.

1077 Sect. III, Part A., Art. VIII, § 8.02 (a) World Bank Sanctions Procedures.

1078 *Canni*, Public Contract Law Journal, Vol. 40, No.1 (Fall 2010), S. 147 (156); *Ellis*, International Law News, Vol. 43, No. 1 (Winter 2013); vgl. auch Søreide/Gröning/Wandall, Chicago Journal of International Law, Vol. 16, No. 2 (2016), S. 525 (540) sowie *The World Bank Group Sanctions Board*, Law Digest, December 2011, S. 34 unter 6.

1079 *Søreide/Gröning/Wandall*, Chicago Journal of International Law, Vol. 16, No. 2 (2016), S. 525 (540).

1080 *Søreide/Gröning/Wandall*, Chicago Journal of International Law, Vol. 16, No. 2 (2016), S. 525 (540).

1081 Ebd.

Dies gilt es aufgrund des Entwicklungsauftrages der Bank nicht zu riskieren. Ein weiterer Grund dafür, dass die Bank nur ihrem eigenen System vertraut, ist, dass sie die Folgen von Sanktionen solchen Auftragnehmern ersparen will, die nach ihrem Maßstab nicht als einer Zuwiderhandlung schuldig angesehen werden können.[1082]

c) Praktische Erwägungen

Das Verfahren bis zum *Sanctions Board* zu eskalieren, lohnt sich oftmals erheblich. Schließlich ist eine Tendenz zu beobachten, dass die verhängten Sanktionen im Gegensatz zu denjenigen, die auf der ersten Stufe durch den *SDO* vorgeschlagen werden, deutlich milder ausfallen.[1083] Teilweise beruht dies allerdings auch darauf, dass oftmals ein vorläufiger Ausschluss bereits über eine gewisse Zeit (entweder auf Antrag von *INT* bereits während deren Ermittlung oder durch den *OSD,* sofern dieser eine Sanktion von mehr als sechs Monaten vorschlägt) verhängt wurde und insofern eine Anrechnung erfolgt.[1084] In der Regel beträgt die Zeitspanne zwischen Anfechtung der *Notice of Sanctions Proceedings* bis zur Entscheidung durch das *Sanctions Board* etwa sechs bis acht Monate.[1085]

Die bislang veröffentlichten Entscheidungen zeigen, dass das *Sanctions Board* zu deutlichen Reduktionen von Suspendierungsdauern bereit ist, wenn entlastende Faktoren vorgetragen und bewiesen werden.[1086] Spürbar positiv wirkt sich allerdings vor allem eine ernstgemeinte Kooperation – etwa eine Aufarbeitung im Wege von *Internal Investigations*, die Kündigung von Mitarbeitern, die für einen Verstoß verantwortlich sind, sowie die Implementierung oder Verbesserung von Compliance-Programmen – mit den Ermittlungen der Weltbank aus.[1087]

1082 *Søreide/Gröning/Wandall*, Chicago Journal of International Law, Vol. 16, No. 2 (2016), S. 525 (541).

1083 *Harker/Castellano*, Briefing Papers, Iss. 17-3 (February 2017), S. 1 (3); *Diamant/Sullivan/Smith*, University of Pennsylvania Journal of Business Law, Vol. 18:4, 2016, S. 985 (1005).

1084 Vgl. Sect. III, Part A., Art. IX, § 9.02 (h) World Bank Sanctions Procedures; *Harker/Castellano*, Briefing Papers, Iss. 17-3 (February 2017), S. 1 (7).

1085 *Diamant/Sullivan/Smith*, University of Pennsylvania Journal of Business Law, Vol. 18:4, 2016, S. 985 (1006).

1086 *Harker/Castellano*, Briefing Papers, Iss. 17-3 (February 2017), S. 1 (7).

1087 Ebd.

4. Vergleichsverhandlungen

Die *Sanctions Procedures* sehen seit 2010[1088] die Möglichkeit vor, ein Verfahren durch ein zeit- und ressourcensparendes *Negotiated Resolution Agreement* zwischen *INT* und einem oder mehreren *Respondents* zu beenden.[1089] Mit diesem Instrument steht den *Respondents* die Möglichkeit offen, im Vergleichswege auf mildere Sanktionen hinzuwirken.[1090] Darüber hinaus werden Verfahren, die im Wege des Vergleichs beigelegt werden, nicht Gegenstand eines *Cross Debarment* bei den anderen internationalen Entwicklungsbanken.[1091]

Allerdings lässt sich die Weltbank nicht in jedem Verfahren auf Vergleichsverhandlungen ein. Ihre Bereitschaft hierzu hängt davon ab, ob und wie sehr sich der *Respondent* kooperativ zeigt, ob nicht unerhebliche Ressourcen gespart werden können und ob der *Respondent* wichtige Informationen hinsichtlich seines eigenen oder des Fehlverhaltens von Dritten liefern kann.[1092]

Die Anzahl solcher Einigungen hält sich bislang noch im niedrigen Bereich, wenn auch zunehmend mehr von ihnen Gebrauch gemacht wird.[1093] Insbesondere in einigen der hochkarätigsten Fälle, die je Gegenstand der Ermittlungen der Weltbank waren, etwa in den Verfahren gegen *SNC-Lavalin*[1094] sowie *Alstom Hydro France* und *Alstom Network Schweiz* AG,[1095] wurde der Weg der Einigung eingeschlagen.[1096] Im Geschäftsjahr 2017 verhandelte *INT* mit 29 *Respondents*

1088 *Leroy/Fariello*, The World Bank Group Sanctions Process and Its Recent Reforms, S. 20.

1089 Vgl. Part B World Bank Sanctions Procedures; *The World Bank Group*, Annual Update INT FY17, S. 30.

1090 *Richter*, CB 2015, S. 291 (296); *Majtan*, The George Washington International Law Review, Vol. 45, No. 2 (2013), S. 291 (332).

1091 *Majtan*, The George Washington International Law Review, Vol. 45, No. 2 (2013), S. 291 (332 f.).

1092 *The World Bank*, The World Bank Group's Sanctions Regime: Information Note, S. 27.

1093 Im Jahre 2012: 16; im Jahre 2013: 8; im Jahre 2014: 6; im Jahre 2015: 11; im Jahre 2016: 18; im Jahre 2017: 26 – vgl. *The World Bank Group*, Annual Update INT FY16, S. 25; *dies.*, Annual Update INT FY17, S. 28.

1094 http://www.worldbank.org/en/news/press-release/2013/04/17/world-bank-debars-snc-lavalin-inc-and-its-affiliates-for-ten-years.

1095 http://www.worldbank.org/en/news/press-release/2012/02/22/enforcing-accountability-world-bank-debars-alstom-hydro-france-alstom-network-schweiz-ag-and-their-affiliates.

1096 *Diamant/Sullivan/Smith*, University of Pennsylvania Journal of Business Law, Vol. 18:4, 2016, S. 985 (1007).

insgesamt 26 *NRAs*, von denen 22 *NRAs* mit 25 *Respondents* noch 2017 in Kraft traten und die übrigen 4 *NRAs* mit weiteren 4 *Respondents* Anfang 2018.[1097]

a) Verfahrensgang

Ein *Negotiated Resolution Agreement* kann zu jedem beliebigen Zeitpunkt des Verfahrens erfolgen.[1098] Während des Vergleichsprozesses ruht das Sanktionsverfahren auf gemeinsamem Antrag von *INT* und des oder der jeweiligen *Respondents*, wobei eine Maximalruhenszeit von 90 Tagen vorgesehen ist,[1099] um die Verhandlungen zu beschleunigen. Sofern die Parteien einen Einigungsvorschlag beim *SDO* einreichen, ruht das Verfahren während der Prüfungsphase weiterhin.[1100] Für Betroffene bietet ein *NRA* die Gelegenheit, einen Fall vergleichsweise ressourcen-, vor allem aber reputationsschonend und diskret, abzuwickeln.[1101] Daher sollte eine Kooperation in der Regel bereits frühzeitig signalisiert werden und auch tatsächlich erfolgen.[1102]

INT verantwortet den Inhalt des Vergleichs, führt die Verhandlungen und überprüft[1103] die Ausführung der jeweiligen Vereinbarungen.[1104] Allerdings wird dies wiederum von dem *General Counsel* der Weltbank überprüft.[1105] Sofern dieser keine Einwände zeigt, obliegt es dem zuständigen *SDO*, das *Negotiated Resolution Agreement* daraufhin zu evaluieren, ob zum einen der *Respondent* freiwillig und in Kenntnis aller Bedingungen zu diesem zugestimmt hat und zum anderen, ob es eine von den *Sanctions Procedures* vorgesehene Sanktion[1106] enthält sowie mildernde und erschwerende Faktoren angemessen

1097 *The World Bank Group*, Annual Update INT FY17, S. 30.

1098 Part B, Art. 1 (a) World Bank Sanctions Procedures.

1099 Part B, Art. 1 (a), (b) World Bank Sanctions Procedures.

1100 Part B, Art. 2 (a) World Bank Sanctions Procedures.

1101 *The World Bank Group*, Annual Update INT FY17, S. 30.

1102 *Harker/Castellano*, Briefing Papers, Iss. 17-3 (February 2017), S. 1 (3).

1103 Die Feststellung seitens *INT*, dass ein *Respondent* nicht die Bedingungen eines Vergleichs erfüllt hat, kann angegriffen werden, allerdings nur mit dem Argument, dass *INT* ihr Ermessen insoweit nicht ordnungsgemäß ausgeübt hat, vgl. *The World Bank*, The World Bank Group's Sanctions Regime: Information Note, S. 28; *Majtan*, The George Washington International Law Review, Vol. 45, No. 2 (2013), S. 291 (332).

1104 *The World Bank Group*, Annual Update INT FY17, S. 30.

1105 *The World Bank Group*, Annual Update INT FY17, S. 30; *Richter*, CB 2015, S. 291 (296 f.).

1106 Im Sinne von Sect. III, Part A., Art. IX, § 9.01 World Bank Sanctions Procedures; siehe zu den Sanktionsmöglichkeiten außerdem im Folgenden E.IX.5.a).

berücksichtigt[1107] wurden.[1108] Sofern der *SDO* keine Widersprüche gegen die Vereinbarung erhebt, erlässt er sie als eigene Entscheidung.[1109] In der Regel wird ein Ausschluss mit bedingter Aufhebung vereinbart.[1110]

b) Einigungsbedingungen

Ein solches Einigungsverfahren dient als Ersatz zum regulären Sanktionsprozess und ermöglicht es *INT* und dem *Respondent*, sich auf eine Sanktion zu einigen.[1111] Die Konditionen der Einigung sind variabel und einzelfallabhängig, enthalten aber in der Regel ein Schuldeingeständnis, Compliance-Auflagen,[1112] die Ernennung eines Beobachters für die Einhaltung dieser Auflagen, sowie Kooperationspflichten mit *INT* während der Dauer der Sanktion.[1113] Außerdem wird verlangt, dass Disziplinarmaßnahmen gegen diejenigen Personen eingeleitet werden, die für die Zuwiderhandlungen verantwortlich waren sowie unter Umständen auch Schadensersatz geleistet wird.[1114]

Prominentes Beispiel einer solchen Einigung mit der Weltbank ist der Vergleich, der mit *Siemens* wegen eines Korruptionsfalles eines russischen Tochterunternehmens im Jahre 2009 geschlossen wurde.[1115] Neben einer geschätzten Einbuße in Höhe von 200 Millionen Euro, die die vierjährige Vergabesperre bezüglich der *Siemens Russia* und eine weitere (freiwillige) zweijährige Sperre,

1107 Vgl. Sect. III, Part A., Art. IX, § 9.02 World Bank Sanctions Procedures sowie E.IX.5.b).

1108 *The World Bank Group*, Annual Update INT FY17, S. 30; *Leroy/Fariello*, The World Bank Group Sanctions Process and Its Recent Reforms, S. 21.

1109 Part B, Art. 2 (c) World Bank Sanctions Procedures.

1110 *Leroy/Fariello*, The World Bank Group Sanctions Process and Its Recent Reforms, S. 21.

1111 *Diamant/Sullivan/Smith*, University of Pennsylvania Journal of Business Law, Vol. 18:4, 2016, S. 985 (1006).

1112 Die mit den *World Bank Integrity Compliance Guidelines* übereinstimmen. Vgl. auch *McCarthy* in: Travers, Serious Economic Crime, S. 57 (59).

1113 *Richter*, CB 2015, S. 291 (296); *Diamant/Sullivan/Smith*, University of Pennsylvania Journal of Business Law, Vol. 18:4, 2016, S. 985 (1006); *Leroy/Fariello*, The World Bank Group Sanctions Process and Its Recent Reforms, S. 20.

1114 *Leroy/Fariello*, The World Bank Group Sanctions Process and Its Recent Reforms, S. 20.

1115 http://www.worldbank.org/en/news/press-release/2009/07/02/siemens-pay-million-fight-fraud-corruption-part-world-bank-group-settlement; *Richter*, CB 2015, S. 291.

die den gesamten *Siemens* Konzern betraf, auslöste, wurde eine Zahlung von 100 Millionen US-Dollar an Anti-Korruptions-Projekte vereinbart.[1116]

5. Sanktionen

Der Grund für Sanktionierungen von Unternehmen und Individuen durch die Weltbank hat einige Entwicklung durchlaufen. Ursprünglich war der hauptsächliche Treiber ein wirtschaftlicher - Mittel der Weltbank sollten dadurch geschützt werden, dass untaugliche Auftragnehmer von Bankprojekten ferngehalten werden und Sanktionen sollten als Abschreckung vor weiteren Verstößen dienen.[1117] Hinzu trat mehr und mehr die Bestrebung, aus Rechtsstaatlichkeitsgründen *(Rule of Law)* zu sanktionieren.[1118] Dies resultiert darin, dass, sofern ein Verstoß festgestellt wird, dieser nunmehr stets eine Sanktion nach sich zieht. Das gilt unabhängig davon, ob dies dem Geschäft der Bank schadet, etwa weil auf diese Art und Weise ein wichtiger Auftragnehmer verloren geht. Ein solches Vorgehen ist dennoch sinnvoll für das Geschäftsmodell der Weltbank, da sie nur durch ein derart unterschiedsloses Vorgehen letztlich ernsthaft und glaubwürdig den Kampf gegen Korruption vorantreiben kann.

Die Ausgestaltung von Sanktionen im Einzelnen, der Sanktionszumessungsprozess sowie die unmittelbaren und mittelbaren Folgen von Sanktionen sollen im Folgenden näher beschrieben werden.

a) Sanktionsmöglichkeiten

Dem *Suspension and Debarment Officer* sowie dem *Sanctions Board* stehen nach den für sie verbindlichen[1119] *Sanctioning Guidelines*, verschiedene Sanktionen zur Verfügung: Ausschluss mit der Option der Aufhebung nach Ablauf eines bestimmten Zeitraumes,[1120] Ausschluss mit oder ohne bestimmte

---

1116 http://www.worldbank.org/en/news/press-release/2009/07/02/siemens-pay-million-fight-fraud-corruption-part-world-bank-group-settlement.print; http://www.handelsblatt.com/unternehmen/industrie/einigung-mit-weltbank-siemens-tut-weiter-busse/3212124.html; *Richter*, CB 2015, S. 291; *Majtan*, The George Washington International Law Review, Vol. 45, No. 2 (2013), S. 291 (333).

1117 *Majtan*, The George Washington International Law Review, Vol. 45, No. 2 (2013), S. 291 (322); *Fariello/Daly*, The George Washington International Law Review, Vol. 45, No. 2 (2013), S. 253 (259).

1118 *Fariello/Daly*, The George Washington International Law Review, Vol. 45, No. 2 (2013), S. 253 (259).

1119 *Dubois*, Litigation, Vol. 39, No. 1, Good Deeds (Winter 2013), S. 38 (41).

1120 Vgl. hierzu E.IX.5.a)(i).

Dauer,[1121] Absehen von einem Ausschluss unter bestimmten Voraussetzungen,[1122] dauerhafter Ausschluss,[1123] Erlass einer öffentlichen schriftlichen Rüge sowie die Anordnung von Restitutionen.[1124] Diese können nicht nur dem jeweiligen *Respondent*, sondern auch mit diesem verbundenen Unternehmen und Personen *(Affiliate)*[1125] aufgebürdet werden.[1126] Letzteres soll verhindern, dass Sanktionierungen eines *Respondent* dadurch umgangen werden, dass Tochter- oder auf sonstige Art und Weise verbundene Unternehmen an Weltbank-Projekten teilnehmen bzw. vorgeschoben werden.[1127] Gleiches gilt für den Fall von Unternehmensrestrukturierungen oder Inhaberwechseln bzw. Rechtsnachfolge – auch durch solche Vorgehensweisen kann eine Sanktion nicht umgangen werden.

(i) Ausschluss mit optionaler, fristgebundener Aufhebung

Ausgangspunkt ist zunächst die Basis-Sanktion *Debarment with Conditional Release* von drei Jahren mit bedingter Aufhebung des Ausschlusses.[1128] Die gestellten Bedingungen beziehen sich in aller Regel auf die Etablierung eines *Integrity Compliance*-Programms, die Ernennung einer Person zur Überwachung desselben, die Beauftragung eines außenstehenden Ermittlers zur Aufklärung von Sachverhalten sowie fortlaufende Kooperation.[1129] Die Möglichkeit, dass eine Suspendierung bei Erfüllung bestimmter Voraussetzungen aufgehoben werden kann, soll zum einen die Rehabilitierung des *Respondent* vorantreiben sowie

1121 Siehe E.IX.5.a)(ii).

1122 Dazu E.IX.5.a)(iii).

1123 Vgl. E.IX.5.a)(iv).

1124 *The World Bank*, OSD Report 2007-2015, S. 13; *Diamant/Sullivan/Smith*, University of Pennsylvania Journal of Business Law, Vol. 18:4, 2016, S. 985 (1006).

1125 Hierunter wird jede juristische oder natürliche Person verstanden, die entweder den *Respondent* beherrscht, von diesem oder mit anderen gemeinsam beherrscht wird, vgl. Section II (a) World Bank Sanctions Procedures.

1126 Vgl. Sect. III, Part A., Art. IX, § 9.04 (b) World Bank Sanctions Procedures; *Leroy/Fariello*, The World Bank Group Sanctions Process and Its Recent Reforms, S. 17.

1127 *Leroy/Fariello*, The World Bank Group Sanctions Process and Its Recent Reforms, S. 17.

1128 Art. I, II § A World Bank Sanctioning Guidelines.

1129 *Majtan*, The George Washington International Law Review, Vol. 45, No. 2 (2013), S. 291 (325); *Fariello/Bo* in: Wouters/Ninio/Doherty/Cissé, The World Bank Legal Review Vol. 6, S. 423; *Diamant/Sullivan/Smith*, University of Pennsylvania Journal of Business Law, Vol. 18:4, 2016, S. 985 (990).

zum anderen weitere Risiken für Weltbank-finanzierte Projekte verringern, indem Unternehmen zur Etablierung geeigneter Kontrollmechanismen motiviert werden.[1130]

Demnach endet der Ausschluss eines *Respondent* dann, wenn der bezifferte Zeitraum abgelaufen ist und er die Bedingungen, die durch den *SDO* oder das *Sanctions Board* aufgestellt und näher durch den *Integrity Compliance Officer* festgelegt und überprüft wurden, erfüllt hat.[1131] Selbst wenn diese Bedingungen vor Ablauf der Frist erfüllt wurden, erfolgt keine vorzeitige Aufhebung des Ausschlusses.[1132] Allerdings kann eine Reduktion der Dauer der Suspendierung im Einzelfall erfolgen, sofern gewisse Konditionen wie Zusammenarbeit und Wiedergutmachung erfüllt werden.[1133]

In Extremfällen von Sperren, die über mehr als zehn Jahre verhängt wurden, kann nach Ablauf des zehnten Jahres Antrag auf Reduzierung des Ausschlusszeitraums mit der Begründung gestellt werden, dass die Bedingungen, die der *Integrity Compliance Officer* aufgestellt hat, erfüllt wurden.[1134] Solche Bedingungen können beispielsweise sein: Die Etablierung oder Verbesserung eines Compliance-Programmes sowie Maßnahmen zur Wiedergutmachung des Verstoßes, wegen dessen der *Respondent* sanktioniert wurde.[1135] Hierunter fallen auch Disziplinarmaßnahmen und die Kündigung von Mitarbeitern, welche als für Fehlverhalten verantwortlich identifiziert wurden.[1136]

(ii) Ausschluss mit/ohne bestimmte Dauer

Ein *Debarment* für einen festgelegten Zeitraum erklärt das *Sanctions Board* in Fällen, in denen ein Unternehmen bereits über ein funktionierendes Compliance-System verfügt, der Verstoß sich als isolierter Akt eines oder mehrerer (mittlerweile gekündigter) Mitarbeiter darstellt und der Ausschluss für

---

1130 Art. II § A. World Bank Sanctioning Guidelines; *Leroy/Fariello*, The World Bank Group Sanctions Process and Its Recent Reforms, S. 15.

1131 Art. II § A. World Bank Sanctioning Guidelines; *Majtan*, The George Washington International Law Review, Vol. 45, No. 2 (2013), S. 291 (325); *Richter*, CB 2015, S. 291 (298); *Diamant/Sullivan/Smith*, University of Pennsylvania Journal of Business Law, Vol. 18:4, 2016, S. 985 (1007).

1132 Art. II § A. World Bank Sanctioning Guidelines.

1133 Ebd.

1134 Ebd.

1135 Ebd.

1136 Art. II § A. (i), (ii) World Bank Sanctioning Guidelines.

einen relativ kurzen Zeitraum (etwa ein Jahr und weniger) erklärt wurde.[1137] In diesen Fällen haben Auflagen keinen Sinn, da das sanktionierte Unternehmen bereits über ausreichende Mechanismen verfügt, die Verstöße verhindern sollen und daher eine „Erziehung" zu grundsätzlich normgerechtem Verhalten nicht erforderlich ist.[1138] Mit Ablauf der Frist endet der jeweilige Ausschluss automatisch.[1139]

(iii) Bedingter Verzicht eines Ausschlusses

Die Möglichkeit des Absehens eines Ausschlusses unter der Voraussetzung, dass die sanktionierte Partei gewisse Bedingungen erfüllt *(Conditional Non-Debarment)*, besteht in zwei Fällen. Zum einen ist dies eine Option für Parteien, die mit dem *Respondent* bspw. als Tochtergesellschaft verbunden sind, in den jeweiligen konkreten Verstoß nicht unmittelbar involviert waren, ihnen aber beispielsweise der Vorwurf einer generell lückenhaften Aufsicht gemacht werden kann.[1140] Andererseits kommt diese Art der Sanktion auch für *Respondents* in Betracht, sofern diese umfangreiche Korrektivmaßnahmen ergriffen haben und weitere Milderungsgründe gegeben sind, die ein Absehen von einem Ausschluss rechtfertigen.[1141] Die Bedingungen, die in diesen Fällen gestellt werden, entsprechen denen, die bei einem Ausschluss mit optionaler Aufhebung gelten, also die Etablierung eines Compliance-Systems sowie Wiedergutmachung.[1142] Sofern eine Partei es nicht schafft, diese Bedingungen zu erfüllen,[1143] tritt automatisch ein Ausschluss von Weltbank-Projekten mit der vorher durch den *SDO* oder das *Sanctions Board* festgelegten Frist ein.[1144]

1137 Art. II § B. World Bank Sanctioning Guidelines.

1138 Vgl. Art. II § B. World Bank Sanctioning Guidelines.

1139 *Diamant/Sullivan/Smith*, University of Pennsylvania Journal of Business Law, Vol. 18:4, 2016, S. 985 (1007).

1140 Art. II § C. (i) World Bank Sanctioning Guidelines.

1141 Art. II § C. (ii) World Bank Sanctioning Guidelines.

1142 Art. II § C. World Bank Sanctioning Guidelines; *Fariello/Bo* in: Wouters/Ninio/Doherty/Cissé, The World Bank Legal Review Vol. 6, S. 423.

1143 Dies wird überwacht durch den *Integrity Compliance Officer*, der die Erreichung der gesetzten Vorgaben überwacht. Im Übrigen gleichen die Anforderungen an das Unternehmen stark denen, die unter dem Programm der freiwilligen Offenlegung – siehe oben E.IX.1.c). – gelten, vgl. The *World Bank*, The World Bank Group's Sanctions Regime: Information Note, S. 23.

1144 Art. II § C. World Bank Sanctioning Guidelines.

(iv) Dauerhafter Ausschluss

Ein dauerhafter Ausschluss *(Permanent Debarment)* kommt ausschließlich für Fälle in Betracht, in denen zu erwarten ist, dass eine Rehabilitation[1145] auch durch die Implementierung von Compliance-Maßnahmen oder anderer Auflagen nicht von Erfolg gekrönt sein wird.[1146] Dies wird in der Regel bei Verstößen von Einzelpersonen, Unternehmen, die der engen Führung einer solchen Person unterliegen, sowie Strohfirmen angenommen.[1147]

(v) Öffentliche schriftliche Rüge

Sofern die zu sanktionierende Partei mit dem *Respondent* nur verbunden ist und ihr allein ein isolierter Moment fehlender Aufsicht vorgeworfen werden kann, kommt eine öffentliche schriftliche Rüge *(Letter of Reprimand)* in Betracht.[1148] Sie ist die mildeste Sanktionsform und wird von manchen Autoren als *„slap on the wrist"* verstanden.[1149]

(vi) Restitution

Wiedergutmachung und weitere Mittel zur Abhilfe sind ausnahmsweise als Sanktion geeignet, etwa in Fällen von Betrug im Rahmen der Auftragsausführung, in denen ein Betrag beziffert werden kann, der als Kompensation an den kreditnehmenden Mitgliedsstaat oder das Projekt rückführbar ist.[1150] Sofern sich für eine Restitutionszahlung an einen Mitgliedsstaat entschieden wird, ist problematisch, dass in manchen Fällen Regierungsbeamte stark in eine Zuwiderhandlung involviert waren.[1151] Rückzahlungen an solche nicht rechtstreuen Organe zu veranlassen, ist jedoch kaum sinnvoll.[1152] Daher ist die Möglichkeit, eine Restitution nach den *Sanctioning Guidelines* anzuordnen, nur in absoluten Ausnahmefällen *(Exceptional Circumstances)* zu wählen. Darüber hinaus fehlt in

---

1145 Hiermit ist das Etablieren einer Unternehmensführung, die mit den Good-Governance-Vorgaben der Weltbank in Einklang steht, gemeint.

1146 Art. II § E. World Bank Sanctioning Guidelines.

1147 Ebd.

1148 Art. II § D. World Bank Sanctioning Guidelines.

1149 *Fariello/Bo* in: Wouters/Ninio/Doherty/Cissé, The World Bank Legal Review Vol. 6, S. 423.

1150 Art. II § F. World Bank Sanctioning Guidelines.

1151 *Fariello/Bo* in: Wouters/Ninio/Doherty/Cissé, The World Bank Legal Review Vol. 6, S. 427.

1152 *Ebd.*

den meisten Fällen eine präzise Grundlage, auf der Berechnungen von zu restituierenden Geldern angestellt werden können.[1153] Ferner wirkt die Anordnung von Restitutionszahlungen an die Weltbank faktisch wie ein Bußgeld, wodurch sie Gefahr läuft, in Kritik wegen der Übertretung ihres Entwicklungsmandates zu geraten.[1154] Als problematisch wird außerdem gesehen, dass Restitutionszahlungen wirken, als ob es möglich sei, sich von Sanktionen freizukaufen.[1155] Daher erfolgt die Entscheidung für solche Zahlungen nur selten und wenn, dann meist im Zusammenhang von Vergleichsverhandlungen zwischen *INT* und dem *Respondent*.[1156] Diese haben den Vorteil, dass sich die Parteien dort, wo Fakten fehlen, auf das einigen können, was unter den gegebenen Umständen als sinnvoll erscheint.[1157]

(vii) Sonstige Faktoren bei Bemessung der Sanktion

Sofern ein *Respondent* für mehrere Verstöße verantwortlich gemacht wird, ist über jeden einzeln zu entscheiden und eine kumulierte Sanktion zu ermitteln.[1158] Alternativ können Mehrfachverstöße als erschwerender Umstand berücksichtigt werden.[1159] Trotz der aufgezeigten Alternativen zu einem Ausschluss, worunter auch das *Voluntary Disclosure Program*[1160] und das Einigungsverfahren[1161] gehören, werden diese im Vergleich nur vereinzelt herangezogen.[1162] Im Endeffekt entscheidet das *Sanctions Board* also vor allem über die Länge eines Ausschlusses.

Selbst wenn im Einzelfall die Dauer einer Suspendierung abgelaufen ist oder diese bei der Erfüllung von Auflagen ausbleibt, hängt die endgültige Entbindung

---

1153 *Majtan*, The George Washington International Law Review, Vol. 45, No. 2 (2013), S. 291 (345); *Fariello/Bo* in: Wouters/Ninio/Doherty/Cissé, The World Bank Legal Review Vol. 6, S. 428.

1154 *Majtan*, The George Washington International Law Review, Vol. 45, No. 2 (2013), S. 291 (345).

1155 Ebd.

1156 *Fariello/Bo* in: Wouters/Ninio/Doherty/Cissé, The World Bank Legal Review Vol. 6, S. 428.

1157 Ebd.

1158 Art. III World Bank Sanctioning Guidelines.

1159 Art. III World Bank Sanctioning Guidelines; vgl. auch E.IX.5.b).

1160 Siehe hierzu oben E.IX.1.c).

1161 Siehe hierzu oben E.IX.4.

1162 *Fariello/Bo* in: Wouters/Ninio/Doherty/Cissé, The World Bank Legal Review Vol. 6, S. 423.

von dem Ausschluss immer noch davon ab, ob die im Einzelfall gestellten Bedingungen erfüllt wurden. Da dies häufig an die Etablierung eines *Integrity Compliance Systems* gekoppelt ist, bedeutet dies vor allem für kleine und mittelgroße Unternehmen, dass ihre Wiederzulassung zu Weltbank-Projekten von der Aufbringung hoher Kosten für solche Systeme abhängt.[1163] Selbst für mittelgroße international tätige Unternehmen wird der finanzielle Aufwand für ein *Integrity Compliance System,* das den Erwartungen der Weltbank entspricht, auf 3,5 Mio. US-Dollar geschätzt.[1164] Dass die Aufbringung solcher Mittel für viele mittelgroße und die meisten kleinen Unternehmen nicht möglich ist, liegt auf der Hand, sodass oftmals nur begrenzte Compliance-Bemühungen an den Tag gelegt werden (können).[1165] Außerdem übersteigt dieser finanzielle Aufwand für manche Unternehmen die Gewinne, die sie mit der Teilnahme an Weltbank-finanzierten Projekten generieren können, deutlich.[1166] Es lohnt sich schlicht nicht. Für all diese Fälle, in denen kein substantielles *Integrity Compliance System* aufgebaut wird, wird der beabsichtigte zeitlich limitierte Ausschluss mithin zu einer faktisch unendlichen Suspendierung.[1167]

Hieran zeigt sich, dass die Bestrebungen der Bank, Korruption weltweit zu bekämpfen, oftmals an finanziellen Mitteln scheitern. Schließlich kann nicht davon ausgegangen werden, dass allein der Ausschluss von Weltbank-Projekten ein Unternehmen derart zur Ordnung ruft, dass es sein Möglichstes tut, um künftiges Fehlverhalten zu vermeiden. Die Unfähigkeit, funktionierende Kontrollmechanismen zu etablieren, lässt vielmehr vermuten, dass entsprechende Verstöße auch künftig, nur eben außerhalb von Weltbank-Projekten, erfolgen. Damit kommt es zu keinem geringeren Aufkommen korrupter Praktiken, sondern nur zu einer Verschiebung zu anderen Marktteilnehmern, die niedrigere Standards als die Weltbank aufweisen.[1168] Schließlich kann dies sogar zu einer Verbreitung von Korruption in bestimmten Ländern führen.[1169]

1163 Ebd.

1164 *Fariello/Bo* in: Wouters/Ninio/Doherty/Cissé, The World Bank Legal Review Vol. 6, S. 424.

1165 Ebd.

1166 Ebd.

1167 Ebd.

1168 Vgl. *Fariello/Bo* in: Wouters/Ninio/Doherty/Cissé, The World Bank Legal Review Vol. 6, S. 422.

1169 Ebd.

b) Erschwerende und mildernde Umstände

Bei der Zumessung einer Sanktion im Einzelfall sind von *SDO* und *Sanctions Board* festgeschriebene erschwerende und mildernde Umstände *(Aggravating/ Mitigating Factors)* in einer Gesamtschau zu berücksichtigen. Die *Sanctioning Guidelines* listen diese auf und geben vor, um welche Zeitspanne sich eine Sanktion verschärft bzw. ermäßigt. Nicht in Betracht gezogen wird, wie schwer die Sanktion den jeweiligen *Respondent* oder andere trifft.[1170]

(i) Erschwerende Umstände

Als erschwerende Umstände, die mit einer Erhöhung eines *Debarment* um eines bis zu fünf Jahren einhergehen, werden Faktoren eingeordnet, die sich auf die Ernsthaftigkeit einer Zuwiderhandlung beziehen.[1171] Konkret bedeutet dies Fälle wiederholter Verstöße, hoher Organisationskomplexität, zentraler Verantwortung, auch und gerade von Personen in höherrangigen Managementpositionen sowie die Beteiligung von Regierungsbeamten oder Weltbank-Angestellten.[1172] Ebenfalls mit einer Erhöhung der Sanktion um ein bis zu fünf Jahre hat derjenige *Respondent* zu rechnen, dessen Verstoß zu Schäden für die öffentliche Sicherheit, das Allgemeinwohl und die Volksgesundheit (etwa vorhersehbare Gefahren für Leib und Leben) führt.[1173] Gleiches gilt, wenn es zu mangelhafter Vertragsausführung oder erheblichen Verspätungen kommt.[1174]

Die Behinderung von Ermittlungen durch die Bank wird nicht nur als eigener Verstoß im Sinne von *Obstructive Practices* sanktioniert, sondern kann auch als erschwerender Faktor herangezogen werden.[1175] So zieht vorsätzliches Zerstören, Fälschen, Verändern oder Verdecken von Beweismitteln oder Falschbehauptungen mit dem Ziel, eine Untersuchung der Weltbank zu sabotieren, eine Steigerung des Ausschlusses von einem bis zu drei Jahre nach sich.[1176] Dies

---

1170 Beispielsweise trifft es Unternehmen härter, deren Geschäftstätigkeit zum Großteil Weltbank-Projekte ausmachen, als andere, die nur ab und an an solchen beteiligt sind, vgl. *Fariello/Bo* in: Wouters/Ninio/Doherty/Cissé, The World Bank Legal Review Vol. 6, S. 420.

1171 Art. IV § A. World Bank Sanctioning Guidelines.

1172 Art. IV § A. World Bank Sanctioning Guidelines.

1173 Art. IV § B. 1. World Bank Sanctioning Guidelines.

1174 Art. IV § B. 2. World Bank Sanctioning Guidelines.

1175 Dies kann als gewisser Ermessensspielraum auf Seiten von *INT* verstanden werden, vgl. *Diamant/Sullivan/Smith*, University of Pennsylvania Journal of Business Law, Vol. 18:4, 2016, S. 985 (1011).

1176 Art. IV § C. 1. World Bank Sanctioning Guidelines.

trifft auch in den Fällen zu, in denen durch Bedrohung, Belästigung oder Einschüchterung einer Partei erreicht werden soll, dass diese ihr Wissen nicht mit den Ermittlern teilt oder von einer Untersuchung Abstand nimmt sowie wenn Handlungen vorgenommen werden, die verhindern sollen, dass die Bank von ihren vertraglichen Prüfungs- und Einsichtnahmerechten Gebrauch macht.[1177]

Ebenfalls mit einem Aufschlag von einem bis drei Jahren werden Sachverhalte bedacht, in denen ein *Respondent* einem Zeugen droht, ihm, seiner Familie, nahestehenden Personen, seinem Vermögen, seiner Ehre oder seiner beruflichen Stellung zu schaden oder ein solcher Schaden bereits eingetreten ist.[1178] Entsprechendes gilt, wenn dem Zeugen im Gegenzug zur Nichtkooperation mit der Weltbank Geld geboten wird.[1179] Die schwerwiegendste Erhöhung einer Sanktion – um zehn Jahre – erfolgt, sofern der *Respondent* in der Vergangenheit bereits wegen einer Zuwiderhandlung gegen das Regelwerk einer internationalen Entwicklungsbank von deren Projekten gesperrt wurde.[1180]

(ii) Mildernde Umstände

Um bis zu 25 % kann ein Ausschluss verkürzt werden, sofern sich die Rolle des *Respondent* als untergeordnet darstellt und sich insbesondere kein Führungspersonal an dem Verstoß beteiligt, diesen geduldet oder bewusst ignoriert hat.[1181] Ein Erlass von 50 % und unter besonderen Umständen auch mehr wird für freiwillige Korrekturmaßnahmen gewährt.[1182] In diesen Fällen spielt der Zeitpunkt der Verhaltensänderung eine wichtige Rolle, um einordnen zu können, ob echte Reue und tatsächlicher Wille zur Änderung des Verhaltens an den Tag gelegt werden oder ob es sich um berechnende Schritte handelt, die einzig das Ziel der Sanktionsmilderung verfolgen.[1183] Ebenso mit einem Erlass von mindestens 50 % werden interne Maßnahmen zur Erfassung und Bekämpfung der Gründe eines Verstoßes sowie das Ziehen erforderlicher personeller Konsequenzen belohnt.[1184] Darüber hinaus ist die Implementierung eines effektiven

---

1177 Ebd.

1178 Art. IV § C. 2. World Bank Sanctioning Guidelines.

1179 Ebd.

1180 Art. IV § D. World Bank Sanctioning Guidelines; vgl. zum Thema *Cross-Debarment* E.IX.5.d).

1181 Art. V § A. World Bank Sanctioning Guidelines.

1182 Art. V § B. World Bank Sanctioning Guidelines.

1183 Art. V § B. 1. World Bank Sanctioning Guidelines.

1184 Art. V § B. 2. World Bank Sanctioning Guidelines.

Compliance-Programms als expliziter Milderungsgrund etabliert.[1185] Hierbei sind zusätzlich zum Zeitpunkt der Implementierung Umfang und Qualität des Programms wichtig.[1186]

Ebenfalls mit einem Sanktionsnachlass von bis zu 50 % (und in besonderen Fällen gar mehr) wird honoriert, wenn freiwillig Defizite in der Vertragsausführung adressiert oder die mit dem Fehlverhalten erlangten Mittel zurückgezahlt werden.[1187] Um bis zu 33 % (oder mehr unter außergewöhnlichen Umständen) kann der *SDO* bzw. das *Sanctions Board* eine Suspendierung verkürzen, sofern der *Respondent* die Untersuchungen der Weltbank unterstützt.[1188] Wichtige Gradmesser sind hierbei die Unterstützung von *INT* durch freiwillige Offenlegung, der Wahrheitsgehalt, die Vollständigkeit und Verlässlichkeit von Informationen oder Geständnissen sowie die Art und Weise und der Umfang der Kooperation und – erneut – der Zeitpunkt, zu dem diese Handlungen durchgeführt werden.[1189] Außerdem wird die Durchführung eigener interner Untersuchungen und die darauffolgende Übergabe der gefundenen Ergebnisse an *INT* mit einem solchen Rabatt belohnt.[1190] Besondere Berücksichtigung finden hierbei solche *Internal Investigations*, die über den Vorwurf, der die Ermittlungen der Bank ursprünglich ausgelöst hat, hinausgehen.[1191]

Den Straferlass von bis zu 33 % (oder mehr unter besonderen Umständen) lösen ferner Schuldeingeständnisse beziehungsweise die Übernahme von Verantwortung für Zuwiderhandlungen aus, wobei der zu gewährende Rabatt höher ausfällt je früher solche Eingeständnisse erfolgen.[1192] Schließlich wird das freiwillige Abstandnehmen von der Teilnahme an Ausschreibungen für Weltbank-finanzierte Projekte bis zum Ausgang der Untersuchung durch *INT* in gleicher Höhe belohnt.[1193]

1185 Art. V § B. 3. World Bank Sanctioning Guidelines.
1186 Art. V § B. 3. World Bank Sanctioning Guidelines.
1187 Art. V § B. 4. World Bank Sanctioning Guidelines.
1188 Art. V § C. World Bank Sanctioning Guidelines.
1189 Art. V § C. 1. World Bank Sanctioning Guidelines.
1190 Art. V § C. 2. World Bank Sanctioning Guidelines.
1191 Art. V § C. 2. World Bank Sanctioning Guidelines.
1192 Art. V § C. 3. World Bank Sanctioning Guidelines.
1193 Art. V § C. 4. World Bank Sanctioning Guidelines.

c) *Sanktionierung von verbundenen Unternehmen*

Die Sanktionierung von verbundenen Unternehmen, die unmittelbar nicht zur Zuwiderhandlung beigetragen haben,[1194] etwa wegen eines Aufsichtspflichtverstoßes, resultiert nur selten in einem Ausschluss von Weltbank-Projekten.[1195] Für gewöhnlich wird auf einen bedingten Nichtausschluss erkannt oder bei Fällen isolierter Aufsichtspflichtverletzung eine öffentliche schriftliche Rüge erteilt.[1196] In Fällen eklatanter Aufsichtspflichtverletzungen, die etwa auf bewusste Ignoranz von Fehlverhalten schließen lassen, kommen Sanktionen von verbundenen Unternehmen denjenigen von unmittelbar die Zuwiderhandlung begehenden Unternehmen sehr nahe.[1197]

Die Sanktionierung verbundener Unternehmen hängt von einer Reihe von Faktoren ab, die im Ermessen des *SDO* oder *Sanctions Board* liegen. Die Sanktionen bemessen sich nach den Besonderheiten des Einzelfalls und sollen verhältnismäßig im Hinblick auf den jeweiligen Verschuldens- und Verantwortlichkeitsgrad sein.[1198]

Die bei der Sanktionierung verbundener Unternehmen maßgeblichen Faktoren werden im Folgenden beispielhaft dargestellt.

(i) Generelle Prinzipien

Bei der Frage, ob und wie eine Unternehmensgruppe sanktioniert wird, werden die folgenden generellen Prinzipien herangezogen:[1199]

- Die Sanktionierung verbundener Unternehmen erfolgt nicht automatisch, sondern auf Grundlage einer informierten und auf Fakten basierenden Entscheidung.
- Zu sanktionierende Unternehmen innerhalb eines Verbands werden flexibel, mit dem Ziel der Vermeidung einer Umgehung der Sanktion, ausgewählt.
- In der Regel werden allerdings nur solche Unternehmen sanktioniert, die für die Zuwiderhandlung unmittelbar oder wegen Verletzung einer

---

1194 Siehe hierzu oben E.V.4.

1195 *The World Bank*, The World Bank Group's Sanctions Regime: Information Note, S. 20.

1196 *Majtan*, The George Washington International Law Review, Vol. 45, No. 2 (2013), S. 291 (331); *The World Bank*, The World Bank Group's Sanctions Regime: Information Note, S. 20.

1197 *The World Bank*, The World Bank Group's Sanctions Regime: Information Note, S. 20.

1198 Ebd.

1199 *The World Bank*, The World Bank Group's Sanctions Regime: Information Note, S. 21.

Aufsichtspflicht oder sonstigen Obliegenheit zur Verantwortung gezogen werden können. Etwas anderes gilt wiederum für die Fälle, in denen eine Umgehung durch den Einsatz von weiteren verbundenen Unternehmen wahrscheinlich ist.

- Die Sanktion muss im Verhältnis zu der Schwere des Verstoßes stehen.

(ii) Widerlegbare Vermutungen

Zu diesen generellen Prinzipien treten vier widerlegbare Vermutungen bei der Sanktionierung von Unternehmensverbänden hinzu. Diese können essenzielle Punkte einer Unternehmensverteidigung sein. Die von der Weltbank aufgestellten Vermutungen und die Argumente, um sie zu widerlegen, lauten:[1200]

- Grundsätzlich wird das gesamte Unternehmen sanktioniert. Dies ist in den Fällen anders, in denen es dem *Respondent* gelingt darzulegen, dass eine identifizierbare und abgrenzbare Einheit für einen Verstoß verantwortlich ist und es nicht notwendig ist, das gesamte Unternehmen zu sanktionieren, um Zuwiderhandlungen abzustellen.
- Regelmäßig werden alle Unternehmen, die ein *Respondent* beherrscht, ebenfalls sanktioniert. Hierauf wird verzichtet, wenn den beherrschten Einheiten keine Verantwortlichkeit für sanktioniertes Fehlverhalten zukommt, eine Erstreckung auf sie unverhältnismäßig wäre und darüber hinaus nicht notwendig ist, um eine Umgehung der Sanktion zu verhindern.
- Unternehmen, die den *Respondent* beherrschen, und Unternehmen unter gemeinsamer Beherrschung werden nur dann sanktioniert, wenn sich ein gewisser Grad an Beteiligung an einem Verstoß herauskristallisiert oder die Sanktion zur Umgehung von Sanktionen notwendig ist.
- Rechtsnachfolger werden ebenfalls sanktioniert, es sei denn, der *Respondent* kann darlegen, dass dies eines der zuvor benannten Prinzipien verletzt. Insbesondere kann vorgetragen werden, dass eine Haftungsüberleitung eine unverhältnismäßige Strafe darstellt.[1201] Ein solcher Vortrag kann von Erfolg gekrönt sein, wenn beispielsweise belegt werden kann, dass das ursprünglich sanktionierte Vorgängerunternehmen nur einen abgrenzbaren und verhältnismäßig kleinen Teilbereich des Rechtsnachfolgers darstellt. In einem

---

1200 *The World Bank*, The World Bank Group's Sanctions Regime: Information Note, S. 21. Vgl. auch *Majtan*, The George Washington International Law Review, Vol. 45, No. 2 (2013), S. 291 (331).

1201 *The World Bank*, The World Bank Group's Sanctions Regime: Information Note, S. 23.

solchen Fall kann die Sanktion auf diesen Teilbereich, etwa ein Tochterunternehmen, begrenzt werden.

(iii) Rechte von verbundenen Unternehmen unter dem Sanktionsregime

Wenn der *SDO* die Sanktion eines verbundenen Unternehmen empfiehlt, erhält dieses ebenfalls eine *Notice of Sanctions Proceedings.*[1202] Solche Unternehmen haben dieselben Rechte auf Verteidigung wie die Unternehmen wegen denen das Verfahren ursprünglich begann.[1203]

(iv) Rechte von Rechtsnachfolgern unter dem Sanktionsregime

Sofern sich der *SDO* oder das *Sanctions Board* dazu entschließt, einen Rechtsnachfolger zu sanktionieren, erhält dieser eine Mitteilung und hat das Recht, die Entscheidung anzugreifen. Die Verteidigung ist allerdings auf die Geltendmachung eines Ermessensmissbrauchs beschränkt.[1204] In der Sache kann mithin nicht mehr vorgetragen und der der Entscheidung zugrundeliegende Vorwurf nicht mehr entkräftet werden.

d) Cross Debarment

Der Ausschluss eines *Respondent* von der Geschäftstätigkeit der Bank hat nicht nur zwischen diesen beiden Parteien Auswirkungen. Vielmehr führt eine solche Entscheidung in der Regel auch zu einem Ausschluss von Projekten mit vier weiteren führenden internationalen Entwicklungsbanken, namentlich der *AfDB*, der *ADB*, der *EBRD* und der *IDB.*[1205] Genauso hält sich die Weltbank an die durch diese anderen vier Entwicklungsbanken ausgesprochenen Ausschlüsse von Personen und Unternehmen.[1206] Hinsichtlich Verstößen, die noch nicht durch eine der anderen Entwicklungsbanken sanktioniert wurden, kann jede der Banken zusätzliche und unabhängige Sanktionsverfahren einleiten.[1207] Dieser quasi automatische Ausschluss von Projekten der genannten Banken kann damit für Unternehmen, die einen Schwerpunkt in entwicklungsrelevanten Branchen

---

1202 *Harker/Castellano*, Briefing Papers, Iss. 17-3 (February 2017), S. 1 (7).

1203 Ebd.

1204 *The World Bank*, The World Bank Group's Sanctions Regime: Information Note, S. 22.

1205 *The World Bank*, OSD Report 2007-2015, S. 17; *Deming*, The International Lawyer, Vol. 44, No. 2 (Summer 2010), S. 871 (883).

1206 Vgl. *Zimmermann/Fariello* in: Travers, Serious Economic Crime, S. 65; *Yukins*, George Washington International Law Review, Vol. 45 (2013), S. 219 (221).

1207 Art. 4 Agreement for Mutual Enforcement of Debarment Decisions.

haben, existenzbedrohende Auswirkungen haben.[1208] Im Geschäftsjahr 2017 wurden 84 Parteien wegen Sanktionen durch eine der anderen Entwicklungsbanken auch von der Tätigkeit der Weltbank ausgeschlossen.[1209]

Sofern ein Marktteilnehmer von einer der Banken gesperrt wurde, können die übrigen vier nur dann davon absehen, dieser Entscheidung zu folgen, wenn der Ausschluss unter einer Dauer von einem Jahr liegt oder mit den rechtlichen und politischen Erwägungen einer Bank nicht in Einklang gebracht werden kann.[1210] Auch eine nur vorläufige Suspendierung zieht nicht das scharfe Schwert des *Cross Debarment* nach sich.[1211]

Das Instrument des *Cross Debarment*, das man auch als „interinstitutionelle Anerkennung" verstehen kann,[1212] geht auf ein Übereinkommen, das *Agreement on Mutual Enforcement of Debarment Decisions* vom 09. April 2010,[1213] zurück und gilt für vier der fünf sanktionsfähigen Praktiken (alle bis auf *Obstructive Practice)*, die in den Regelwerken der einzelnen Institutionen auf Grundlage des Übereinkommens harmonisiert wurden.[1214] Durch dieses Instrument schützen die teilnehmenden Entwicklungsbanken ihre Mittel, ohne notwendigerweise mit der gesperrten Person bzw. dem Unternehmen vorher in auch nur entfernten Kontakt gekommen sein zu müssen. Dies betont gleichzeitig die immense Reichweite, die ein Ausschluss von Projekten durch eine dieser Banken zur Folge haben kann. Denn sofern die Geschäftstätigkeit eines Unternehmens zu einem nicht unerheblichen Teil von Projekten abhängt, die mit von internationalen Entwicklungsbanken bereitgestellten Geldern finanziert werden, kann dies existenzgefährdende Folgen haben.[1215]

1208 *Richter*, CB 2015, S. 291 (297).

1209 *The World Bank Group*, Annual Update INT FY17, S. 43.

1210 Art. 4 Agreement for Mutual Enforcement of Debarment Decisions; vgl. auch *Zimmermann/Fariello* in: Travers, Serious Economic Crime, S. 65 (66).

1211 *Diamant/Sullivan/Smith*, University of Pennsylvania Journal of Business Law, Vol. 18:4, 2016, S. 985 (1001).

1212 *Prieß*, NZBau 2009, S. 587 (588).

1213 *The World Bank*, OSD Report 2007-2015, S. 17; abrufbar unter https://lnadbg4.adb.org/oai001p.nsf/0/F77A326B818A19C548257853000C2B10/$FILE/cross-debarment-agreement.pdf.

1214 https://lnadbg4.adb.org/oai001p.nsf; siehe auch *Zimmermann/Fariello* in: Travers, Serious Economic Crime, S. 65 (69); *Deming*, The International Lawyer, Vol. 44, No. 2 (Summer 2010), S. 871 (883).

1215 *Diamant/Sullivan/Smith*, University of Pennsylvania Journal of Business Law, Vol. 18:4, 2016, S. 985 (990).

e) Blacklisting

Seit Januar 2009 veröffentlicht die Weltbank ausnahmslos die Namen aller Personen und Unternehmen, über die ein Ausschluss von der Teilnahme an Bankprojekten verhängt wurde.[1216] Dies gilt auch für solche *Respondents*, die von einer der anderen internationalen Entwicklungsbanken gesperrt wurden, was seitens der Weltbank im Wege des *Cross Debarment* zu berücksichtigen ist.[1217] Die Liste ist durch jedermann einsehbar[1218] und hat daher für die Reputation einer gesperrten Person bzw. eines Unternehmens unter Umständen gravierende Folgen, da diese als „gebrandmarkt" gelten.[1219]

f) Sonstige Auswirkungen

Auch die weiteren Auswirkungen, die Sanktionen (faktisch) nach sich ziehen, haben durchaus weitreichende, unter Umständen gar existenzgefährdende Folgen und sind daher von den betroffenen *Respondents* sowie ihrer Verteidigung im Blick zu behalten.

(i) Weitergabe von Informationen an nationale Behörden

Die Weltbank hat in ihren Statuten niedergelegt, dass sie Erkenntnisse, die sie in ihren Untersuchungen gesammelt hat, an nationale Behörden weitergibt, um durch diese eine strafrechtliche Verfolgung des Fehlverhaltens zu ermöglichen.[1220] Dies macht den Kampf gegen Korruption, dem sich die Bank

---

1216 http://web.worldbank.org/WBSITE/EXTERNAL/NEWS/0,,contentMDK:22030864~pagePK:34370~piPK:34424~theSitePK:4607,00.html?cid=ISG_E_WBWeeklyUpdate_NL.

1217 http://web.worldbank.org/external/default/main?theSitePK=84266&contentMDK=64069844&menuPK=116730&pagePK=64148989&piPK=64148984.

1218 Vgl. http://web.worldbank.org/external/default/main?theSitePK=84266&content MDK =64069844&menuPK=116730&pagePK=64148989&piPK=64148984.

1219 *Moosmayer*, Compliance, 3. Aufl. 2015, Kap. B. II. 2. Rn. 45; vgl. auch *Deming*, The International Lawyer, Vol. 44, No. 2 (Summer 2010), S. 871 (872).

1220 Sect. III, Part A., Art. X, §§ 10.03 (a), 10.04 World Bank Sanctions Procedures; *Fariello/Bo* in: Wouters/Ninio/Doherty/Cissé, The World Bank Legal Review Vol. 6, S. 429; *Diamant/Sullivan/Smith*, University of Pennsylvania Journal of Business Law, Vol. 18:4, 2016, S. 985 (990); *Prieß*, NZBau 2009, S. 587 (588); *Boisson de Chazournes/Fromageau*, The European Journal of International Law, Vol. 23 No. 4 (2012), S. 963 (971); *Deming*, The International Lawyer, Vol. 44, No. 2 (Summer 2010), S. 871 (881); *Richter*, CB 2015, S. 291 (297 f.).

verschrieben hat, effizienter, da nationale Verfolgungsbehörden über diejenigen Hoheitsrechte verfügen, die der Weltbank fehlen.[1221] Andererseits erlangt die Bank oftmals Kenntnisse von Sachverhalten, die aufgrund ihrer Internationalität nationalen Behörden vielfach verschlossen bleiben.[1222] Die Zusammenarbeit stellt sich mithin als wichtig(st)es Element des Engagements gegen Korruption dar.[1223] Interessant ist eine Zusammenarbeit mit nationalen Behörden vor allem in Fällen, in denen diese beispielsweise die Rückerlangung verlorener Gelder forcieren können.[1224]

Bislang hat die Weiterleitung von Informationen an nationale Behörden zur Verfolgung und Anklage von insgesamt 64 Individuen geführt.[1225] Im Geschäftsjahr 2016 wurden in weiteren 62 Fällen Informationen an nationale Behörden, insbesondere an Finanzministerien, weitergegeben.[1226] Im Jahr 2017 erfolgte dies in 32 weiteren Fällen.[1227] Insgesamt hat die Weltbank während der letzten Jahre 456 Fälle an Behörden in 101 verschiedenen Ländern abgegeben.[1228] Diese Form der Kooperation führt dazu, dass sich die Situation für Betroffene nochmals zuspitzt, da nicht mehr nur einseitige Repression durch die Weltbank zu erwarten ist.[1229]

Neben strafrechtlichen Verfahren hat die Information von nationalen Stellen noch weitere Auswirkungen. Einige Regierungen und nationale Behörden nehmen die Untersuchungsergebnisse der Weltbank zum Anlass, Verträge mit von der Bank sanktionierten *Respondents* zu beenden, Rechtsstreite zu führen und diese von Ausschreibungen auszuschließen.[1230] Dabei stützen sie ihre

---

1221 Vgl. *The World Bank Group*, Annual Update INT FY16, S. 12; Supreme Court of Canada, World Bank Group v. Wallace, 2016 SCC 15, [2016] 1 S.C.R. S. 207 (218).

1222 Ebd.

1223 Vgl. auch *Hostetler*, Yale Human Rights and Development Journal, Vol. 14, Iss. 1 (2011), S. 231 (271).

1224 *Richter*, CB 2015, S. 291 (298).

1225 *The World Bank Group*, Annual Update INT FY16, S. 13.

1226 Ebd.

1227 Ebd.

1228 *The World Bank Group*, Annual Update INT FY17, S. 5.

1229 *Richter*, CB 2015, S. 291 (297 f.).

1230 *The World Bank Group*, Annual Update INT FY16, S. 13; *Deming*, The International Lawyer, Vol. 44, No. 2 (Summer 2010), S. 871 (872); *Dickinson/Lammers/Heavener*, Implications of the World Bank Sanctions Regime for International Business (2014). Beachte hier auch das Beispiel *Millennium Challenge Corporation*, eine Entwicklungsorganisation der US-Regierung, die Individuen und Unternehmen, die von der Weltbank gesperrt wurden, auch von ihren Ausschreibungen ausschließt (vgl. Fn. 4).

Entscheidungen nicht nur auf die von der Bank gefundenen und an sie weitergegebenen Tatsachen, sondern lassen sich häufig auch unmittelbar von der jeweiligen Entscheidung der Weltbank leiten.[1231] Dies zeigt, dass auch in vergaberechtlicher Hinsicht die Erklärung eines Ausschlusses durch die Weltbank weite Kreise ziehen kann.

Aufgrund einer wegweisenden Entscheidung des *Canadian Supreme Court* aus dem Jahre 2016 hat sich die Weltbank entschlossen, auch die Informationen, die sie aus *INT*-Ermittlungen erhält, verstärkt an nationale Behörden weiterzugeben.[1232] Aufgrund dieses neuen Ansatzes sollen letztere früher von laufenden und beendeten Untersuchungen durch *INT* informiert und mit ihnen die erlangten Beweismittel und darüber hinausgehende Informationen geteilt werden.[1233] Die Entscheidung des *Canadian Supreme Court* ist deshalb so signifikant, da sie die Bedeutung der Kooperation von internationalen Finanzinstitutionen und nationalen Verfolgungsbehörden im Kampf gegen Korruption herausstellt. Damit scheint sie die angesprochenen Bemühungen der Weltbank zu noch engerer Kooperation mit nationalen Behörden angestoßen zu haben. In der Entscheidung heißt es konkret:

> *"Corruption is a significant obstacle to international development. It undermines confidence in public institutions, diverts funds from those who are in great need of financial support, and violates business integrity. Corruption often transcends borders. In order to tackle this global problem, worldwide cooperation is needed. When international financial organizations, such as the appellant World Bank Group, share information gathered form informants across the world with the law enforcement agencies of member states, they help achieve what neither could do on their own. As this Court recently affirmed, ‚International organizations are active and necessary actors on the international stage'".*[1234]

(ii) Reputationsschäden

Durch die Veröffentlichung von Ausschlussentscheidungen deklariert die Weltbank, welche Individuen und Unternehmen sie als ungeeignete und unverantwortliche Geschäftspartner ansieht.[1235] Es liegt auf der Hand, welche Folgen dies

---

1231 *Prieß*, NZBau 2009, S. 587 (588).

1232 *The World Bank Group*, Annual Update INT FY16, S. 13.

1233 Ebd.

1234 Supreme Court of Canada, World Bank Group v. Wallace, 2016 SCC 15, [2016] 1 S.C.R. S. 207 (218).

1235 *Majtan*, The George Washington International Law Review, Vol. 45, No. 2 (2013), S. 291 (325); *Canni*, Public Contract Law Journal, Vol. 40, No.1 (Fall 2010), S. 147 (149).

für die Reputation und die Stellung eines solchen gesperrten *Respondents* auf dem Markt hat. Manche Akteure haben daher größeren Respekt vor der öffentlichen und damit rufschädigenden Wirkung von Sanktionen der Weltbank, als vor den Sanktionen selbst.[1236] Wie drastisch sich eine Sanktion der Bank auf den Wert eines Unternehmens auswirken kann, zeigt der Fall eines indischen Unternehmens, welches 150 Millionen US-Dollar Marktwert einbüßte.[1237]

(iii) Schädigung von Geschäftsbeziehungen zu Dritten

Dass ein Ausschluss von Weltbank-Projekten nicht nur Auswirkungen auf das Verhältnis von *Respondent* zu der Bank hat, zeigt sich besonders deutlich daran, dass ein solcher auch für dritte Geschäftspartner bei der Entscheidung, ob man eine Geschäftsbeziehung mit einem solchen gesperrten Unternehmen beginnen bzw. aufrechterhalten sollte, ausschlaggebend sein kann.[1238] Einige Unternehmen führen turnusmäßige Evaluierungen im Rahmen einer *Due Diligence* ihrer Geschäftspartner durch, bei denen sie auch die öffentlichen Ausschlusslisten der Weltbank miteinbeziehen.[1239] Unter Umständen können auch Berichtspflichten gegenüber Banken und anderen Finanzinstituten bestehen, welche dem *Respondent* Betriebskapital zur Verfügung stellen.[1240]

Ferner können Sanktionen Unternehmenstransaktionen behindern, weil aufgrund der Regularien der Bank eine Erstreckung dieser auf Käufer oder Rechtsnachfolger droht.[1241] Auch das Tagesgeschäft kann durch Sanktionierungen gestört werden.[1242] Dies ist beispielsweise dann der Fall, wenn sich ein gesperrter *Respondent* in einem mit Privatmitteln finanzierten Projekt einzubringen beabsichtigt und dieses unter Umständen in der Zukunft auch mit Mitteln der

1236 *Fariello/Bo* in: Wouters/Ninio/Doherty/Cissé, The World Bank Legal Review Vol. 6, S. 420.

1237 *Richter*, CB 2015, S. 291; *Sabin/Barton/Cronin*, ABA Criminal Justice Section Global Anti-Corruption Task Force, S. 4.

1238 *Richter*, CB 2015, S. 291 (297); *Harker/Castellano*, Briefing Papers, Iss. 17-3 (February 2017), S. 1 (2); *Søreide/Gröning/Wandall*, Chicago Journal of International Law, Vol. 16, No. 2 (2016), S. 525 (536).

1239 *Ellis*, International Law News, Vol. 43, No. 1 (Winter 2013); *Diamant/Sullivan/Smith*, University of Pennsylvania Journal of Business Law, Vol. 18:4, 2016, S. 985 (991).

1240 *Harker/Castellano*, Briefing Papers, Iss. 17-3 (February 2017), S. 1 (3).

1241 *Diamant/Sullivan/Smith*, University of Pennsylvania Journal of Business Law, Vol. 18:4, 2016, S. 985 (991).

1242 Ebd.

Weltbank gefördert wird.[1243] In solchen Fällen ist ungeklärt, unter welchen Voraussetzungen die Bank eine Teilnahme an dem Projekt gestatten würde.[1244] Letztlich droht durch eine Sanktion, dass ein *Respondent* eine Isolierung am Markt erfährt.[1245]

(iv) Wettbewerbsbeschränkende Wirkungen

Der Ausschluss von Teilnehmern beeinträchtigt nicht nur deren Geschäftstätigkeit. Gerade in Märkten, in denen es nur wenige qualifizierte Anbieter gibt, kann eine Sperre auch die Tätigkeit der Bank und ihrer Kreditnehmer beeinträchtigen.[1246] Schließlich wird auf diese Art und Weise der Kreis tauglicher Wettbewerber verkleinert, was wettbewerbsbeschränkende Wirkungen nach sich zieht.[1247] Dies kann im Einzelfall einschneidende Auswirkungen für angestrebte Entwicklungsziele haben, da nicht zwingend nur die besten Teilnehmer im Markt verbleiben.[1248] Verschlechterungen für die Entwicklung des Preis-Leistungsverhältnisses sind in diesen Konstellationen zu befürchten.[1249] Daher mag ein Ausschluss einer Person oder eines Unternehmens zwar im Einklang mit dem treuhänderischen Auftrag der Bank stehen. In bestimmten Märkten,

---

1243 *Diamant/Sullivan/Smith*, University of Pennsylvania Journal of Business Law, Vol. 18:4, 2016, S. 985 (992).

1244 Ebd.

1245 *Richter*, CB 2015, S. 291 (297).

1246 *Majtan*, The George Washington International Law Review, Vol. 45, No. 2 (2013), S. 291 (294); *Fariello/Bo* in: Wouters/Ninio/Doherty/Cissé, The World Bank Legal Review Vol. 6, S. 420 f.

1247 *Harker/Castellano*, Briefing Papers, Iss. 17-3 (February 2017), S. 1 (2); *Fariello/Bo* in: Wouters/Ninio/Doherty/Cissé, The World Bank Legal Review Vol. 6, S. 421; *Søreide/Gröning/Wandall*, Chicago Journal of International Law, Vol. 16, No. 2 (2016), S. 525 (541). Daher vertreten einige Stimmen die Auffassung, dass es sinnvoller sei, ein System der Selbstreinigung zu belohnen und von Sperrungen abzusehen, wenn ein *Respondent* zu ernst gemeinten rehabilitativen Maßnahmen greift. Dadurch sei es möglich, einen größeren Kreis tauglicher Bewerber zu erhalten, der wiederum für größeren Wettbewerb und dadurch zu besseren Ergebnissen führt, vgl. *Majtan*, The George Washington International Law Review, Vol. 45, No. 2 (2013), S. 291 (294, 338 ff.).

1248 *Fariello/Bo* in: Wouters/Ninio/Doherty/Cissé, The World Bank Legal Review Vol. 6, S. 421 m.w.N.

1249 *Søreide/Gröning/Wandall*, Chicago Journal of International Law, Vol. 16, No. 2 (2016), S. 525 (541).

oft sind dies Entwicklungsländer,[1250] führt dies jedoch dazu, dass durch die Verkleinerung des Wettbewerberkreises dem Entwicklungsauftrag, den die Bank ebenso zu erfüllen hat, unzureichend gedient werden kann.[1251] Anzumerken ist, dass sich der wettbewerbsbeschränkende Effekt von *Debarments* in den letzten Jahren verringert hat, da immer weniger unbegrenzte Ausschlüsse erklärt werden.[1252] Die Mehrzahl der Suspendierungen beläuft sich mittlerweile auf drei Jahre.[1253]

Eine Lösung für Fälle, in denen es auch der Bank unliebsam ist, einen Wettbewerber zu sperren, könnte wie folgt ausgestaltet sein: Teilnehmer, die insgesamt kein Risiko für die treuhänderischen Pflichten der Bank darstellen, werden nicht gesperrt.[1254] Dies ist insbesondere vor dem Hintergrund, dass Unternehmen nach dem Modell der Geschäftsherrenhaftung für jegliche Zuwiderhandlung ihrer Mitarbeiter haften und damit ein Ausschluss schnell droht, zu betrachten.[1255] Es wäre jedenfalls überlegenswert, ob es – um wettbewerbsschädigende Wirkungen zu vermeiden – im Einzelfall nicht ausreicht, einem Unternehmen, das als Ganzes kein Risiko für die treuhänderischen Verpflichtungen der Weltbank darstellt, nur solche Maßnahmen aufzugeben, die der Beseitigung des Risikos dienen - etwa die Entlassung eines mutwillig agierenden Mitarbeiters. Solche Einzelfallentscheidungen, in denen ein Abwägen im Sinne des Verhältnismäßigkeitsgrundsatzes Raum finden könnte, sieht das Recht der Weltbank derzeit jedoch nicht vor.

Weitere mögliche Negativauswirkungen auf den Wettbewerb kann ein Ausschluss dadurch haben, dass durch eine Verkleinerung ohnehin schon kleiner

---

1250 *Søreide/Gröning/Wandall*, Chicago Journal of International Law, Vol. 16, No. 2 (2016), S. 525 (542).

1251 *Fariello/Bo* in: Wouters/Ninio/Doherty/Cissé, The World Bank Legal Review Vol. 6, S. 421.

1252 *Boisson de Chazournes/Fromageau*, The European Journal of International Law, Vol. 23 No. 4 (2012), S. 963 (970).

1253 Dies wird als Reaktion auf den *Thornburgh-Report* gesehen, der empfahl, wichtige Marktteilnehmer nicht dauerhaft von Geschäften der Weltbank auszuschließen, vgl. *Boisson de Chazournes/Fromageau,* The European Journal of International Law, Vol. 23 No. 4 (2012), S. 963 (970).

1254 Vgl. *Fariello/Bo* in: Wouters/Ninio/Doherty/Cissé, The World Bank Legal Review Vol. 6, S. 421.

1255 Ebd.

Märkte kollusive Absprachen zwischen den verbleibenden Teilnehmern vereinfacht werden.[1256]

g) *Zwischenfazit*

Die vorangegangenen Ausführungen zeigen, dass die Reichweite von Sanktionen immens sein kann. Daher ist es Unternehmen, die mit Entwicklungsbanken zusammenarbeiten oder dies anstreben, dringend zu empfehlen, funktionierende CMS zu implementieren und diese auf die Anforderungen der Weltbank abzustimmen.[1257] Da auch nationale Behörden zunehmend Sanktionen der Bank für ihre Entscheidungen als relevant ansehen, lohnen sich Compliance-Anstrengungen auch in dieser Hinsicht. Dabei sollten entsprechende Programme – sofern sie noch gänzlich fehlen – zügig eingesetzt bzw. bestehende Systeme angepasst werden. Schließlich wird demjenigen Marktteilnehmer regelmäßig größeres Vertrauen beigemessen, der den Richtlinien der Weltbank bereits erfolgreich seit längerer Zeit entspricht, als demjenigen, der dies erst kurzfristig und damit möglicherweise nur zum Schein tut.[1258]

X. Kritik

Das Sanktionssystem ist nach alledem ein sehr umfassend ausgestaltetes Instrument zur Bewältigung der Risiken, denen Investitionen der Weltbank ausgesetzt sind. Allerdings könnten Verbesserungen an einigen Stellen des Systems dazu führen, dass die Weltbank den selbst gesetzten Rechtsstaatlichkeitsmaßstäben und dem Ziel möglichst erfolgreicher Entwicklungsarbeit (noch) stärker gerecht wird.

1. Bestimmtheit der Sanktionstatbestände

So erscheinen die sehr weit formulierten und interpretierten Sanktionstatbestände[1259] im Hinblick auf ihre Bestimmbarkeit als problematischer Faktor.

1256 *Ebd.*; vgl. *Søreide/Gröning/Wandall*, Chicago Journal of International Law, Vol. 16, No. 2 (2016), S. 525 (541) auch bzgl. der Verstärkung kollusiver Abreden zwischen korrupten Beamten und Auftragnehmern.

1257 *Deming*, The International Lawyer, Vol. 44, No. 2 (Summer 2010), S. 871 (884 f.).

1258 *Deming*, The International Lawyer, Vol. 44, No. 2 (Summer 2010), S. 871 (885).

1259 *Williams*, Public Contract Law Journal, Vol. 36, No. 3 (Spring 2007), S. 277 (288); *Diamant/Sullivan/Smith*, University of Pennsylvania Journal of Business Law, Vol. 18:4, 2016, S. 985 (992).

Ausgangspunkt dieser Betrachtung ist die Frage, ob sich die Tatbestände des Sanktionssystems am Bestimmtheitsgebot überhaupt messen lassen müssen. Dies zu verneinen liegt zunächst nahe, da das Sanktionssystem privatrechtlich ausgestaltet ist. Wer sich dem Regime nicht unterwerfen will,[1260] kann sich dagegen entscheiden, indem er schlicht nicht an Weltbank-finanzierten Projekten teilnimmt.

Oftmals ist die Beteiligung der Weltbank an Projekten jedoch für Auftragnehmer, gerade wenn sie einen nur untergeordneten Beitrag etwa als Subunternehmer erbringen, nicht offensichtlich.[1261] Dennoch genügen marginale Tätigkeiten, um den Anwendungsbereich des Sanktionssystems zu eröffnen. Dies zeigt, dass es sich oftmals gerade nicht um eine bewusste Entscheidung handelt, sich dem Regime zu unterwerfen. Einer solchen bedarf es ferner nicht zwingend, da es der Weltbank wegen der im Privatrecht geltenden Privatautonomie freisteht, in ihren Augen ungeeignete Geschäftspartner von künftigen Projekten auszuschließen und diese Entscheidung öffentlich bekannt zu machen.[1262]

Gegen eine Geltung des Bestimmtheitsgebots im Wirkungsbereich des Sanktionssystems spricht ferner, dass sich dieses grundsätzlich an den (nationalen) Gesetzgeber richtet und ihn zwingt, Normen so bestimmt zu formulieren, wie dies nach der Eigenart der zu ordnenden Lebenssachverhalte und unter Beachtung des Normzwecks möglich ist.[1263] Zu argumentieren, dass die Weltbank kein staatlicher Gesetzgeber und damit kein Adressat des Bestimmtheitsgebots ist, verfängt jedoch nicht. Bei der Weltbank handelt es sich zwar um eine Bank. Allerdings ist sie auch ein Völkerrechtssubjekt,[1264] welches verpflichtet ist allgemeine rechtsstaatliche Grundsätze, wie das Bestimmtheitsgebot,[1265] zu achten.[1266] Ferner übt die Weltbank, beispielsweise durch Umsiedelungen im Rahmen großer Infrastrukturprojekte, in zunehmend starkem Maße hoheitliche

1260 Siehe zur Unterwerfung von Auftragnehmern unter den Sanktionsprozess oben E. IV.

1261 Siehe hierzu ebenfalls zuvor E.IV.

1262 *Leroy*, Advisory Opinion on Certain Issues Arising in Connection with Recent Sanctions Cases, Opinion No. 2010/01, S. 8 unter 33; *Richter*, CB 2015, S. 291 (293).

1263 So schon BVerfG NJW 1982, S. 1275; WM 2000, S. 2494 (2496), NVwZ 2012, S. 1468 (1474).

1264 Siehe D.VII.1.

1265 BVerfG NVwZ 2003, S. 1241 (1247); NJW 2005, S. 126; vgl. auch *Di Fabio* in: Maunz/Dürig, GG, Art. 2 Abs. 1 Rn. 27 sowie *Antoni* in: Hömig/Wolf, GG, Art. 20 Rn. 12.

1266 Vgl. *Pignatelli/Irmsche* in: Benkard, Europäisches Patentübereinkommen, Artikel 13 Rn. 16.

Gewalt auch über Individuen aus.[1267] Angesichts dessen ist ihr Handeln zunehmend als öffentliche Angelegenheit zu betrachten, sodass dieses sich auch an grundlegenden Rechtsgrundsätzen messen muss.

Aufgrund der Geltung des Bestimmtheitsgebots auch außerhalb des durch den nationalen Gesetzgeber gesetzten Strafrechts[1268] ist bei der Erörterung, ob etwaige Normen einem Mindeststandard an Bestimmtheit entsprechen, die Intensität der Einwirkung auf den Kreis der Betroffenen maßgeblich.[1269] Mangels entsprechender Zwangsbefugnisse kann die Weltbank zwar keine Geldbußen oder Strafen im eigentlichen Sinne aussprechen. Dennoch ist nicht zu verkennen, dass der drohende Ausschluss von Projekten der fünf größten Entwicklungsbanken sowie der massive Reputationsverlust durch die öffentliche Bekanntmachung von Sanktionen auf der Homepage der Weltbank die wirtschaftliche Existenz eines *Respondent* kosten und damit im Zweifel eine staatlichen Sanktionen mindestens entsprechende Wirkung entfalten kann. Dies gilt insbesondere vor dem Hintergrund, dass die Sanktionsentscheidungen der Weltbank als Richtschnur für eine zunehmende Zahl von staatlichen und privaten Akteuren bei Vergabeentscheidungen oder der sonstigen Auswahl von Geschäftspartnern herangezogen werden.[1270] Die Eingriffsintensität von Sanktionen nach den *Sanctions Procedures* ist daher erheblich, sodass auch gesteigerte Anforderungen an die Bestimmtheit der Sanktionstatbestände zu stellen sind.

Das Bestimmtheitsgebot verlangt, dass Betroffene mit zumutbarem Aufwand feststellen können, ob die tatsächlichen Voraussetzungen eines Tatbestands vorliegen.[1271] Dies ist im Hinblick auf die Sanktionstatbestände nur bedingt gegeben. Zum einen weisen sie generell eine sehr weite Formulierung auf. Zum anderen wird, zum größtmöglichen Schutz für die Investitionen der Weltbank, im Zweifel eine breite Interpretation herangezogen.[1272]

1267 *Dann*, Die Verwaltung 44 (2011), S. 313 (315 f.).

1268 BVerfG NVwZ 2003, S. 1241 (1247); NJW 2005, S. 126; *Huster/Rux* in: BeckOK GG, Art. 20 Rn. 182. Besondere Relevanz hat das Bestimmtheitsgebot vor allem in Bereichen, in denen erforderlich ist, dass keine einseitigen ungerechtfertigten Beurteilungsspielräume entstehen, die zu Vertragsstrafen und ähnlichem führen, vgl. *Kniffka* in: ders./Koeble, Kompendium des Baurechts, 7. Teil Rn. 65 sowie *Schönhöft* in: Grobys/Panzer-Heemeier, Stichwortkommentar Arbeitsrecht, "Vertragsstrafe" Rn. 15 zu § 307 Abs. 1 Satz 2 BGB, in dem das Bestimmtheitsgebot im Zivilrecht explizit verankert ist, siehe hierzu auch *Müller-Glöge* in: MüKo BGB, § 611 Rn. 1050.

1269 Vgl. BVerfG NJW1982, S. 1275.

1270 Vgl. zuvor E.IX.5.f)(iii).

1271 Vgl. BVerfG NJW1982, S. 1275; NJW 2004, S. 2213 (2216).

1272 Vgl. *Richter*, CB 2015, S. 291 (294) sowie zuvor E.VIII.7.

Zwar bieten der im Jahre 2011 veröffentlichte *Law Digest* sowie die seitdem veröffentlichten Entscheidungen des *Sanctions Board* zu einem gewissem Maße Orientierung dafür, was als sanktionswürdig erachtetes Verhalten angesehen wird. Allerdings sind teilweise wesentliche Fragen ungeklärt,[1273] was bisweilen große Rechtsunsicherheit nach sich zieht. Dies ist angesichts der erheblichen negativen Folgen von Sanktionen der Weltbank unverhältnismäßig. Zusätzlich ist zu erwarten, dass künftig zugunsten des weitest möglichen Investitionsschutzes eine Bandbreite weiterer, neuer Verhaltensweisen unter die Sanktionstatbestände subsumiert werden wird. Dass es im Übrigen nicht genügt, Auftragnehmer darauf zu verweisen, dass sie sämtliche Verhaltensweisen zu unterlassen haben, die sich potentiell negativ auf die Investitionen der Weltbank auswirken können, erklärt sich von selbst.

Daher ist es angezeigt, dass die Weltbank Leitlinien herausgibt, die offene Fragen klären, und gewisse Grenzen der Interpretation der zur Zeit bestehenden Tatbestände vorgibt, um eine Antizipierbarkeit negativer Rechtsfolgen für Geschäftspartner der Weltbank zu ermöglichen.

2. Sanktionen nur bei Gefahr für Weltbank-Investitionen

Kritikwürdig ist ferner, dass Sanktionen nur in Fällen verhängt werden, in denen zum einen mindestens einer der fünf materiellen Tatbestände des Sanktionssystems erfüllt ist und zum anderen festgestellt wird, dass Investitionen der Weltbank durch dieses Verhalten mindestens gefährdet wurden.[1274] Der Fokus auf unmittelbare eigene Gefährdungen ist zwar nachvollziehbar, er verpasst aber die

1273 Beispielhaft sei hier angeführt, dass etwa eine Definition von *Anything of Value* beim Tatbestand der *Corrupt Practice* (siehe oben E.VIII.2.a).) und der Tatbestandsmerkmale *Misrepresentation* oder *Omission* bei Tatbestand *Fraudulent Practice* fehlt. Ferner sind die Anforderungen an die subjektive Tatseite bei den meisten Sanktionstatbeständen ungeklärt (vgl. E.VIII.2.e). und E.VIII.4.d).). Wenig Instruktion besteht ferner hinsichtlich des Tatbestands der *Coercive Practice*, vgl. hierzu E.VIII.5. Vgl. auch *Dubois/Nolan*, The Yale Journal of International Law Online, Vol. 26 (Fall 2010), S. 15 (20), die darauf rekurrieren, dass zur Beantwortung offener Fragen bzgl. der Sanktionstatbestände nach Bedarf allgemeine Rechtsprinzipien auch aus nationalen Rechtssystemen herangezogen werden. Dies gibt freilich, angesichts der Bandbreite verschiedener nationaler Regelungen und der Unvorhersehbarkeit, wann ein Bedarf nach Zuziehung externen Rechts für gegeben erachtet wird, ebenfalls nur wenig Orientierung. Siehe zum Umgang mit Regelungslücken zuvor E.VIII.9.

1274 Vgl. *Kölbel*, MSchrKrim 2008, S. 22 (33) zur Beeinflussung des durch Unternehmen autonom gesetzten Rechts durch (Wirtschafts-)Interessen.

Chance, auch mittelbare Beeinträchtigungen zu bekämpfen und dadurch nicht nur – aber auch – die Interessen der Weltbank langfristig und umfassend zu schützen.

Selbstverständlich benötigt die Weltbank einen Bezug zu den von ihr finanzierten Projekten, um Auftragnehmer sanktionieren zu können. Abseits dieser Projekte fehlt ihr schlicht ein Mandat zur Aufklärung und Verfolgung von Unregelmäßigkeiten. Allerdings könnte die Weltbank ihre selbst propagierte globale Führungsrolle bei der Vorantreibung von Integrität und der Bekämpfung von Korruption[1275] stärken und ausbauen, indem sie Verfahren auch in den Fällen führt, in denen Fehlverhalten von Auftragnehmern zwar im Zusammenhang zu einem Weltbank-finanzierten Projekt steht, allerdings – für die Weltbank jedenfalls – nicht unmittelbar investitionsgefährdend war.

Dies würde ein hohes Schutzniveau für alle Beteiligten eines Weltbank-Projekts schaffen, was sich wiederum förderlich auf das Projekt und damit die Haupttätigkeit der Weltbank – die Entwicklungsarbeit – auswirken würde. Ein Auftragnehmer, der sich dem Schutz des Sanktionssystems gewahr ist, läuft weniger in Gefahr, von unredlichen Auftragnehmern in der Kette von Werk- und Dienstleistungen, die bei einem Projekt anfallen, geschädigt zu werden. Solche Verluste sind wiederum geeignet, die Leistungsfähigkeit und -bereitschaft bei geschädigten Mitwirkenden erheblich zu mindern. Wenn auch für die Mitwirkenden die Möglichkeit besteht, das Sanktionssystem zum eigenen Schutz einzusetzen, entsteht eine neue Motivation, unlauteres Verhalten anzuzeigen, was den Ausschluss ungeeigneter Auftragnehmer weiter fördert. Dies steht letztlich im ureigenen Interesse der Weltbank, deren Projekte und Investitionen von solcherlei Partnern gefährdet werden.

Eine Ausweitung des Anwendungsbereichs des Sanktionssystems auf alle Fälle, in denen Verhalten im Sinne der fünf *Sanctionable Practices* im Zusammenhang mit einem Weltbank-finanzierten Projekt festgestellt wird, ist schließlich vor dem Hintergrund der besonderen Stellung der Weltbank als Internationale Organisation zu betrachten. Aufgrund dieser herausgehobenen Position ist es ihr zumutbar, dass sie den Blick von sie unmittelbar schädigende auf mittelbar nachteilige Verhaltensweisen erweitert. Nachteilige Effekte kommen ferner in Bezug auf lokale Wirtschaftsteilnehmer in Betracht. Wenn diese geschwächt werden, wirkt sich dies auf die wirtschaftliche Umgebung eines Projektes und unter Umständen auch auf selbiges aus.

1275 *The World Bank Group*, Annual Update INT FY17, S. II (Innenseite Cover).

Schließlich findet die vorgeschlagene Ausweitung des Anwendungsbereichs des Sanktionssystems ihre Rechtfertigung darin, dass die Weltbank, anders als rein privatwirtschaftliche Banken, ihren Erfolg nicht nur an Gewinnen misst, sondern an den positiven Veränderungen, die ihre Projekte mit sich bringen. Deren Erfolg hängt jedoch maßgeblich von der Qualität der involvierten Auftragnehmer ab, sodass alle verhältnismäßigen Maßnahmen ergriffen werden sollten, um ungeeignete Personen und Unternehmen zu erkennen und auszusortieren. Hierzu würde die angesprochene Erweiterung des Anwendungsbereichs des Sanktionssystems einen spürbaren Beitrag leisten. Dieser Vorschlag steht letztlich auch im Einklang mit dem eigenen Verständnis der Weltbank, dass das Sanktionssystem immer weniger zur Durchsetzung rein unternehmerischer Entscheidungen, sondern zunehmend als *Rule-of-Law*-Vehikel eingesetzt wird.[1276]

3. Verteidigung und freiwillige Offenlegung nur für wohlhabende Auftragnehmer

In der Literatur wird kritisiert, dass das Sanktionssystem wenig vermögende *Respondents* benachteiligt.[1277] Aufgrund der weiten Auslegung von Sanktionstatbeständen, der Komplexität des Sanktionsverfahrens und der potentiell schwerwiegenden Folgen eines *Debarment* ist rechtsanwaltliche Beratung für jeden *Respondent* empfehlenswert, wenn nicht gar erforderlich. Ebenso hängt die Aufhebung von Ausschlüssen davon ab, ob funktionierende CMS eingerichtet wurden, welche genauso kostspielig sind. Schließlich ist eine Teilnahme an dem *Voluntary Disclosure Programm*, aufgrund der zwingend vorzunehmenden *Internal Investigation* sowie der Implementierung von CMS, ebenfalls mit hohen Beraterkosten und laufenden Kosten für die Aufrechterhaltung entsprechender CMS-Strukturen verbunden.[1278]

Dass viele meist kleine *Respondents* wirtschaftlich schwach aufgestellt sind und oftmals aus ärmeren Ländern stammen,[1279] führt zu einer weiteren

1276 *Fariello/Daly*, The George Washington International Law Review, Vol. 45, No. 2 (2013), S. 253 (259); *Yukins*, The Government Contractor, Vol. 55, No. 42 (November 2013), § 355, S. 5.

1277 Vgl. *Majtan*, The George Washington International Law Review, Vol. 45, No. 2 (2013), S. 291 (336 Fn. 247).

1278 Vgl. hierzu oben E.IX.1.c)(iii).

1279 Vgl. *Majtan*, The George Washington International Law Review, Vol. 45, No. 2 (2013), S. 291 (336 Fn. 247).

Verstärkung des ohnehin bestehenden wirtschaftlichen Ungleichgewichts und wirkt somit diametral zu den eigentlichen Zielen von Entwicklungsarbeit. Schließlich trägt auch die Mitwirkung lokaler Auftragnehmer an Weltbank-Projekten zum Erfolg oder Misserfolg eines Vorhabens und der längerfristigen Entwicklung der jeweiligen Region bei. Durch unzureichende Ressourcen zur Verteidigung in Sanktionsverfahren bzw. Herbeiführung der Aufhebung einer Sperre durch Implementierung entsprechender Maßnahmen werden, respektive bleiben, jedoch entsprechende *Respondents* von einer Teilhabe am wirtschaftlichen Erfolg eines Projekts ausgeschlossen.

Um diesen Zustand zu beseitigen und für alle gleiche Verteidigungs- und Rehabilitierungsmöglichkeiten zu schaffen, müssten Modelle etabliert werden, die eine Unterstützung finanzschwacher Auftragnehmer ermöglichen. Wenn die Weltbank die Fortentwicklung eines hohen Integritätsstandards wirklich ernst nimmt, darf vor allem die Aufhebung von *Debarments* nicht davon abhängen, ob sich ein *Respondent* die (Beratungs-)Kosten der Etablierung eines CMS leisten kann.

4. Reputationsschutz vs. Projektleistung

Das im Zusammenschluss von Weltbank, *AfDB*, *ADB*, *EBRD* und *IDB* etablierte Werkzeug des *Cross Debarment* bietet einen effizienten Schutz der ganzen Gruppe vor Auftragnehmern, die durch eine dieser Banken gesperrt wurden. Allerdings ist fraglich, ob dies wirklich in jedem Fall der Entwicklungsarbeit förderlich ist. Insbesondere bei *Debarments* im unteren Bereich[1280] erscheint es unverhältnismäßig, einen *Respondent* mehrere Jahre von Projekten gleich mehrerer Entwicklungsbanken zu sperren.[1281]

Gleichzeitig werden durch das Instrument des *Cross Debarment* exponentiell viele Auftragnehmer ausgeschlossen, was in manchen Regionen dazu führt, dass nur noch wenige potentielle Vertragspartner verbleiben. Hinzu kommt, dass letztere bei etwaigen vorherigen Ausschreibungen schon nicht zum Zuge kamen, sodass *Cross Debarment* dazu führen kann, dass nur weniger geeignete oder gar ungeeignete Auftragnehmer für künftige Projekte zur Verfügung stehen. In

1280 Hiervon sind *Debarments* von einem Jahr und weniger nicht erfasst, da diese ohnehin nicht Gegenstand von *Cross-Debarments* sind, vgl. hierzu zuvor E.IX.5.d).

1281 *Yukins*, The Government Contractor, Vol. 55, No. 42 (November 2013), § 355, S. 7; *ders.* George Washington International Law Review, Vol. 45 (2013), S. 219 (232 f.) mit dem Hinweis darauf, dass Cross-Debarment vor dem Hintergrund des Entzugs von standard *Due Process* Schutzmechanismen problematisch ist.

ungünstigen Fällen verursacht *Cross Debarment* folglich eine Verschlechterung der Qualität von Projekten der Entwicklungsbanken zugunsten eines weitest möglichen Reputationsschutzes.[1282]

Um diesem ungewünschten Ergebnis entgegenzusteuern, wäre es wünschenswert, in strukturschwachen Regionen, in denen erfolgreiche Projekte auf wenige qualifizierte Unternehmer angewiesen sind, den jeweiligen Entwicklungsbanken größere Ermessensspielräume bei dem Umgang mit zumindest solchen Auftragnehmern, die sich keine besonders schwerwiegenden Verstöße zu Lasten haben kommen lassen, zu eröffnen. In Betracht kommt etwa, dass den in die ursprüngliche Sanktion nicht involvierten Banken der Weg des *Conditional Non-Debarment*[1283] offensteht, sodass der Auftragnehmer gezwungen wird, bestimmte Compliance-Anforderungen zu erfüllen, sofern er weiterhin für Entwicklungsprojekte in Frage kommen soll. Der Vorteil eines solchen flexibleren Ansatzes wäre, dass ein größerer Hebel besteht, *Respondents* zügig dazu zu bringen, ihre Geschäftspraktiken an vorgegeben Compliance-Maßstäben auszurichten.[1284] Hierdurch würde gleichzeitig der Wettbewerb in manchen Branchen und Regionen nicht zum Erliegen gebracht, was sich wiederum positiv auf die jeweiligen Projekte auswirken würde.

XI. Zwischenfazit

Verhaltensweisen wie Korruption und Betrug führen dazu, dass die mit Geldern der Weltbank finanzierten Projekte bisweilen erheblich gefährdet werden. Zum Schutz ihrer Investitionen hat die Weltbank ein in materieller und prozessualer Hinsicht ausnahmslos ausdifferenziertes gerichtsähnliches Sanktionsverfahren etabliert. Dass dieses an der einen oder anderen Stelle gewiss noch verbesserungsfähig ist, mag sein. Allerdings wird anhand der geübten Kritik deutlich, dass diese keineswegs grundlegend ist oder auf wesentliche Aspekte des Verfahrens abzielt. Es ist mithin zu konstatieren, dass das Regime grundsätzlich geeignet ist, Unregelmäßigkeiten im Zusammenhang mit Weltbank-finanzierten Projekten wirksam entgegenzutreten.

1282 *Yukins*, The Government Contractor, Vol. 55, No. 42 (November 2013), § 355, S. 7.

1283 Siehe hierzu zuvor unter E.IX.5.a)(iii).

1284 Vgl. *Yukins*, George Washington International Law Review, Vol. 45 (2013), S. 219 (232).

F. Analyse und Bewertung des Sanktionssystems

In diesem Abschnitt wird das zuvor beschriebene Sanktionssystem der Weltbank zunächst im Gefüge der zu Anfang aufgezeigten Selbstregulationsformen eingeordnet, um die hinter dem Regime stehende Regulierungstechnik greifbar zu machen. Sodann werden die Vorteile internationaler Selbstregulierung am Beispiel des Weltbank-Sanktionssystems aufgezeigt. Hieran schließt sich der Vorschlag an, das Sanktionssystem als Musterverfahren auf weitere Privatisierungsvorhaben anzuwenden, um in komplexen Branchen und Sachverhaltskonstellationen im In- und Ausland künftig effizientere und sachgerechtere Lösungen im Rahmen eines gerichtsähnlichen Verfahrens anbieten zu können.

I. Einordnung des Sanktionssystems im Gefüge verschiedener selbstregulatorischer Ansätze

In diesem Teil der Arbeit wird untersucht, wie das Sanktionsregime vor dem Hintergrund regulierter und reiner Selbstregulierung zu bewerten ist sowie welche Gemeinsamkeiten und Unterschiede zu den am Anfang[1285] erläuterten Arten von Selbstregulierung bestehen.

1. Eigenständige Festsetzung von Verhaltensvorgaben

Mit der autonomen Festsetzung von Verhaltensvorgaben und der eigenständigen Durchsetzung dieser Vorgaben durch die Weltbank weist das Sanktionssystem ein wesentliches Merkmal reiner Selbstregulierung auf.

Dabei gehen die Regelungen des Sanktionsregimes weit über das hinaus, was durch nationale Strafrechtsnormen[1286] üblicherweise gefordert wird.[1287] Die Verhaltensgebote der *Sanctionable Practices* orientieren sich nicht nur an strafrechtlichen Erwägungen. Vielmehr steht bei der Weltbank vor allem der

---

1285 Siehe hierzu oben C.I. f.

1286 Dies dürfte für jegliche nationalen Regelungen gelten, da die Vorgaben der *Sanctionable Practices* deutlich umfassender und weiter gestaltet sind als dies – auch vor dem Hintergrund des Bestimmtheitsgebots – auf nationaler Ebene möglich wäre.

1287 Vgl. *Kuhlen*, FS Hassemer, S. 875 (888) sowie die sehr weit formulierten Tatbestände der sanktionsfähigen Praktiken beschrieben unten in E.VIII.

Schutz getätigter Investitionen im Vordergrund.[1288] Daher sind nicht alle Sanktionen, die durch die Weltbank ausgesprochen werden, als Ahndung tatsächlich ("klassisch") strafrechtlich relevanten Verhaltens einzuordnen. Vielmehr sind sie eine Reaktion auf die Risiken, denen Investitionen der Weltbank, neben rein wirtschaftlichen und politischen Unwägbarkeiten, ausgesetzt sind.[1289] Hieraus resultiert ein sehr weites Verständnis dessen, was als unzulässige und sanktionswürdige Verhaltensweisen einzustufen ist. Allerdings entspricht auch dies üblichen Erscheinungen reiner Selbstregulierung. Die in entsprechenden Systemen festgesetzten Normen gehen oftmals über das gesetzlich vorgegebene Maß hinaus und geben detaillierter vor, was als Zuwiderhandlung angesehen wird.

2. Außenwirkung

Das Sanktionssystem der Weltbank geht ferner über die Normierung eigener unternehmensinterner Sachverhalte (wie bei regulierten Selbstregulierungsmechanismen wie etwa CMS üblich) hinaus,[1290] was ebenfalls ein Wesensmerkmal reiner Selbstregulierung ist. Das Regelwerk stellt explizite Anforderungen an das Verhalten der Auftragnehmer von Weltbank-finanzierten Projekten und fordert damit eine Abstimmung ihres Geschäftsgebarens auf die Weltbank-Vorgaben und deren Berücksichtigung in ihren jeweiligen CMS. Die Außenwirkung wird ferner deutlich durch die Verhängung (veröffentlichter) Sanktionen, mit denen die Weltbank ihren Anforderungen an die Integrität der Auftragnehmer auch in repressiver Hinsicht Nachdruck verleiht.

3. Fehlende Normvorgaben auf internationaler Ebene

Ein wesentlicher Unterschied zu klassischen Formen der Selbstregulierung etwa im deutschen Recht ist, dass sich das Sanktionssystem der Weltbank, anders als es bei national agierenden Privaten der Fall ist,[1291] nicht in einem vorgegebenen Normenkorsett bewegt und entwickelt hat. Es besteht mithin kein von der öffentlichen Hand umsteckter internationaler Rahmen, an dem sich das System orientieren könnte.

1288 Eine derartige private Strafnormdurchsetzung wird maßgeblich von spezifischen wirtschaftlichen Interessen geprägt, vgl. *Kölbel*, MSchrKrim 2008, S. 22 (33 f.).

1289 Siehe auch *Kuhlen*, FS Hassemer, S. 875 (889) erneut zur FSA.

1290 Vgl. *Kuhlen*, FS Hassemer, S. 875 (886).

1291 Vgl. *Kölbel*, MSchrKrim 2008, S. 22 (28).

Gleichzeitig fehlt es auch an einer die Sanktionstätigkeit der Weltbank überwachenden Institution, die in letzter Konsequenz eingreifen und Verfahren wieder an sich ziehen könnte.[1292] Dies bedeutet gleichzeitig, dass keine Strukturen bestehen, die eine internationale Strafverfolgung im gleichen Maße wie auf nationaler Ebene garantieren würden. Die privatisierte Strafverfolgung durch das Sanktionssystem der Weltbank löst diese Problematik in dem von ihm abgedeckten Bereich und ermöglicht die Aufklärung und Sanktionierung globaler wirtschaftsstrafrechtlicher Verstöße.

Die Motivation zur Selbstregulierung ist bei der Weltbank nur am Rande im rechtlichen Bereich zu suchen. Vielmehr haben wirtschaftliche und politische Gründe dazu geführt, dass sich die Weltbank dazu entschlossen hat, gegen Unregelmäßigkeiten in ihren Projekten vorzugehen. So war und ist einer der maßgeblichen Treiber der Etablierung des Sanktionssystems das Bedürfnis nach Schutz von Investitionen vor schädlichen Verhaltensweisen.[1293] Der treuhänderische Auftrag der Weltbank verpflichtet diese, ihren Mitgliedsstaaten gegenüber glaubhaft zu demonstrieren, dass sie verantwortungsvoll mit den bereitgestellten Geldern umgeht und diese nach Kräften schützt. Hinzu tritt, dass sich viele Mitglieder der Weltbank u.a. zur Bekämpfung von Korruption, bspw. im Rahmen der *OECD*-Konvention zur Bekämpfung von Korruption, verpflichtet haben. Vor diesem Hintergrund würde die Weltbank ihre Daseinsberechtigung verlieren, wenn sie vor korruptem und betrügerischem Verhalten die Augen verschlösse.[1294]

4. Akzeptanz durch Behörden und Gerichte

Anders als bei etablierten Formen der reinen Selbstregulierung[1295] kann bislang nicht davon ausgegangen werden, dass die Entscheidungen der Weltbank eine derartige Akzeptanz[1296] erfahren, dass von nationalen Verfahren gänzlich abgesehen wird.[1297] Hierzu findet sich bislang keine breite Basis in der

1292 Siehe *Dann*, Die Verwaltung 44 (2011), S. 313 (322).

1293 Siehe zum Thema Investitionsschutz bereits oben D.VIII.

1294 Zum Legitimationserfordernis siehe oben E.III.4. *Harker/Castellano* attestieren: *"The World Bank's sanctions system operates at the cutting edge of international anti-corruption enforcement"*, siehe *ebd.*, Briefing Papers, Iss. 17-3 (February 2017), S. 1.

1295 Hierzu zählen, wie zuvor unter C.II. dargestellt, etwa die Entscheidungen des FSA.

1296 Vgl. *Kuhlen*, FS Hassemer, S. 875 (886) in Bezug auf den FSA.

1297 Auch wenn *Søreide/Gröning/Wandall*, Chicago Journal of International Law, Vol. 16, No. 2 (2016), S. 525 (5535) attestieren, dass das Sanktionssystem nationale Verfahren faktisch ersetzt.

Rechtsprechung nationaler und internationaler Gerichte. Dies entspräche auch nicht dem derzeitigen Eigenverständnis und der Praxis der Weltbank, die die aus ihren Verfahren gesammelten Erkenntnisse an nationale Strafverfolgungsbehörden weitergibt, um entsprechende Verfahren zu mobilisieren.

Allerdings zeigt der Umstand, dass nationale Behörden die Bewertungen der Weltbank hinsichtlich der Vertrauenswürdigkeit eines Vertragspartners als Maßstab für eigene Auswahlentscheidungen heranziehen, dass ihre Entscheidungen doch einen beachtlichen Stellenwert auf internationaler Ebene haben.[1298] Außerdem haben vereinzelt nationale Gerichte auf eigene Sanktionen verzichtet, da sie die von der Weltbank verhängten Sanktionen als ausreichend ansehen.[1299] Dies zeigt, dass das System das Potential hat, staatliche Strafverfolgung hinfällig werden zu lassen.

So hat der Oberste Gerichtshof Norwegens die Verhängung strafrechtlicher Sanktionen gegen ein Unternehmen mit der Argumentation abgelehnt, dass die in Frage stehende Zuwiderhandlung bereits ausreichend mit dem seitens der Weltbank ausgesprochenen Ausschluss sanktioniert worden sei.[1300] Er legte weiter dar, dass eine weitere Bestrafung durch das nationale Gericht unverhältnismäßige Auswirkungen für das Unternehmen habe.[1301] Als Argument gegen eine erneute Sanktion führte der Oberste Gerichtshof Norwegens weiter aus, dass das Unternehmen bereits Compliance-Maßnahmen ergriffen hatte, um künftige Verstöße zu verhindern, und der für den Verstoß (mit)verantwortliche Mitarbeiter eine Gefängnisstrafe erhalten hatte.[1302]

1298 *Kuhlen*, FS Hassemer, S. 875 (886).

1299 Vgl. Oberster Gerichtshof Norwegen, HR-2013-1394-A, Case No. 2012/2114. Umgekehrt berücksichtigt im Übrigen auch das Sanctions Board bereits ergangene nationale Sanktionen in seinen Verfahren. So wurde in einem Verfahren gegen ein kanadisches Unternehmen, welches wegen Korruptionszahlungen im Rahmen eines Projekts in Lesotho von den dortigen Gerichten bereits zu einer Geldstrafe verurteilt worden war, diese vorangegangene Sanktion als mildernder Faktor gewertet. Zwar blieb, anders als in dem beschriebenen Fall aus Norwegen, eine weitere Sanktion nicht aus. Immerhin wurde jedoch die Zeitspanne des Ausschlusses von Weltbank-finanzierten Projekten verringert. Siehe hierzu https://journal.probeinternational.org/2004/07/23/world-bank-sanctions-acres-international-limited-2/; vgl. auch The World Bank Group Sanctions Board, Law Digest, December 2011, S. 18.

1300 Oberster Gerichtshof Norwegen, HR-2013-1394-A, Case No. 2012/2114.

1301 Ebd.

1302 Ebd.

5. Zwischenfazit

Nach alledem ist zu konstatieren, dass das Sanktionssytem maßgeblich von Aspekten der reinen Selbstregulierung[1303] geprägt ist. Der maßgebliche Unterschied zu Systemen im Bereich der "klassischen" reinen Selbstregulierung besteht darin, dass es im internationalen Kontext an orientierungsgebenden Normen fehlt und keine Kontrolle durch übergeordnete staatliche Instanzen[1304] erfolgt. Dies mag ein Grund dafür sein, dass die Verfahren der Weltbank bislang parallel zu nationalen Strafverfolgungsverfahren - sofern es zu solchen kommt - laufen und diese nicht substituieren. Letztlich ist zu konstatieren, dass das Sanktionssystem als eine internationale Variante reiner Selbstregulierung einzustufen ist.

Im Folgenden werden die Vorteile einer solchen Variante internationaler Selbstregulierung aufgezeigt.

II. Vorteile insbesondere internationaler Selbstregulierung

Die Gründe für die stetige Zunahme der Privatisierung von Verfolgung und Sanktionierung strafrechtlicher Sachverhalte liegen auf der Hand: Kostenverringerung und Hoffnung auf Effizienzsteigerung treiben diese Bewegung maßgeblich und stetig voran.[1305] Vor dem Hintergrund knapper staatlicher Mittel, einer zunehmenden Überlastung von Staatsanwaltschaften und Gerichten sowie überlangen Verfahren erscheint diese Bewegung quasi zwingend.[1306] Die Regulierung durch und von Selbstregulierungssysteme(n) ist im nationalen Kontext gleichsam ein Weg zur Rückerlangung zumindest teilweiser staatlicher Kontrolle über nur schwer greifbare, komplexe wirtschaftsstrafrechtliche Sachverhalte.[1307]

Autonom gestaltete und auf die jeweiligen speziellen Wirtschaftsbereiche ausgerichtete Regelungen sind, im Gegensatz zu allgemeinen verwaltungsrechtlichen oder strafrechtlichen Regelungen, ferner besser geeignet, um die bestehenden technischen und wirtschaftlichen Risiken abzufangen.[1308] Andererseits

---

1303 Siehe oben C.II.

1304 *Cogan*, The European Journal of International Law, Vol. 20, No. 4 (2009), S. 1013 (1015).

1305 Vgl. Positionspapier des Selbstregulierung Informationswirtschaft e.V., Chancen und Voraussetzungen effektiver Selbst- und Ko-Regulierung zur Förderung des Verbraucherschutzes und des Datenschutzes in der digitalen Welt, S. 4.

1306 *Saliger*, FS Schmidt, S. 215 (233); vgl. auch *Rotsch* in: ders., Criminal Compliance, § 1 Rn. 68.

1307 Vgl. *Sieber*, FS Tiedemann, S. 449 (476).

1308 Vgl. *Sieber*, FS Tiedemann, S. 449 (475 f.).

tritt hinzu, dass die Wirkungsmacht des strafenden Staates aufgrund fehlender ausreichend leistungsfähiger Ressourcen in großen wirtschaftsstrafrechtlichen Komplexen so gering ist wie in keinem anderen Bereich[1309]und gleichzeitig Selbststeuerungssystemen ein hoher Grad an effektiver Verhaltensbeeinflussung zugemessen wird.[1310]

Aus all diesen Gründen sind zunehmend nichtstaatliche Akteure mit besonderer Nähe zu den Vorgängen spezieller Wirtschaftsbereiche in verschiedenen Formen der Selbstregulierung involviert; teilweise weil dies Resultat gesetzlicher Pflichten ist, teilweise aber auch aus eigenem Antrieb heraus, um bestehende Unsicherheiten und Regelungslücken zu füllen und handhabbarer zu gestalten.[1311]

Auch und vor allem im grenzüberschreitenden Anwendungsbereich erlaubt Selbstregulierung, grenzüberschreitende und komplexe Sachverhalte effizient und sachgerecht aufzuarbeiten. Dies liegt u.a. darin begründet, dass Private in Systemen wie etwa dem der Weltbank über grenzüberschreitende Handlungs- und Informationsmöglichkeiten verfügen. Sie haben unmittelbaren Einfluss auf die sich an ihren Projekten beteiligenden Unternehmen, welche wiederum ihrerseits kriminalitätsverhindernde Maßnahmen und Mittel steuern und unmittelbare Anweisungen bzgl. Verhaltensvorgaben in spezifischen Situationen erteilen können.[1312]

Internationale Privatisierung der Aufklärung und Verfolgung strafrechtlicher Sachverhalte ermöglicht darüber hinaus, wie sich am Beispiel der Weltbank zeigt, Einblicke in international vernetzte Sachverhalte, deren Aufklärung auf staatlicher Ebene aus verschiedenen Gründen nicht erfolgt. Hier seien stellvertretend knappe Ressourcen, enge Zuständigkeiten, schwerfällige Kooperation auf internationaler Ebene, mangelndes Interesse nationaler Strafverfolgungsbehörden an Vorgängen im Ausland, die Schwierigkeit, einen Sachverhalt in einem weit entfernten Teil der Welt präzise nachvollziehen zu können, und die Wirkungslosigkeit nationalen Rechts gegenüber im Ausland begangener Straftaten,[1313] genannt.[1314] All diese Hindernisse stellen sich in globalen

---

1309 *Kölbel*, MSchrKrim 2008, S. 22.

1310 *Sieber*, FS Tiedemann, S. 449 (475).

1311 *Kölbel*, MSchrKrim 2008, S. 22.

1312 Vgl. *Sieber*, FS Tiedemann, S. 449 (475).

1313 *Hoven/Kubiciel*, Korruption: Ende der Schonzeit, ZEIT ONLINE vom 08.02.2018; *Spießhofer*, NZG 2018, S. 441 (443).

1314 *Wessing*, FS Volk, S. 867 (879); *Rose-Ackermann*, University of Pennsylvania Journal of International Law, Vol. 34:3, 2013, S. 447 (474).

Selbstregulierungsverfahren wie dem der Weltbank nicht. Dies zeigt sich schon darin, dass die Ermittler der Weltbank, anders als nationale Strafverfolgungsbehörden, nicht an territoriale Grenzen gebunden sind und somit in jedem Mitgliedsstaat ermitteln können.

Ein wichtiger Punkt ist ferner das Entdeckungsmoment:[1315] Bei weit verzweigten international agierenden Netzwerken ist die Wahrscheinlichkeit der Entdeckung von Unregelmäßigkeiten durch staatliche Behörden geringer, da sich die zugrundeliegenden Sachverhalte auf mehrere Jurisdiktionen verteilen und dadurch schwieriger nachvollziehbar und fassbar sind. Bei den Fällen, die Gegenstand von Weltbankverfahren sind, kommt hinzu, dass es sich um den speziellen und komplexen Bereich des Vergaberechts handelt. Dies erfordert zusätzlich Spezialkenntnisse hinsichtlich der Abläufe bei Auftragsvergaben, ein Gespür für lokale Gepflogenheiten und Erfahrung hinsichtlich typischer Gefahrenpotentiale. All dies kann eine Institution, die wie die Weltbank seit Jahrzehnten Projekte auf der ganzen Welt betreut und einen reichen Erfahrungsschatz gesammelt hat, besser und auch effektiver[1316] leisten als staatliche Ermittlungsbehörden. Ferner gewährleistet der der Sache geschuldete engere Fokus auf die eigenen Projekte ein dichteres *Monitoring* und damit eine höhere Wahrscheinlichkeit der Aufdeckung von Unregelmäßigkeiten. Institutionen wie die Weltbank, die einen Schwerpunkt auf die Verfolgung von Wirtschaftskriminalität setzen, sind daher ein wichtiger Faktor für deren Entdeckung, Aufklärung und Verfolgung auf internationaler Ebene.

Das Sanktionssystem der Weltbank verbindet ferner strafrechtliche Verbote mit wirtschaftlichen Programmen.[1317] Das Regime trägt strafrechtliche Erwartungen über nationale Grenzen hinweg und kommuniziert sowohl auf präventiver als auch auf repressiver Ebene gegenüber allen Personen, die in ihre Projekte involviert sind,[1318] dass gewisse Verhaltensweisen nicht geduldet werden.[1319] Da auf internationaler Ebene und vor allem im Wirtschaftsstrafrecht eine Rechtskommunikation nur in sehr begrenztem Maße stattfindet, ist das

---

1315 Vgl. *Bussmann*, MSchrKrim 2003, S. 89 (91) zu strukturellen Problemen der Verfolgung von Wirtschaftsstraftaten und zu der generellen Problematik der erschwerten Wahrnehmbarkeit und Kontrollmöglichkeit. Diese Schwierigkeit steigert sich erheblich durch den Faktor Internationalität.

1316 Vgl. *Kuhlen*, FS Hassemer, S. 875 (888) für die Selbstkontrolle durch die FSA.

1317 Vgl. *Theile*, ZIS 2008, S. 406 (414).

1318 Siehe dazu unten E.IV.

1319 Vgl. *Bussmann*, MSchrKrim 2003, S. 89 (91) sowie zum Thema Rechtskommunikation auch *Kölbel*, MSchrKrim 2008, S. 22 (23).

Sanktionssystem mithin ein wichtiger Faktor für eine Etablierung eines grenzüberschreitenden wirtschaftsstrafrechtlichen Kodexes.[1320] Hiermit etabliert die Weltbank nicht nur ihre eigene Geschäftspolitik, sondern setzt international neue Standards[1321] und nimmt damit auf effiziente Weise die Herausforderungen einer global aufgestellten Bank an.[1322] Dies ist vor dem Hintergrund, dass die Vernetzung der internationalen Wirtschaft rasant voranschreitet, während eine entsprechende globale (Straf-) Rechtsentwicklung deutlich hinterherhinkt,[1323] als wichtiger Beitrag zu sehen.

Die Weltbank füllt mithin in dem von ihr abgedeckten Bereich ein Vakuum bei der Verfolgung bestimmter wirtschaftsstrafrechtlicher Sachverhalte auf internationaler Ebene.[1324] Sie hat ein privatrechtliches Sanktionssystem geschaffen, das von der Politik und dem Recht nationaler Staaten entkoppelt ist, aber im Gegenzug rechtsstaatliche Strukturen[1325] etabliert.[1326] Der Sanktionsprozess der Weltbank ist letztlich eine Antwort auf die sich im Kontext internationaler Projekte stellenden globalen Fragestellungen.[1327]

Schlussendlich ist damit zu konstatieren, dass in komplexen internationalen Verfahren ein System wie das der Weltbank mit spezialisierten Entscheidungsträgern aus verschiedensten Teilen der Welt[1328] besonders wirksame und sachgerechte Lösungen bereithält. Dabei geht es weniger darum, die internationale Staatengemeinschaft zu entlasten und Ressourcen zu schonen, sondern primär darum, dass durch die entsprechenden selbstregulatorischen Verfahren sichergestellt wird, dass überhaupt eine Aufdeckung und Verfolgung unlauterer

---

1320 Vgl. *Kölbel*, MSchrKrim 2008, S. 22 (28).

1321 Siehe auch *Bussmann*, MSchrKrim 2003, S. 89 (103), der dort auch von der „Genese eines ‚Weltstrafrechts'" spricht; vgl. auch *Teubner*, FS Hopt, S. 1450 (1453), der von „Konstitutionalisierungstendenzen der globalen Ökonomie" spricht; sowie *Vesting*, JURA 2001, S. 299 (304), der sich der Problematik systemtheoretisch nähert.

1322 Vgl. *Janik*, ZaöRV 2010, S. 127, 130.

1323 *Dann* in: Hoffmann-Riem, Innovationen im Recht, S. 147 (148); siehe auch *Kölbel*, MSchrKrim 2008, S. 22 (28).

1324 Vgl. *Teubner*, FS Hopt, Band 1, S. 1450 (1453).

1325 Siehe hierzu im Folgenden unter F.III.1.

1326 Vgl. *Teubner*, FS Hopt, Band 1, S. 1450 (1454).

1327 Vgl. *Rotsch* in: ders., Criminal Compliance, § 1 Rn. 69 zu Criminal Compliance als weltweitem Phänomen und den sich dadurch stellenden globalen Fragen.

1328 Vgl. hierzu zuvor E.VII.

und wirtschaftsstrafrechtlich relevanter Verhaltensweisen auf globaler Ebene erfolgt.[1329]

Deshalb wird im Folgenden erörtert, ob eine Betrachtung des Sanktionssystems als Musterverfahren lohnenswert erscheint, um in komplexen Branchen und Sachverhaltskonstellationen im In- und Ausland künftig effizientere und sachgerechtere Lösungen im Rahmen eines gerichtsähnlichen Verfahrens anbieten zu können.

III. Das Sanktionssystem als Modellverfahren für weitere Privatisierungsbestrebungen

Da die Weltbank vor allem in Entwicklungs- und Schwellenländern tätig ist und dort oftmals auf unzureichende Strafverfolgungsstrukturen trifft, ist sie gezwungen, Unregelmäßigkeiten im Zusammenhang mit ihren Projekten selbst zu untersuchen und abzuhandeln. Mit dem Sanktionssystem und den ihm zugrundeliegenden, autonom geschaffenen Normen hat sie Recht auf globaler Ebene fortgebildet.[1330] Ob dies innovativ sein kann, also geeignet ist, durch andere Akteure aufgenommen zu werden,[1331] soll im folgenden Teil untersucht werden. Dabei wird erörtert, inwiefern das Sanktionssystem allgemein, also auch im Umfeld grundsätzlich funktionierender staatlicher Strafverfolgung, als Modellverfahren im nationalen und internationalen Kontext eingesetzt werden kann.

Gerade im internationalen Bereich entstehen durch Globalisierung und Neuerungen etwa im Bereich Digitalisierung rasante Komplexitätssteigerungen wirtschaftsstrafrechtlicher Sachverhalte, welche in hohem Normierungsbedarf resultieren. Dieser ist mit neuen Formen des Rechts zu decken, da das Völkerrecht unzureichende bzw. weitgehend gar keine Vorgaben bereithält.[1332] Da nicht ersichtlich ist, dass in greifbarer Zukunft eine entsprechende Kontrolldichte durch staatliche Gesetzgebung geschaffen würde, ist Selbstregulierung eine naheliegende Möglichkeit, um entsprechende Neuerungen aufzufangen.[1333]

Dabei erscheint es sinnvoll, ein faires und transparentes selbstregulatorisches Musterverfahren zu etablieren, um sich weniger mit Fragen der Ausgestaltung

---

1329 Siehe oben E.III.2. zum Thema ungenügende Strafverfolgungsstrukturen auf internationaler Ebene.

1330 *Dann* in: Hoffmann-Riem, Innovationen im Recht, S. 147.

1331 Ebd.

1332 *Spießhofer*, NZG 2018, S. 441.

1333 *Kölbel*, MSchrKrim 2008, S. 22 (34).

entsprechender privatisierter Verfahren aufhalten zu müssen und den Fokus auf die zentralen materiellen Probleme lenken zu können.

Im Folgenden wird ergründet, wie das Sanktionssystem der Weltbank als Musterverfahren[1334] künftigen Privatisierungsbestrebungen als Vorbild dienen kann, um Fragestellungen in schwierigen strafrechtlichen Bereichen zu lösen. Die Untersuchung beleuchtet dabei die Vorteile, die das System zur Bewältigung solcher Komplexe bereithält, und schlägt Modifikationen vor, die das System universell für verschiedene Strukturen und Bereiche anwendbar werden lässt.

1. Rechtsstaatliches Verfahren

Dass sich das Sanktionssystem als Musterverfahren für selbstregulatorische Verfahren besonders gut eignet, liegt daran, dass es nicht nur ausdifferenziert und langjährig erprobt ist, sondern auch wesentliche Verfahrensgarantien beinhaltet.

Die Etablierung von Verfahrensgarantien im Sanktionsregime der Weltbank wäre aufgrund der im nichtstaatlichen Bereich geltenden Privatautonomie grundsätzlich nicht zwingend notwendig. Damit Sanktionen nichtstaatlicher Akteure allerdings auf Akzeptanz stoßen, müssen diese auf eine breite Legitimationsgrundlage, getragen von anerkannten Rechtsprinzipien und Transparenz, gestützt werden.[1335] Bei Internationalen Organisationen wie der Weltbank wird dies verstärkt durch den stetigen Kompetenzzuwachs[1336] bei gleichzeitiger Abwesenheit demokratischer Legitimation.

Im Übrigen hat die Weltbank den Anspruch, über ihre Grundtätigkeit – die Kreditvergabe zur Förderung von Entwicklungsprojekten – hinaus, nationale Rechtsordnungen nach ihren Maßstäben von Rechtsstaatlichkeit, Transparenz und Nachvollziehbarkeit hoheitlicher Entscheidungen zu transformieren.[1337] Um als Vorbild zu dienen und dem Vorwurf, mit zweierlei Maß zu messen, vorzubeugen, setzt sie die gleichen Maßstäbe auch bei sich selbst und ihren eigenen

1334 Vgl. *Kölbel*, MSchrKrim 2008, S. 22 (34).

1335 *Dubois/Nolan*, The Yale Journal of International Law Online, Vol. 26 (Fall 2010), S. 15 (22 f.); *Cogan*, The European Journal of International Law, Vol. 20, No. 4 (2009), S. 1013; vgl. auch *Søreide/Gröning/Wandall*, Chicago Journal of International Law, Vol. 16, No. 2 (2016), S. 525 (545 f.).

1336 *Dann*, Die Verwaltung 44 (2011), S. 313 (316); so auch schon *Jenks*, International Organization, Vol 19, No. 2 (Spring 1965), S. 163 ff.

1337 *Dann* in: Hoffmann-Riem, Innovationen im Recht, S. 147 (149); *Søreide/Gröning/Wandall*, Chicago Journal of International Law, Vol. 16, No. 2 (2016), S. 525 (535).

Systemen.[1338] Dies hat in Bezug auf das Sanktionssystem der Weltbank, welches besonderer Legitimität vor dem Hintergrund von bisweilen drastisch wirkenden Sanktionen bedarf,[1339] dazu geführt, dass sich eine Vielzahl allgemeiner Verfahrensgarantien[1340] und weitgehende Transparenz[1341] etabliert haben. Diese Garantien tragen dazu bei, dass das Sanktionsverfahren allgemein akzeptiert und als erfolgreich angesehen wird.

Zu den Verfahrensgarantien, die sich im Sanktionssystem finden, gehören:[1342]

- Etablierung eines formellen rechtlichen Rahmens innerhalb dessen sich das Sanktionssystem (vorhersehbar) bewegt;[1343]
- Benachrichtigung über die Einleitung eines Verfahrens;[1344]
- Recht auf Anhörung;[1345]
- Recht auf Verteidigung, inklusive Zugang zu allen be- und entlastenden Informationen, die *INT* ermittelt hat;[1346]
- Entscheidungen durch unabhängige und neutrale Organe;[1347]
- Rechtsmittel,

1338 *Dubois/Nolan*, The Yale Journal of International Law Online, Vol. 26 (Fall 2010), S. 15 (21, 23).

1339 Vgl. *Spießhofer*, NZG 2018, S. 441 (442); *Hostetler*, Yale Human Rights and Development Journal, Vol. 14, Iss. 1 (2011), S. 231 (250).

1340 *Dubois/Nolan*, The Yale Journal of International Law Online, Vol. 26 (Fall 2010), S. 15 (17, 19).

1341 *Dann*, Die Verwaltung 44 (2011), S. 313 (316).

1342 Vgl. *Harker/Castellano*, Briefing Papers, Iss. 17-3 (February 2017), S. 1 (10); *Leroy/Fariello*, The World Bank Group Sanctions Process and Its Recent Reforms, S. 7; *Dubois/Nolan*, The Yale Journal of International Law Online, Vol. 26 (Fall 2010), S. 15 (19). Siehe ebd., S. 24 m.w.N. zu den Erwägungen, dass das Recht auf Verteidigung auch ein Menschenrecht ist. Die Gewährung dieses Rechts wird wiederum von einigen europäischen Gerichten als Voraussetzung für die Zuerkennung von Immunität für Internationale Organsiationen gesehen. Vgl. auch *World Bank*, Oxford Public International Law, 15 April 2012, S. 2 zu der Angleichung an Verfahrensgarantien, die üblicherweise im Strafprozess bestehen. Vgl. dazu auch *Søreide/Gröning/Wandall*, Chicago Journal of International Law, Vol. 16, No. 2 (2016), S. 525 (535); *Hostetler*, Yale Human Rights and Development Journal, Vol. 14, Iss. 1 (2011), S. 231 (249 f.).

1343 *World Bank*, Oxford Public International Law, 15 April 2012, S. 2.

1344 Vgl. oben E.IX.1.a)(iii). sowie E.IX.2.b).

1345 Vgl. oben E.IX.2.c). und E.IX.3.a).

1346 Siehe E.IX.2.b)., E.IX.2.c). und E.IX.3.a).

1347 Vgl. E.VII. zu den drei unabhängigen Organen *INT, SDO* und *Sanctions Board*.

  - o einerseits gegenüber dem *SDO* gegen eine *Notice of Sanctions Proceedings*[1348] sowie
  - o gegen die finale Entscheidung des *SDO*, welche zu der zweiten Verfahrensstufe, dem Verfahren vor dem *Sanctions Board*, und damit zu einer vollwertigen zweiten Tatsacheninstanz führt;[1349]
- Ausführlich begründete, öffentliche und damit öffentlicher Kontrolle zugängliche Entscheidungen.[1350]

Durch die *Procurement-*, *Consultant-* und *Anti-Corruption Guidelines* wird außerdem angekündigt, welche Verhaltensweisen als sanktionswürdig erachtet werden.[1351] Sofern sich diese ändern, gilt das Rückwirkungsverbot.[1352]

Mithin ist zu konstatieren, dass das Sanktionssystem der Weltbank eine Großzahl an Verfahrensgarantien aufweist und damit als Prozedere einzustufen ist, das grundlegenden rechtsstaatlichen Sicherungsmechanismen entspricht.[1353] Ein solches quasi-gerichtliches Verfahren ist nach verbreiteter Auffassung der „Königsweg zur Legitimation internationaler Hoheitsgewalt“[1354] und erscheint daher als geeignetes Vorbild für weitere Privatisierungsbestrebungen. Es ist letztlich zu konstatieren, dass das Sanktionssystem der Weltbank aufgrund seiner rechtsstaatlichen Ausprägung eine klare Vorreiterrolle im Bereich grenzüberschreitender Selbstregulierung inne hat.[1355]

1348 Siehe hierzu E.IX.2.c).

1349 Siehe hierzu E.IX.2.e).

1350 Siehe hierzu E.I.

1351 *Dubois/Nolan*, The Yale Journal of International Law Online, Vol. 26 (Fall 2010), S. 15 (19). Auch wenn es hinsichtlich der Bestimmtheit der Sanktionstatbestände noch Verbesserungsbedarf gibt, sind diese letztlich nicht derart unbestimmt, dass Sanktionierungen völlig willkürlich erfolgen würden.

1352 *Dubois/Nolan*, The Yale Journal of International Law Online, Vol. 26 (Fall 2010), S. 15 (19).

1353 Vgl. *Diamant/Sullivan/Smith*, University of Pennsylvania Journal of Business Law, Vol. 18:4, 2016, S. 985 (1021); *Leroy/Fariello*, The World Bank Group Sanctions Process and Its Recent Reforms, S. 7; *Dubois/Nolan*, The Yale Journal of International Law Online, Vol. 26 (Fall 2010), S. 15 (23).

1354 *Dann*, Die Verwaltung 44 (2011), S. 313 (322).

1355 Vgl. *Dann* in: Hoffmann-Riem, Innovationen im Recht, S. 147; *Dubois/Nolan*, The Yale Journal of International Law Online, Vol. 26 (Fall 2010), S. 15 (24 f.).

2. Internationalität

Das Sanktionssystem der Weltbank funktioniert unabhängig von nationalen Grenzen, sodass es zur Bewältigung der zunehmenden Zahl an globalen Problemstellungen besonders geeignet ist.

Eine Unterwerfung von Akteuren unter das System kann entweder dadurch erfolgen, dass es – wie bei der Weltbank – einseitig zur Bedingung von Vertragsbeziehungen gemacht wird oder – wie bei dem Modell des FSA – wenn sich mehrere Akteure mitgliedschaftlich vereinigen, um über sektorspezifische Unregelmäßigkeiten zu urteilen. Einen nationalen rechtlichen Rahmen bedarf das System mithin nicht, sondern allein privatrechtliche Vereinbarungen, die es für anwendbar erklären.

Anders als bei nationalen Verfahren sind damit Ermittlungsorgane entsprechender Systeme nicht territorial beschränkt, sondern können aufgrund der vertraglichen Abreden an jedem Standort einer Partei oder eines Projekts ermitteln bzw. Dokumentation und andere Beweisstücke herausverlangen. Die Motivation zur Unterstützung der Untersuchungen resultiert aus den ansonsten drohenden Sanktionen, die entsprechend ausgestaltet sein müssen, um geeignete Hebel zu schaffen.

3. Spezialisierung

Ein weiterer entscheidender Vorteil der Etablierung von Schiedsgerichten nach dem Vorbild des Sanktionssystems ist deren Spezialisierung. So ist etwa das System der Weltbank aufgrund ihrer Geschäftstätigkeit auf Unregelmäßigkeiten im Zusammenhang mit Vergabeverfahren und der Durchführung von Großprojekten in schwierigen wirtschaftlichen Umgebungen ausgerichtet. Dementsprechend bestehen die Organe *INT, SDO* und *Sanctions Board* aus Personen mit langjähriger Erfahrung u.a. in den Bereichen Vergabe-, Entwicklungs-, Schiedsverfahrens- und Investitionsschutzrecht.[1356]

Durch entsprechende Spezialisierung wird sichergestellt, dass schwierige Fragestellungen auf entsprechend ausgebildetes Fachpersonal treffen und dadurch besonders sachgerechte Entscheidungen getroffen werden. Dieser Effekt wird im Laufe der Zeit mit entsprechendem Erfahrungszuwachs weiter verstärkt.[1357]

1356 Siehe hierzu oben E.VII.

1357 Vgl. *Hostetler*, Yale Human Rights and Development Journal, Vol. 14, Iss. 1 (2011), S. 231 (250) zum Sanktionssystem der Weltbank.

Zusätzlich zum Einsatz von auf bestimmte Sektoren spezialisierte Juristen könnte erwogen werden, die Organe eines entsprechenden Systems auch um sachverständige Nichtjuristen zu ergänzen.[1358] Dies wäre insbesondere in schwer zu durchdringenden Sachgebieten, wie etwa dem Technologie-, Chemie- und Finanzsektor, ein Weg, um zu fachkundigen und zügigen Entscheidungen zu gelangen. Eine solche Mischung an Entscheidungsträgern würde dafür stehen, dass nicht nur das rechtsstaatliche Verfahren gewahrt, sondern auch der Prozess besonders sachgerecht und damit gerecht, effizient und befriedend geführt würde.[1359]

Schlussendlich bedürfen spezialisierte Entscheidungsträger in den ihnen vertrauten Rechts- und Sachbereichen kürzerer Einarbeitung in komplexe Sachverhalte. Durch den Einsatz entsprechend gebildeter Entscheidungsorgane würde mithin sichergestellt, dass Verfahren in kurzer Zeit abgeschlossen und gleichzeitig eine konsistente Entscheidungspraxis etabliert werden könnte.

4. Anwendung auf andere Sachverhalte und Rechtsgebiete

Das Sanktionssystem der Weltbank kann in (im Wesentlichen) unmodifizierter Weise bei anderen Vergabeverfahren unterschiedlichster Akteure sowohl in prozessualer als auch materieller Hinsicht herangezogen werden. Schließlich ist es auf diesen Spezialbereich abgestimmt. Vorteilhaft ist ferner, dass zur Orientierung auf die Erfahrungswerte des *Sanctions Board* zurückgegriffen werden kann.

Über das Vergaberecht hinaus kann das prozessuale Gerüst des Sanktionssystems jedoch auch in jedem anderen Rechtsgebiet und jeder Branche universell zum Einsatz gelangen. Der prozessuale Rahmen des Systems kann mit dem jeweils relevanten materiellen Recht „aufgefüllt" und so ein auf den konkreten Bedarf abgestimmtes Verfahren etabliert werden. Hierbei ist unerheblich, ob sich das materielle Recht aus bestehenden staatlichen Normen oder aus autonom gesetztem Recht speist. Innerhalb des Verfahrensgerüsts können mithin potentielle Verstöße gegen jede denkbare Norm untersucht werden.

Gleichsam austauschbar ist auch der Sanktionskatalog. In einigen Fällen, in denen die Errichtung eines Schiedsgerichts nach dem Vorbild des Sanktionssystems in Betracht kommt, wären *Debarments* nicht sinnvoll. Der Ausschluss eines Akteurs von künftigen Geschäftsbeziehungen ist nur dann angebracht, wenn diejenige Institution, die das Schiedsverfahren unterhält, gleichzeitig die

1358 Vgl. *Brüning*, StV 2008, S. 100 zum Einsatz von privaten Spezialisten im Ermittlungsverfahren auf deutscher und europäischer Ebene.

1359 Vgl. *Brüning*, StV 2008, S. 100 (103).

zu schützende Einheit ist und darüber entscheiden kann, wen sie als Geschäftspartner in Betracht zieht und wen nicht.

Sofern jedoch, wie etwa beim Modell des FSA,[1360] eine übergeordnete Institution geschaffen wird, die über Unregelmäßigkeiten bestimmter Mitglieder einer Branche entscheidet, kommen solche Entscheidungen nicht in Betracht. Sie würden einen seltsam konstruierten Eingriff in die wirtschaftliche Freiheit der Mitglieder darstellen. In diesen Fällen kommen als Sanktionsmöglichkeiten vielmehr der Zwang zur Abgabe einer strafbewehrten Unterlassungserklärung, das Zahlen einer Geldstrafe, das Aussprechen einer öffentlichen Rüge sowie – wenn das Verfahren in eine Vereinsstruktur eingebettet ist – der Entzug mitgliedschaftlicher Rechte in Frage.[1361]

Demgegenüber ist das im Sanktionssystem der Weltbank praktizierte *Naming and Shaming,* also die Veröffentlichung von Sanktionsentscheidungen und die Benennung sanktionierter Parteien auf einer durch jedermann einsehbaren Homepage, ein probates Mittel, welches in jeglicher Art von Aufhängung des Verfahrens praktikabel ist. Gleichzeitig ist die Abschreckungswirkung dieser Sanktion besonders hoch und dient dadurch der Erreichung der in den jeweiligen Gremien angestrebten Ziele.

5. Beispielhafte Anwendung auf den „Diesel-Skandal"[1362]

Im Folgenden soll untersucht werden, wie ein Schiedsverfahren nach dem Vorbild des Sanktionssystems der Weltbank der strafrechtlichen Aufarbeitung von Großskandalen dienen kann. Dies soll beispielhaft anhand des „Diesel-Skandals" untersucht werden, da dieser Fall viele Eigenschaften moderner wirtschaftsstrafrechtlicher Sachverhalte aufweist. Einerseits erfolgt die Aufarbeitung in vielerlei Ländern der Welt und umfasst eine unglaubliche Vielfalt an Einzelsachverhalten. Andererseits geht es um die technisch anspruchsvolle Frage, ob eine unrechtmäßige Manipulation vorgelegen hat, welche allein mit Hilfe sachverständiger Expertise geklärt werden kann.

Im „Diesel-Skandal" zeigt sich beispielhaft die Limitierung der Aufarbeitung durch nicht spezialisierte Einheiten. So lässt sich aus der Branche vernehmen,

---

1360 Siehe hieru zuvor C.II.

1361 *Dieners* in: ders., Handbuch Compliance im Gesundheitswesen, Kap. 13, Rn. 23 ff. für die FSA-Verfahrensordnung.

1362 Eine umfangreiche Berichterstattung findet sich etwa bei Spiegel Online, bei dem die Dieselaffäre eine eigene Themenseite mit zahlreichen verlinkten Artikeln ausmacht, vgl. http://www.spiegel.de/thema/dieselaffaere/.

dass sogar mit dem Kraftfahrtbundesamt mangels entsprechenden technischen Wissens nicht auf einer Ebene gesprochen werden könne und so keine fachkundige Aufarbeitung des Falles möglich sei. Wenn schon diese spezialisierte Behörde an den technischen Feinheiten des „Diesel-Skandals“ scheitert, ist es nur schwer vorstellbar, dass die mit der Bewältigung der strafrechtlichen Seite betrauten Staatsanwaltschaften und Gerichte die technischen Hintergründe besser nachvollziehen und schlussendlich den Fall sachgerecht bewerten können.

Hieran ändert auch die Hinzuziehung von Sachverständigen nichts. Schließlich darf sich die Tätigkeit eines Sachverständigen, jedenfalls im deutschen Recht, immer nur im Rahmen des ihm durch die Staatsanwaltschaft oder das Gericht erteilten Untersuchungsauftrags bewegen.[1363] Die Konkretisierung des Gutachtenauftrags obliegt mithin Juristen, denen im Zweifel schon die notwendigen Fachkenntnisse fehlen, um die „richtigen“ und zentralen Fragen zu einem Sachverhalt zu stellen.

All dies weckt mithin Zweifel, ob Sachverhalte mit technisch anspruchsvollen Details durch unspezialisierte Staatsanwaltschaften und Gerichte sachgerecht aufgearbeitet und beurteilt werden können. Die Suche nach den maßgeblichen Fakten wird durch eine solche Vorgehensweise mindestens erschwert, wenn nicht sogar bisweilen verhindert. Dies sabotiert gleichsam eine zufriedenstellende abschließende Aufklärung und Sanktionierung.

Daher bietet sich die Auslagerung umfangreicher Sachverhalte mit technisch anspruchsvollen Details auf quasi-gerichtliche privatisierte Verfahren, die die notwendigen Ressourcen und spezialisierte Entscheidungsträger bereithält, an. Sofern der prozessuale Rahmen des Sanktionssystems der Weltbank beibehalten wird, würde die damit einhergehende Entlastung nationaler Staatsanwaltschaften und Gerichte nicht einmal mit erheblichen Einbußen der Rechtsstaatlichkeit des Verfahrens erkauft.

Für die Auslagerung von technisch komplexen und umfangreichen wirtschaftsstrafrechtlichen Sachverhalten auf eine privatisierte Einrichtung der Strafverfolgung spricht ferner, dass es unnötig – staatliche – Ressourcen bindet, denselben Sachverhalt in verschiedensten Ländern aufzuarbeiten und zu sanktionieren. Die Konzentration der Aufarbeitung eines Sachverhalts auf ein internationales Schiedsgericht würde mithin Kapazitäten bei Strafverfolgungsorganen auf der ganzen Welt frei werden lassen.

1363 Vgl. Nr. 72 Abs. 2 RiStBV.

Bei der Frage der Dimension eines zu etablierenden Schiedsgerichts könnte entweder, wie es der Verband des FSA für die Pharmabranche vorgemacht hat, die Automobilbranche ein allgemeines Gericht zur Aufarbeitung sämtlicher Unregelmäßigkeiten des Sektors etablieren. Andererseits könnte die Auseinandersetzung mit dem „Diesel-Skandal" auch im Rahmen eines eigens eingerichteten Schiedsgerichts erfolgen. Dies hätte allerdings zum Nachteil, dass entsprechende Experten erst gesucht und Prozesse etabliert werden müssten, was erhebliche Verzögerungen erwarten ließe. Gerade angesichts weiterer technischer Neuerungen, wie etwa dem autonomen Fahren, die weitere spezifische und diffizile Fragestellungen nach sich ziehen werden, sowie der grundsätzlichen Häufung von Gefahrenpotentialen und der Wirkungsbreite von Verstößen, wäre die Etablierung eines ständigen Schiedsgerichts für die Automobilbranche sinnvoll.

Entsprechendes gilt für viele weitere Branchen, die anfällig für Unregelmäßigkeiten sind, wie etwa der Finanzsektor. So hat sich beispielsweise im Zuge der Aufarbeitung der Finanzkrise gezeigt, dass viele Faktoren in unterschiedlichsten Ländern dazu geführt haben, dass das internationale Finanzsystem in ungekanntem Ausmaß geschädigt wurde. Auch hier wäre eine zentrale Aufarbeitung durch ein spezialisiertes Gremium sinnvoll gewesen, um eine effektive und einheitliche Identifizierung der Auslöser und Sanktionierung der maßgeblichen Verantwortlichen unabhängig von Landesgrenzen, die die Zuwiderhandlungen eben auch überschritten haben, zu gewährleisten. Die sich an die Finanzkrise anschließende Häufung massiver Unregelmäßigkeiten im internationalen Bereich, etwa im Zusammenhang mit den Libor-[1364] und Cum-Ex-Skandalen,[1365] bestätigt, dass der Einsatz eines Schiedsgerichts nach dem Modell des Sanktionssystems sinnvoll wäre, um diese Sachverhalte angemessen zu behandeln. Dies gilt insbesondere vor dem Hintergrund, dass nationale Verfahren oftmals dazu führen, dass ein bestimmtes rechtswidriges Verhalten in einem Land eingestellt, in anderen Ländern – in denen dies bislang unentdeckt blieb oder es an leistungsfähigen Strafverfolgungsstrukturen fehlt – hingegen munter weiter praktiziert wird. Ein internationales Schiedsgericht, dass zur Sanktionierung wegen Verstößen auf

1364 Vgl. die umfangreiche Berichterstattung auf der Spiegel Online "Libor-Skandal" Themenseite http://www.spiegel.de/thema/libor_skandal/.

1365 Siehe etwa "Der größte Steuerraub in der deutschen Geschichte" ZEIT ONLINE vom 08.06.2017; auf der Seite ist weitere umfangreiche Berichterstattung verlinkt, vgl. https://www.zeit.de/2017/24/cum-ex-steuerbetrug-steuererstattungen-ermittlungen.

der ganzen Welt befähigt wäre, wäre ein geeigneter Versuch, solchem Verhalten Einhalt zu gebieten.

Ein weiteres Argument, dass für die Etablierung von Schiedsgerichten zur Aufarbeitung und Sanktionierung umfangreicher Wirtschaftsstrafverfahren spricht, ist, dass solche Verfahren nicht nur erhebliche Ressourcen bei Staatsanwaltschaften und Gerichten binden, sondern auch oftmals mit erheblichen Schäden für den Steuerzahler, Privatpersonen etc. einhergehen. Daher wäre es nicht unverhältnismäßig, insbesondere Sektoren, die sich als für Unregelmäßigkeiten anfällig erwiesen haben, die Kosten angemessener selbstregulatorischer Strafverfolgung aufzubürden.

Wie es selbstregulierten Systemen eigen ist, würde die Privatisierung der Strafverfolgung durch den Einsatz von Schiedsgerichten nur so lange funktionieren, wie deren Wirken seitens nationaler Strafverfolgungsorgane als angemessen gebilligt würde. Sofern der Eindruck entsteht, dass entsprechende Systeme nicht der ernst gemeinten Aufklärung von strafrechtlich relevantem Verhalten, sondern ihrer Verschleierung dienen, würden nationale Verfahren wieder erforderlich werden. Dies würde durch Verteidigung in mehreren Jurisdiktionen, Mehrfachsanktionierung etc. wesentlich höhere Kosten verursachen, was einen Anreiz schafft, Sanktionssysteme nach rechtsstaatlichen Grundsätzen zu etablieren und diese transparent zu führen. Hierzu kann und sollte das Sanktionssytem der Weltbank als Musterverfahren, dass diese Grundsätze verinnerlicht hat, herangezogen werden.

G. Fazit

Die vorstehenden Ausführungen verdeutlichen, dass und wie ein selbstregulatorisches Musterverfahren nach dem Vorbild des Sanktionssystems der Weltbank für weitere Privatisierungsvorhaben fruchtbar gemacht werden kann. Das prozessuale Konstrukt bietet für jegliche Art von Sachverhaltsaufarbeitung und Sanktionierung einen ausdifferenzierten und rechtsstaatlichen Rahmen, der die Lösung komplexer materieller Fragen auch abseits von staatlichen Prozessen ermöglicht.

Aufgrund der Möglichkeit zur Errichtung spezialisierter Schiedsgerichte kann ferner erwartet werden, dass die entsprechenden Verfahren zugeführten Sachverhalte mit einer größeren Expertise aufgearbeitet werden, als dies bei der staatlichen Strafgerichtsbarkeit, welche über eine bunte Mischung an Sachverhalten aus verschiedensten Branchen zu entscheiden hat, der Fall ist. Gleichzeitig ermöglicht das Verfahren eine grenzüberschreitende Aufarbeitung von Sachverhalten. Es ist dadurch geeignet, mühsame einzelstaatliche Verfahren zu ersetzen, bzw. dort, wo es an staatlichen Strafverfolgungsstrukturen gänzlich fehlt, entsprechende Verfahren überhaupt erst zu ermöglichen.

Schließlich fehlt es selbst dort, wo grundsätzlich von dem Bestehen funktionierender Strafverfolgungsstrukturen ausgegangen werden kann, an den nötigen Ressourcen, um große Wirtschaftsstrafrechtskomplexe aufzuarbeiten. Dies liegt daran, dass die vorhandenen staatlichen Strukturen in Zeiten geschaffen wurden, in denen es keine zu bewältigenden Großskandale gab, die – etwa wie im "Diesel-Skandal" – bemerkenswerte Kapazitäten von Staatsanwaltschaften auf der ganzen Welt banden. Die bestehenden Strukturen sind mithin nicht auf die Bewältigung entsprechender großer Skandale mit technisch anspruchsvollen und schwer nachvollziehbaren Einzelheiten ausgerichtet. Spezialisierte Selbstregulierungssysteme nach dem Vorbild des Sanktionssystems der Weltbank können für solche Fälle sachgerechte und effiziente Lösungen bereithalten. Ferner wäre eine Möglichkeit geschaffen, Kosten der Strafverfolgung auf die Verursacher auszulagern.

Schließlich ist zu erwarten, dass entsprechende Privatisierungsvorhaben nicht nur staatliche Verfahren zu ersetzen geeignet sind, sondern auch zu zufriedenstellenderen Ergebnissen für alle Seiten gelangen. Selbstregulierungssysteme im Sinne des zuvor beschriebenen Modellverfahrens könnten „vernünftige Lösungen“ für wirtschaftsstrafrechtliche Sachverhalte bieten und den „Abschied vom Strafen" durch den Staat als alleinzuständigen „Moralunternehmer" einleiten.[1366] Vor dem Hintergrund des *Ultima-ratio*-Gedankens ist der durch den Einsatz von Selbstregulierungssystemen bewirkte restriktive Einsatz staatlicher Strafrechtsverfolgung letztlich wünschenswert.[1367]

1366 Vgl. *Lüderssen*, Die Krise des öffentlichen Strafanspruchs, S. 57, 62.
1367 Vgl. *Theile*, JuS 2017, S. 913 (914).

H. Literaturverzeichnis

Achenbach, Hans/Ransiek, Andreas/Rönnau, Thomas (Hrsg.): Handbuch Wirtschaftsstrafrecht, 4. Aufl., Heidelberg 2015 (zit. *Bearb.* in: Achenbach/Ransiek/Rönnau, Handbuch Wirtschaftsstrafrecht Teil Kap. Rn.).

Achenbach, Hans: Ordnungsfaktor Wirtschaftsstrafrecht, StV 2008, S. 324.

Ackermann, Lutz; Becker, Benedikt, Daubenberger, Manuel; Faigle, Philip; Polke-Majewski, Karsten; Rohrbeck, Felix; Salewski, Christian; Schröm, Oliver: Der größte Steuerraub in der deutschen Geschichte, in: ZEIT ONLINE, 08.06.2017, https://www.zeit.de/2017/24/cum-ex-steuerbetrug-steuererstattungen-ermittlungen [letzter Zugriff 09.08.2018].

Ahlbrecht, Heiko/Dann, Matthias/Wessing, Helga/Frister, Helmut/Bock, Dennis (Hrsg.): Unternehmensstrafrecht: Festschrift für Jürgen Wessing zum 65. Geburtstag, München 2015 (zit. *Bearb.*, FS Wessing, S.).

Baer, Miriam Hechler: Governing Corporate Compliance, Boston College Law Review, Vol. 50, Iss. 4, No. 4 (2009), S. 949.

Baghir-Zada, Elvira: Debarment as an Anti-Corruption Tool in the Projects Funded by Multilateral Development Banks, Wien 2010, http://othes.univie.ac.at/11365/ [letzter Zugriff 11.05.2017].

Behringer, Stefan: Privatisierung des Rechtsstaats durch Compliance?, CB 2018, S. 257.

Berndt, Markus/Theile, Hans (Hrsg.): Unternehmensstrafrecht und Unternehmensverteidigung, Heidelberg 2016 (zit. *Bearb.* in: Berndt/Theile, Unternehmensstrafrecht, Teil Rn.).

Berndt, Thomas/Hoppler, Ivo: Whistleblowing – ein integraler Bestandteil effektiver Corporate Governance, BB 2005, S. 2623.

Beukelmann, Stephan: Outsourcing bei Polizei und Strafjustiz, NJW-Spezial 2008, S. 280.

Binder, Reinhart/Vesting, Thomas (Hrsg.): Beck'scher Kommentar zum Rundfunkrecht, 4. Aufl., München 2018 (zit. *Bearb.* in: Beck RundfunkR, § Rn.).

Blough, Roy: The World Bank Group, International Organization, Vol. 22, No. 1, The Global Partnership: International Agencies and Economic Development (Winter, 1968), S. 152.

Bock, Dennis: Strafrechtliche Aspekte der Compliance-Diskussion – § 130 OWiG als zentrale Norm der Criminal Compliance, ZIS 2009, S. 68.

-: Criminal Compliance, Baden-Baden 2001.

Boisson de Chazournes, Laurence/Fromageau, Edouard: Balancing the Scales: The World Bank Sanctions Process and Access to Remedies, The European Journal of International Law, Vol. 23 No. 4 (2012), S. 963.

Brunhöber, Beatrice: Privatisierung des Ermittlungsverfahrens im Strafprozess, GA 2010, S. 571.

Brüning, Janique: Privatisierungstendenzen im Strafprozeß – Chancen und Risiken der Mitwirkungen sachverständiger Privatpersonen im strafrechtlichen Ermittlungsverfahren, StV 2008, S. 100.

Bussmann, Kai-D.: Business Ethics und Wirtschaftsstrafrecht: Zu einer Kriminologie des Managements, MSchrKrim 2003, S. 89.

Canni, Todd J.: Debarment is no longer private World Bank Business: An Examination of the Bank's Destinct Debarment Procedures used for corporate procurements and financed projects, Public Contract Law Journal, Vol. 40, No.1 (Fall 2010), S. 147.

Cogan, Jacob Katz: National Courts, Domestic Democracy, and the Evolution of International Law: A Reply to Eyal Benvenisti and George Downs, The European Journal of International Law, Vol. 20, No. 4 (2009), S. 1013.

Daimler AG: Nachhaltigkeitsbericht 2017, https://www.daimler.com/dokumente/nachhaltigkeit/sonstiges/daimler-nachhaltigkeitsbericht-2017.pdf [letzter Zugriff 22.01.2019].

Dann, Philipp: Accountability in Development Aid Law: The World Bank, UNDP and Emerging Structures of Transnational Oversight, Archiv des Völkerrechts, 44. Bd., No. 4 (Dezember 2006), S. 381.

-: Der Zugang zu Dokumenten im Recht der Weltbank: Kosmopolitische Tendenzen im Internationalen Verwaltungsrecht?, Die Verwaltung 44 (2011), S. 313.

-: Entwicklungsverwaltungsrecht: Theorie und Dogmatik des Rechts der Entwicklungszusammenarbeit, untersucht am Beispiel der Weltbank, der EU und der Bundesrepublik Deutschland, Tübingen 2012.

Deming, Stuart H.: Anti-Corruption Policies: Eligibility and Debarment Practices at the World Bank and Regional Development Banks, The International Lawyer, Vol. 44, No. 2 (Summer 2010), S. 871.

Di Fabio, Udo: Verwaltung und Verwaltungsrecht zwischen gesellschaftlicher Selbstregulierung und staatlicher Steuerung, VVDStRL 56 (1997), S. 235.

Diamant, Michael S./Sullivan, Christopher W.H./Smith, Jason H.: Sanctionable Practices at the World Bank: Interpretation and Enforcement, University of Pennsylvania Journal of Business Law, Vol. 18:4, 2016, 985.

Dickinson, Timothy L./Lammers, Corinne A./Heavener, Morgan A.: Implications of the World Bank Sanctions Regime for International Business, 03.12.2014, https://www.paulhastings.com/publications-items/details?id=1213e369-2334-6428-811c-ff00004cbded [letzter Zugriff 12.10.2017].

Dieners, Peter (Hrsg.): Handbuch Compliance im Gesundheitswesen: Kooperation von Ärzten, Industrie und Patienten, 3. Aufl., München 2010 (zit. *Bearb.* in: Dieners, Handbuch Compliance im Gesundheitswesen, Kap., Rn).

Dubber, Markus D./Hörnle, Tatjana (Hrsg.): The Oxford Handbook of Criminal Law, Oxford 2014 (zit. *Bearb.* in: Dubber/Hörnle, The Oxford Handbook of Criminal Law, S.).

Dubois, Pascale Hélène: Remarks by Pascale Hélène Dubois, Proceedings of the Annual Meeting (American Society of International Law), Vol. 107, International Law in a Multipolar World (2013), S. 255.

-: The Litigator's Role in the World Bank's Fight Against Fraud and Corruption, Litigation, Vol. 39, No. 1, Good Deeds (Winter 2013), S. 38.

-: Domestic and International Administrative Tools to Combat Fraud & Corruption: A Comparison of US Suspension and Debarment with the World Bank's Sanctions System, University of Chicago Legal Forum: Vol. 2012: Iss. 1, Article 10, S. 195.

-/ Nolan, Aileen Elizabeth: Global Administrative Law and the Legitimacy of Sanctions Regimes in International Law, The Yale Journal of International Law Online, Vol 26 (Fall 2010), S. 15.

-/Matechak, Jason: World Bank Battles Corruption Through New Voluntary Disclosure Program, International Government Contractor, Vol. 3, No. 9 (September 2006), § 73.

Duttge, Gunnar (Hrsg.): Tatort Gesundheitsmarkt: Rechtswirklichkeit – Strafwürdigkeit – Prävention, Göttingen 2011 (zit. *Bearb.* in: Duttge, Tatort Gesundheitsmarkt, S.).

Ehlers, Jochen/Kinkeldey, Ursula (Hrsg.): Benkard, Europäisches Patentabkommen, 2. Aufl., München 2012 (zit. *Bearb.* in: Benkard, Europäisches Patentübereinkommen, Artikel Rn.).

Eichler, Alexander: Struktur und Reformanstrengungen der Weltbank, München 2012.

Eicker, Andreas: Die Prozeduralisierung des Strafrechts: Zur Entstehung, Bedeutung und Zukunft eines Paradigmenwechsels, Bern 2009.

Ellis, Matteson: Compliance and Enforcement at the World Bank's Sanctions Program, International Law News, Vol. 42, No. 1 (Winter 2013).

Engelhardt, Marie von: Dealing with fragile states: the law and practice of international development organizations, Berlin 2016.

Epping, Volker/Hillgruber, Christian (Hrsg.): BeckOK Grundgesetz, 37. Ed., München Stand 15.05.2018 (zit. *Bearb.* in: BeckOK GG, Art. Rn.).

Fariello Jr., Frank A./Daly, Conrad C.: Coordinating the Fight against Corruption among MDBs: The Past, Present, and Future of Sanctions, The George Washington International Law Review, Vol. 45, No. 2 (2013), S. 253.

Fasse, Markus: Wie Daimlers Abschaltvorrichtungen Abgase sauber tricksen, in: Handelsblatt, 14.06.2018, https://www.handelsblatt.com/unternehmen/industrie/dieselskandal-wie-daimlers-abschaltvorrichtungen-abgase-sauber-tricksen/22686650.html?ticket=ST-460231-klAiOLvLLjxORROOCixE-ap6 [letzter Zugriff 07.08.2018].

Fischer, Thomas: Strafgesetzbuch: mit Nebengesetzen, 64. Aufl., München 2017.

Flohr, Eckhard/Wauschkuhn, Ulf (Hrsg.): Vertriebsrecht: Handelsvertreterrecht, Vertragshändlerrecht, Franchiserecht, Kommissionsrecht: Kommentar, 2. Aufl., München 2018 (zit. *Bearb.* in: Flohr/Wauschkuhn, Vertriebsrecht, Teil Rn.).

Flore, Ingo/Tsambikakis, Michael (Hrsg.): Steuerstrafrecht: Kommentar, 2. Aufl., Köln 2016 (zit. *Bearb.* in: Flore/Tsambikakis, Steuerstrafrecht, 2. Aufl. 2016, § Rn.).

Forder, Elizabeth Lin: The World Bank's Sanctions System as an Example, Proceedings of the Annual Meeting (American Society of International Law), Vol. 106, Confronting Complexity (2012), S. 122.

Francioni, Francesco: Access to Justice, Denial of Justice and International Investment Law, The European Journal of International Law, Vol. 20 No. 3 (2009), S. 729.

Fuest, Benedikt: So funktionierte die Schummelsoftware von VW, in: Welt, 29.12.2015, https://www.welt.de/wirtschaft/article150449200/So-funktionierte-die-Schummelsoftware-von-VW.html [letzter Zugriff 27.11.2018].

-:Das Bauteil, das VW ins Wanken bringt, in: Welt, 27.09.2015, https://www.welt.de/print/wams/wirtschaft/article146898217/Das-Bauteil-das-VW-ins-Wanken-bringt.html [letzter Zugriff 27.11.2018].

Glos, Alexander/Hildner, Alicia/Glasow, Falko: Der Regierungsentwurf zur Umsetzung der Vierten EU-Geldwäscherichtlinie – Ausweitung der geldwäscherechtlichen Pflichten außerhalb des Finanzsektors, CCZ 2017, S. 83.

Graf, Jürgen Peter/Jäger, Markus/Wittig, Petra (Hrsg.): Wirtschafts- und Steuerstrafrecht, 2. Aufl., München 2017 (zit. *Bearb.* in: Graf/Jäger/Wittig, Wirtschafts- und Steuerstrafrecht, § Rn.).

Greeve, Gina: Privatisierung behördlicher Ermittlungen, StraFo 2013, S. 89.

Grobys, Marcel/Panzer-Heemeier, Andrea (Hrsg.): Arbeitsrecht: alphabetische Gesamtdarstellung: Individualarbeitsrecht, kollektives Arbeitsrecht,

Prozessrecht, 3. Aufl. 4. Ed., Baden-Baden Stand 2018 (zit. *Bearb.* in: Grobys/Panzer-Heemeier, Stichwortkommentar Arbeitsrecht, „*Stichwort*“ Rn.).

Grundmann, Stefan/Haar, Brigitte/Merkt, Hanno (Hrsg.): Festschrift für Klaus J. Hopt zum 70. Geburtstag am 24. August 2010, Band 1, Berlin 2010 (zit. *Bearb.*, FS Hopt, Band 1, S.).

Grützner, Thomas/Boerger, Björn/Momsen, Carsten: Die „Dieselaffäre“ und ihre Folgen für Compliance-Management-Systeme - Evolution durch Einbeziehung des Bereichs Produkt-Compliance in ein CMS (zB zum Zweck der Prävention produktbezogener Täuschungen), CCZ 2018, S. 50.

Guidelines on Preventing and Combating Fraud and Corruption in Projects Financed by IBRD Loans and IDA Credits and Grants, October 15 2006, revised January 2011, http://documents.worldbank.org/curated/en/551241468161367060/pdf/611090BR0SecM21Disclosed04113120111.pdf (zit. *World Bank Anti-Corruption Guidelines,* S.) [letzter Zugriff 22.05.2017].

Guidelines on Preventing and Combating Fraud and Corruption in Program-for-Results Financing, http://siteresources.worldbank.org/INTLAWJUSTICE/Resources/ACS.pdf [letzter Zugriff 22.05.2017].

Guidelines procurement of goods, works and non-consulting services under IBRD Loans and IDA credits & grants by World Bank borrowers, January 2011, revised July 2014, http://documents.worldbank.org/curated/en/634571468152711050/pdf/586680BR0procu0IC0dislosed010170110.pdf (zit. *World Bank Procurement Guidelines,* S.) [letzter Zugriff 22.05.2017].

Harker, Drew/Castellano, Nathaniel: The World Bank Sanctions System, Briefing Papers, Iss. 17-3 (February 2017), S. 1.

Hassemer, Winfried/Kempf, Eberhard/Dörr, Felix G./Moggia, Sergio (Hrsg.): In dubio pro libertate: Festschrift für Klaus Volk zum 65. Geburtstag, München 2009 (zit. *Bearb.*, FS Volk, S.).

Hauschka, Christoph E./Moosmayer, Klaus/Lösler, Thomas (Hrsg.): Corporate Compliance: Handbuch der Haftungsvermeidung im Unternehmen, 3. Aufl., München 2016 (zit. *Bearb.* in: Hauschka/Moosmeyer/Lösler, Corporate Compliance, § Rn.).

Hauschka, Christoph E.: Compliance, Compliance-Manager, Compliance-Programme: Eine geeignete Reaktion auf gestiegene Haftungsrisiken für Unternehmen und Management?, NJW 2004, S. 257.

Hoffmann-Riem, Wolfgang (Hrsg.): Innovationen im Recht, Baden-Baden 2016 (zit. *Bearb.* in: Hoffmann-Riem, Innovationen im Recht, S.).

Holmes, Steven A.: India Cancels Dam Loan From World Bank, in: New York Times, 31.03.1993, http://www.nytimes.com/1993/03/31/world/india-cancels-dam-loan-from-world-bank.html [letzter Zugriff 14.08.2017].

Hölters, Wolfgang (Hrsg.): Aktiengesetz: Kommentar, 3. Aufl., München 2017 (zit. *Bearb.* in: Hölters, AktG, § Rn.).

Hömig, Dieter/Wolff, Heinrich Amadeus (Hrsg.): Grundgesetz für die Bundesrepublik Deutschland, 11. Aufl., Baden-Baden 2016 (zit. *Bearb.* in: Hömig/Wolff, GG, Art. Rn.).

Höpner, Axel: Siemens tut weiter Buße, in: Handelsblatt, 03.07.2009, http://www.handelsblatt.com/unternehmen/industrie/einigung-mit-weltbank-siemens-tut-weiter-busse/3212124.html [letzter Zugriff 11.10.2017].

Hostetler, Courtney: Going from Bad to Good: Combating Corporate Corruption on World Bank-Funded Infrastructure Projects, Yale Human Rights and Development Journal, Vol. 14, Iss. 1 (2011), S. 231.

Hovell, Devika: Due Process in the United Nations, The American Journal of International Law, Vol. 110, No. 1 (January 2016), S. 1.

Hoven, Elisa/Kubiciel, Michael: Korruption: Ende der Schonzeit, ZEIT ONLINE vom 08.02.2018, http://www.zeit.de/2018/04/korruption-strafrecht-mitarbeiter-firmen-ermittlungspflicht [letzter Zugriff 21.02.2018].

Hugger, Heiner/Pasewaldt, David: UK Bribery Act und Korruptionsermittlungen britischer Strafverfolgungsbehörden, RIW 2018, S. 115.

Inderst, Cornelia/Bannenberg, Britta/Poppe, Sina (Hrsg.): Compliance: Aufbau – Management – Risikobereiche, 3. Aufl., Heidelberg 2017 (zit. *Bearb.* in: Inderst/Bannenberg/Poppe, Compliance, Kap. Rn.).

International Bank for Reconstruction and Development/ International Development Association or The World Bank: The World Bank: New Directions in Justice Reform: A Companion Piece to the Updated Strategy and Implementation Plan on Strengthening Governance, Tackling Corruption, 2012, http://documents.worldbank.org/curated/en/928641468338516754/pdf/706400REPLACEM0Justice0Reform0Final.pdf (zit. *IBRD/IDA*, New Directions in Justice Reform) [letzter Zugriff 12.05.2017].

International Centre for Settlement of Investment Disputes: The ICSID Caseload-Statistics, Issue 2018-1, https://icsid.worldbank.org/en/Documents/resources/ICSID%20Web%20Stats%202018-1(English).pdf [letzter Zugriff 28.06.2018].

International Finance Corporation: IFC The first six decades, Leading the way in private sector development, A history, 2. Edition 2016, https://www.ifc.org/wps/wcm/connect/6285ad53-0f92-48f1-ac6e-0e939952e1f3/IFC-History-Book-Web-Version.pdf?MOD=AJPERES [letzter Zugriff 10.05.2017].

Janik, Cornelia: Die EMRK und internationale Organisationen – Ausdehnung und Restriktion der *equivalent protection*-Formel in der neuen Rechtsprechung des EGMR -, ZaöRV 2010, S. 127.

Jenks, C. Wilfred: Due Process of Law in International Organizations, International Organization, Vol. 19, No. 2 (Spring, 1965), S. 163.

Kindhäuser, Urs/Neumann, Ulfrid/Paeffgen, Hans-Ullrich (Hrsg.): Strafgesetzbuch, Band 1, 5. Aufl., Baden-Baden 2017 (zit. *Bearb.* in: Kindhäuser/Neumann/Paeffgen, NK-StGB, § Rn.).

Kirschbaum, Tom/Wittmann, Martin: Selbstregulierung im Gesellschaftsrecht: Der Deutsche Corporate Governance Kodex, JuS 2005, S. 1062.

Klümpers, Mathias/Eggerts, Olaf: Schutz vor staatlicher Strafe durch Selbstregulierung? Die Auswirkungen von Entscheidungen der Selbstregulierungsstellen auf Strafverfahren gegen Mitarbeiter der Pharmaindustrie, PharmR 2010, S. 13.

Kniffka, Rolf/Koebele, Wolfgang (Hrsg.): Kompendium des Baurechts: privates Baurecht und Bauprozess, 4. Aufl., München 2014 (zit. *Bearb.* in: Kniffka/Koebele, Kompendium des Baurechts, Teil Rn.).

Kölbel, Ralf: Wirtschaftskriminalität und unternehmensinterne Strafrechtsdurchsetzung, MSchrKrim 2008, S. 22.

-: Criminal Compliance – ein Missverständnis des Strafrechts?, ZStW 2013, S. 499.

Kuckes, Niki: Civil Due Processs, Criminal Due Process, Yale Law & Policy Review, Vol. 25, No. 1 (Fall, 2006), S. 1.

Leitner, Werner/Rosenau, Henning: Wirtschafts- und Steuerstrafrecht, 1. Aufl., Baden-Baden 2017 (zit. *Bearb.* in: Leitner/Rosenau, Wirtschafts- und Steuerstrafrecht, 1. Aufl. 2017, StGB § Rn.).

Leroy, Anne-Marie: Advisory Opinion on Certain Issues Arising in Connection with Recent Sanctions Cases, Opinion No. 2010/01, Legal Vice Presidency Unit of the World Bank, http://siteresources.worldbank.org/EXTOFFEVASUS/Resources/3601045-1377105390925/AdvisoryOpinion.pdf [letzter Zugriff 18.07.2017].

-/Fariello, Frank: The World Bank Group Sanctions Process and Its Recent Reforms, The World Bank (2012), http://siteresources.worldbank.org/INTLAWJUSTICE/Resources/SanctionsProcess.pdf, [letzter Zugriff 06.06.2017].

Lüderssen, Klaus: Die Krise des öffentlichen Strafanspruchs (Vortrag gehalten am 5. Februar 1987), Neuwied; Frankfurt am Main 1989.

Majtan, Roman: The Self-Cleaning Dilemma: Reconciling Competing Objectives of Procurement Processes, The George Washington International Law Review, Vol. 45, No. 2 (2013), S. 291.

Meyer-Goßner, Lutz/Schmitt, Bertram: Strafprozessordnung: Gerichtsverfassungsgesetz, Nebengesetze und ergänzende Bestimmungen, 60. Aufl., 2017.

Michael A. Clemens/Michael Kremer: The New Role for the World Bank, The Journal of Economic Perspectives, Vol. 30, No. 1 (Winter 2016), S. 53.

Michalke, Regina: Untreue – neue Vermögensbetreuungspflichten durch Compliance-Regeln, StV 2011, S. 245.

Münchener Kommentar zum BGB: Band 4, *Henssler, Martin* (Hrsg.) 7. Aufl., München 2016 (zit. *Bearb.* in: MüKo BGB, § Rn.)

-: Band 12, *von Hein, Jan* (Hrsg.), 7. Aufl. München 2018 (zit. *Bearb.* in: MüKo BGB, Band 12 Teil Rn.).

Münchener Kommentar zur StPO: Band 2, *Schneider, Hartmut* (Hrsg.), 1. Aufl., München 2016 (zit. *Bearb.* in: MüKo StPO, § Rn.).

Neumann, Ulfrid/Herzog, Felix (Hrsg.): Festschrift für Winfried Hassemer, München 2010 (zit. *Bearb.*, FS Hassemer, S.).

Oppermann, Thomas/Classen, Dieter/Nettesheim, Martin: Europarecht: Ein Studienbuch, 7. Aufl., München 2016.

Partsch, Christoph: Europäischer Rechtsschutz gegen externe OLAF-Untersuchungen, EuZW 2017, S. 878.

Piltz, Burghard (Hrsg.): Münchener Anwaltshandbuch Internationales Wirtschaftsrecht, München 2017 (zit. *Bearb.* in: Piltz, MAH Internationales Wirtschaftsrecht § Rn.).

Pontell, Henry N./Geis, Gilbert: International Handbook of White-Collar and Corporate Crime, 1. Aufl., New York 2007 (zit. *Bearb.*, in: Pontell/Geis, International Handbook of White-Collar and Corporate Crime, 1. Aufl. 2007, S.).

Prieß, Hans-Joachim: Exclusio corruptis? – Die gemeinschaftsrechtlichen Grenzen des Ausschlusses vom Vergabeverfahren wegen Korruptionsdelikten, NZBau 2009, S. 587.

Professorinnen und Professoren der Bucerius Law School (Hrsg.): Begegnungen im Recht – Ringvorlesung der Bucerius Law School zu Ehren von Karsten Schmidt anlässlich seines 70. Geburtstags, Tübingen 2011 (zit. *Bearb.*, FS Schmidt, S.).

Querée, Nicholas: Challenging supranational regulators through an independent arbitral mechanism: the World Bank Sanctions Board, Young ICCA Blog, 19.5.2015, http://www.youngicca-blog.com/challenging-supranational-regulators-through-an-independent-arbitral-mechanism-the-world-bank-sanctions-board/ [letzter Zugriff 06.07.2018].

Rauch, Karsten: Energierechtliche Compliance nach § 7a Abs. 5 EnWG – Ein Fall privater Selbstregulierung, CCZ 2011, S. 175.

Richter, Thomas: Das Integrity-Regime der Weltbank und seine Auswirkungen auf Compliance, CB 2015, S. 291.

Rose-Ackermann, Susan: International Actors and the Promises and Pitfalls of Anti-Corruption Reform, University of Pennsylvania Journal of International Law, Vol. 34:3, 2013, S. 447.

Rotsch, Thomas (Hrsg.): Criminal Compliance, Baden-Baden 2015 (zit. *Bearb.* in: Rotsch, Criminal Compliance, § Rn.).

Rübenstahl, Markus: Der Foreign Corrupt Practices Act (FCPA) der USA, NZWiSt 2012, S. 401.

Sabin, Barry/Barton, Maria/Cronin, Matt: Transnational Justice: The World Bank Group's recent efforts to combat corruption, American Bar Association Criminal Justice Section Global Anti-Corruption Task Force, https://www.americanbar.org/content/dam/aba/administrative/criminal_justice/sabin.authcheckdam.pdf [letzter Zugriff 11.10.2017].

Schiffer, Anita/Ide, Brigitta-Renate: Compliance-Herausforderungen bei der Erschließung neuer Märkte, CCZ 2017, S. 281.

Schill, Stephan W.: Investitionsschutzrecht als Entwicklungsvölkerrecht, ZaöRV 2012, S. 261.

Schulz, Martin: Compliance-Management in Unternehmen - Grundfragen, Herausforderungen und Orientierungshilfen, BB 2017, S. 1475.

Schulz, Wolfgang/Held, Thorsten: Regulierte Selbstregulierung als Form modernen Regierens, 2002, https://www.hans-bredow-institut.de/uploads/media/Publikationen/cms/media/a80e5e6dbc2427639ca0f437fe76d3c4c95634ac.pdf [letzter Zugriff 07.12.2017].

Schumacher, Kai/Saby, Chloe: Die Revolution im französischen Anti-Korruptionsrecht, CCZ 2017, S. 68.

Selbstregulierung Informationswirtschaft e.V.: Chancen und Voraussetzungen effektiver Selbst- und Ko-Regulierung zur Förderung des Verbraucherschutzes und des Datenschutzes in der digitalen Welt: Positionspapier, https://sriw.de/images/pdf/Broschueren/140521_SRIW_Positionspapier_Selbst-_und_Ko-Regulierung_v03.pdf [letzter Zugriff 07.08.2018].

Sieber, Ulrich (Hrsg.): Festschrift für Klaus Tiedemann zum 70. Geburtstag, Köln, München 2008 (zit. *Bearb.*, FS Tiedemann, S.).

Silberzahn, Cathrin: Rechtsschutz gegen OLAF, JA 2016, S. 205.

Søreide, Tina/Gröning, Linda/Wandall, Rasmus: An Efficient Anticorruption Sanctions Regime? The Case of the World Bank, Chicago Journal of International Law, Vol. 16, No. 2 (2016), S. 525.

Spehl, Stephan/Grützner, Thomas: „Resource Guide to the U.S. Foreign Corrupt Practices Act" („FCPA-Guide") - Eine Hilfe für Unternehmen im Umgang mit dem FCPA, CCZ 2013, S. 198.

Spiegel Online: Themenseite Dieselaffäre, http://www.spiegel.de/thema/dieselaffaere/ [letzter Zugriff 07.08.2018].

-: Themenseite Libor-Skandal, http://www.spiegel.de/thema/libor_skandal/ [letzter Zugriff 09.08.2018].

Spießhofer, Birgit: Compliance und Corporate Social Responsibility, NZG 2018, S. 441.

Stauder, Clemens: Die Billigkeitsentscheidung in der Handelsschiedsgerichtsbarkeit – Rechtliche und tatsächliche Probleme des § 1051 Abs. 3 ZPO, SchiedsVZ 2014, S. 287.

Taschke, Jürgen: Zur Entwicklung der Verfolgung von Wirtschaftsstrafsachen in der Bundesrepublik Deutschland – Bemerkungen aus der Praxis, NZWiSt 2012, S. 9.

-: Zur Entwicklung der Verfolgung von Wirtschaftsstrafsachen in der Bundesrepublik Deutschland – Teil 2: Zur Strafrechtlichen Haftung des Managements, NZWiSt 2012, S. 41.

The International Bank for Reconstruction and Development/The World Bank: A Guide to the World Bank, 3. ed. 2011, https://openknowledge.worldbank.org/handle/10986/2342 [letzter Zugriff 10.05.2017].

The World Bank Group Sanctions Board: Law Digest, December 2011: Upholding the Rule of Law in the Fights Against Corruption and Poverty, http://siteresources.worldbank.org/INTOFFEVASUS/Resources/3601037-1342729035803/SanctionsBoardLawDigest.pdf [letzter Zugriff 17.05.2017].

The World Bank: The World Bank Office of Suspension and Debarment: 10-Year Update on Case Data & Metrics, 2007-2017 Addendum to the second edition, http://siteresources.worldbank.org/EXTOFFEVASUS/Resources/OSDReport10YearUpdate.pdf (zit. *The World Bank,* OSD Report 2007-2017, S.)[letzter Zugriff 27.11.2018].

:- Annual Report 2017, http://www.worldbank.org/en/about/annual-report [letzter Zugriff 31.01.2018].

:- Sanctions Reform: Expansion of Sanctions Beyond Procurement and Sanctioning of Obstructive Practice, http://siteresources.worldbank.org/PROJECTS/Resources/40940-1173795340221/SanctionsReformNoteBorrowers.pdf [letzter Zugriff 30.05.2017].

:- The World Bank's Anti-Corruption Guidelines and Sanctions Reform: Benefitting the poor by helping to prevent and combat fraud and corruption in World Bank financed projects: A User's Guide, 2008, http://siteresources.worldbank.org/PROJECTS/Resources/40940-1173795340221/RevisedPMNDFinaluserGuideline031607.pdf (zit. *The World Bank,* The

World Bank's Anti-Corruption Guidelines: A User's Guide, S.) [letzter Zugriff 15.05.2017].

:- The World Bank Group's Sanctions Regime: Information Note, http://siteresources.worldbank.org/EXTOFFEVASUS/Resources/The_World_Bank_Group_Sanctions_Regime.pdf [letzter Zugriff 26.05.2018].

-: The World Bank Office of Suspension and Debarment: Report on Functions, Data and Lessons Learned 2007 – 2015 (2. Ed.), http://documents.worldbank.org/curated/en/153431468196176596/pdf/104658-WP-PUBLIC-OSD-Report-Second-Edition.pdf (zit. *The World Bank*, OSD Report 2007-2015, S.) [letzter Zugriff 15.05.2017].

Theile, Hans: Unternehmensrichtlinien – Ein Beitrag zur Prävention von Wirtschaftskriminalität?, ZIS 2008, S. 406.

-: Rationale Gesetzgebung im Wirtschaftsstrafrecht – Exemplarische Überlegungen zum materiellen Recht, wistra 2012, S. 285.

-: Compliance und Strafrecht, JuS 2017, S. 913.

Thomas, M.A.: The Governance Bank, International Affairs (Royal Institute of International Affairs 1944-), Vol. 83, No.4 (Jul., 2007), S. 729, http://www.jstor.org/stable/4541807 [letzter Zugriff 10.05.2017].

Thornburgh, Dick/Gainer, Ronald L./Walker, Cuyler H.: Report Concerning the Debarment Processes of the World Bank, 2002, http://siteresources.worldbank.org/PROCUREMENT/Resources/thornburghreport.pdf [letzter Zugriff 16.05.2017].

Travers, Harry: Serious Economic Crime: A boardroom guide to prevention and compliance, London 2011, http://www.allenovery.com/SiteCollectionDocuments/Serious%20Economic%20Crime%20chapter.pdf, (zit. *Bearb.* in: Travers, Serious Economic Crime, S.) [letzter Zugriff 10.05.2017].

Ullrich, Gerhard: Die Immunität internationaler Organisationen von der einzelstaatlichen Gerichtsbarkeit, ZaöRV 2011, S. 157.

Ullrich, Michael: Defizite bei der Regulierung der Selbstregulierung, MMR 2005, S. 743.

Verma, Sandeep: Automatic/Mandatory Cross-Border Debarment: Key Constitutional & Trade Conflict Considerations That Any Robust Debarment Framework Must Necessarily Address, https://papers.ssrn.com/sol3/papers.cfm?abstract_id=2328832 [letzter Zugriff 19.07.2017].

Vesting, Thomas: Kein Anfang und kein Ende: Die Systemtheorie des Rechts als Herausforderung für Rechtswissenschaft und Rechtsdogmatik, JURA 2001, S. 299.

Volk, Klaus (Hrsg.): Münchener Anwaltshandbuch Verteidigung in Wirtschafts- und Steuerstrafsachen, 2. Aufl., München 2014 (zit. *Bearb.* in: Volk, MAH Wirtschafts- und Steuerstrafsachen, § Rn.).

Vorwerk, Volkert/Wolf, Christian (Hrsg.): Beck'scher Online-Kommentar ZPO, 24. Ed. 1.3.2017, München 2017 (zit. *Bearb.* in: BeckOK ZPO, 24. Ed. 1.3.2017, ZPO § Rn.).

Wabnitz, Heinz-Bernd/Janovsky, Thomas (Hrsg.): Handbuch des Wirtschafts- und Steuerstrafrechts, 4. Aufl., München 2014 (zit. *Bearb.* in: Wabnitz/Janovsky, Handbuch des Wirtschafts- und Steuerstrafrechts, Kap. Rn.).

Warneke, Nikolai: Die Garantenstellung des Compliance-Beauftragten, NStZ 2010, S. 312.

Williams, Sope: The Debarment of Corrupt Contractors from World Bank-Financed Contracts, Public Contract Law Journal, Vol. 36, No. 3 (Spring 2007), S. 277.

Wolfensohn, James D.: People and Development: Address to the Board of Governors, Washington, D.C., October 1, 1996, http://documents.worldbank.org/curated/en/243871468141893629/pdf/multi-page.pdf [letzter Zugriff 15.05.2017].

World Bank Group: Sanctions System, Annual Report 2018, http://siteresources.worldbank.org/EXTOFFEVASUS/Resources/WBG-SanctionsSystemARFY18-final-for-web.pdf [letzter Zugriff 27.11.2018].

-: The World Bank Group and The United Nations, Working Together for Development, http://www.un.org/esa/ffd/ffd3/wp-content/uploads/sites/2/WBG-UN-Brochure.pdf [letzter Zugriff 10.05.2017].

-: World Bank Group Archivists' Chronology 1944-2013, http://pubdocs.worldbank.org/en/186241442500110286/PDF-World-Bank-Group-Archivists-Chronology-1944-2013.pdf [letzter Zugriff 10.05.2017].

-: Annual Update Integrity Vice Presidency (INT) Fiscal Year 2016, http://documents.worldbank.org/curated/en/330521476191334505/pdf/INT-FY16-Annual-Update-10062016.pdf [letzter Zugriff 12.05.2017].

-: Annual Update Integrity Vice Presidency (INT) Fiscal Year 2017, http://pubdocs.worldbank.org/en/703921507910218164/2017-INT-Annual-Update-FINAL-spreads.pdf [letzter Zugriff 31.01.2018].

World Bank: Oxford Public International Law, 15 April 2012, S. x.

Wouters, Jan/Ninio, Alberto/Doherty, Teresa/Cissé, Hassane (Hrsg.): The World Bank Legal Review Vol. 6: Improving Delivery in Development: The Role of Voice, Social Contract, and Accountability, Washington 2015, http://elibrary.worldbank.org/doi/pdf/10.1596/978-1-4648-0378-9 (zit. *Bearb.* in: Wouters/

Ninio/Doherty/Cissé, The World Bank Legal Review Vol. 6, S.) [letzter Zugriff 15.05.2017].

Yukins, Christopher R.: Rethinking the World Bank's Sanctions System, The Government Contractor Vol. 55, No. 42 (November 2013), § 355.

-: Cross-Debarment: A Stakeholder Analysis, George Washington International Law Review, Vol. 45 (2013), S. 219.

www.ingramcontent.com/pod-product-compliance
Ingram Content Group UK Ltd.
Pitfield, Milton Keynes, MK11 3LW, UK
UKHW021851290926
8980IPUK00005B/768